JN024882

LIFE SHIFT 2

ライフシフト2

The New Long Life:
A Framework for Flourishing
in a Changing World

100年時代の行動戦略

アンドリュー・スコット / リンダ・グラットン 著
Andrew J. Scott　Lynda Gratton
池村千秋 訳
Chiaki Ikemura

東洋経済新報社

Original Title:
THE NEW LONG LIFE
by Andrew J. Scott and Lynda Gratton

Copyright © Andrew J. Scott and Lynda Gratton, 2020

Japanese translation rights arranged with
Andrew J. Scott and Lynda Gratton c/o
Peters, Fraser & Dunlop Ltd., London
through Tuttle-Mori Agency, Inc., Tokyo

コロナを乗り越え「長寿の配当」を実現するには

アンドリューによる日本語版への序文

リンダと私がこの本の原稿を書いたときは、まだ誰も「新型コロナウイルス」という言葉を聞いたことがなく、世界規模の感染拡大で多くの命が失われてもいなかった。本書で論じた最大のテーマは、長寿化の進展とテクノロジーの進化の恩恵に最大限浴するために、個人と社会がどのように行動すればいいのかという点だった。

その後、2020年になって新型コロナウイルスの感染が広がり、世界の国々は急場しのぎの対策を打ち出したが、それらの措置は概して、未来志向というより過去の延長線上のものに終始していた。このパンデミック（感染症の世界的大流行）を通じて思い知らされたのは、人類が成し遂げてきた進歩は目を見張るものがあるが、強力な感染症に対して私たちがきわめて弱い存在だということだった。

しかし、2021年に入っても混乱は続き、パンデミックをきっかけに社会と経済の変化が加速し、新しい未来が到来しつつあることが明らかになってきた。いま人類は、時代の転換点に立っている。新型コロナは、世界で5歳未満の人口より65歳以上の人口のほうが多くなりつつある時代に人類がはじめて経験したパンデミックだ。また、死亡率が年齢とともに上昇する病気の流行は、高齢化時代における社会と経済の弱点を改めて浮き彫りにした。

本書では、テクノロジーが急速に変化するなかで長い人生を生きる私たちにとって、健康、スキル、人生の目的、雇用、人間関係を維持することがいかに重要かを強調した。私たちがそのような生き方を実践するには、もっと柔軟な働き方とキャリアの道筋を選べる必要がある。こうした側面で日本社会に大きな変革が求められていることは、以前から指摘されていたし、これまでに進歩もあった。それでも、長寿化の進展とテクノロジーの進歩がもたらす試練に対処するにはまだ十分とは言い難い。しかし、今回のパンデミックが変革を加速させる可能性があると、私は考えている。その理由は、以下の3つだ。

パンデミックが変革を加速させる3つの理由

第一に、新型コロナが社会のあり方を激しく揺さぶったことで、現状維持の力が弱まった。そうなれば、おのずと変革を推進しやすくなる。第二に、多くの人が指摘しているように、いま日本は経済成長を強く必要としている。これは、コロナ対策で政府の債務が膨張したこと、そして飲食や観光などの主要産業が大きな打撃を被ったことが理由だ。長寿化の進展とテクノロジーの進化を経済成長の原動力に転換しなくてはならないのだ。第三に、パンデミックは、変革を加速させると同時に、個人、企業、国にとって、将来のリスクへの対応力を試すストレス・テストの機会になり、変化に適応するための学びの機会にもなった。

では、日本社会のストレス・テストの結果はどうだったのか。テクノロジーの面では、日本はすでに世界で最先端のロボット技術をもっており、とくに製造業では、それが年長の働き手の生産性と雇用を維持する切り札になってきた。

その一方で、感染拡大によりバーチャル化が加速するなかで露呈したのは、多くの日本企業が「デジタル化」で後れを取っているという現実だった。たとえば、イギリスとアメリカではリモートワークが生産性に悪影響を及ぼした様子はないが、日本では生産性が低下したというデータがある。(注1) リンダが後述しているように、日本企業が柔軟な働き方の恩恵に浴したいと思うなら、すでに実現させた変化をさらに徹底し、働き方をもっと変えなくてはならない。

それに対し、健康と長寿の面での状況は、(少なくとも私がこの文章を書いている時点では)テクノロジーの面よりも良好だ。人口比で見ると、新型コロナによる死者数は、アメリカとイギリスは日本の16倍、ドイツは9倍に達している。もっとも、日本が現時点で出生時平均寿命が最も高い国であることを考えれば、これは意外なことではないのかもしれない。

はっきりわかったこと――お金より健康が重要

日本が平均寿命を大きく延ばしたことの価値は大きい。今回のパンデミックで私たちが痛感させられたことのひとつは、健康の大切さだった。2020年、日本のGDP（国内総生産）は5％縮小した。これは、感染拡大を受けて人々の行動が変わり、政府が人命を救うための措置を講じた結果である。お金は確かに重要だが、人々はそれ以上に健康を重んじているのだ。その意味で、長寿化に関して日本が成し遂げた進歩は称賛すべきものと言える。

しかし、長寿化で目覚ましい成果を挙げたからこそ、日本はいっそう経済のあり方を大きく変える必要に迫られている。人々がただ長く生きるだけでなく、長く生産性を保ち続けるために、それが不可欠なのだ。いまどの国でも高齢者人口が増大しているが、そのペースが日本ほど速い国はない。日本は世界のどの国よりも、長寿化と健康の改善を経済成長に結びつけ、いわば「長寿の配当」を経済面でも獲得する必要がある。

60歳を超えた高齢者の雇用を増やすだけでは十分でない。いまから最も長く生きて、テクノロジーの影響により生活と仕事とキャリアが大きく変貌する可能性が最も高いのは、若い世代だ。本書で、金沢市に住む20代のカップル、ヒロキとマドカを大きく取り上げている理由はここにある。

「長寿の配当」を実現するには、新しい人生のあり方を構築することが求められる。人々が長い人生を金銭面で支えるために、長期の職業人生を送れるようにし、健康な人生を生きるために、柔軟な働き方とキャリアの道筋を選べるようにする必要がある。具体的には、人々がスキルを錆びつかせず、アップデートする機会を用意し、子どもと老親の世話をする時間を確保できるようにしなくてはならない。ひとことで言えば、本当に大切なものを重んじて生きるために、バランスの取れた生き方を実践できるようにすべきなのだ。

こうしたことは社会の長期的な変化に関わる問題だが、パンデミックが始まると、人々はこれらの問題を強く意識せざるをえなくなった。古いやり方が通用しなくなり、新しい生き方と働き方が求められるようになって、多くの人はもっとよい生き方や働き方がないかと考えはじめたのだ。その点、この危機を通じて、人類が病気に弱いことが如実に示されただけでなく、今日の人類が過去の世代と同様、現状を改善し、変化に対処するための発明の能力をもっていることも実証された。本書ではそうした発明の能力について論じている。

もっとも、経済的な「長寿の配当」を実現し、テクノロジーが人類に恩恵をもたらすようにするためには、企業と政府も大きく変わらなくてはならない。この点も本書の大きなテーマだ。しかし、これも今回のパンデミックで見えてきたことだが、健康と資金とスキルと生き甲斐と人間関係を維持することは、ますます個人の責任になってきている。このような新しい状況は、現在の人生を形づくるうえで胸躍る可能性を生み出すが、その半面でみずからの未来に対して自分で投資する必要性も大きくなる。

コロナ後の時代は、そのような長い目で見た投資について考える好機になるかもしれない。あなたがそうした検討をおこない、(どんな人生を生きるにせよ)未来に備えるうえで、この本が役に立てば幸いだ。

100年に1度の変革期を生き抜く知恵とは

リンダによる日本語版への序文

この本は、変化する世界で成功するための枠組みを示すことを目的にしている。本書の中でアンドリューと私は、世界が急速に変化していることを指摘した。寿命が長くなり、多くの人がそれにふさわしい新しい働き方を見いだそうとしている。女性の役割が変わり、家族の中で役割分担を話し合うことの重要性が高まってきた。そして、テクノロジーの進歩により、人間がさまざまな仕事から解放されようとしている。

アンドリューが述べているように、こうした人口動態、社会、テクノロジーの面での変化は、今後も私たちの人生を大きく左右し続けるだろう。しかし、2020年はじめにパンデミックの影響が見えはじめると、私たちは予想も計画もしていなかったような大激変に直面した。

私がこの10年間主宰してきた「働き方の未来コンソーシアム」では、世界のさまざまな企業の人たちが集まり、自社の経験している変化について語り合う場を設けてきた。コンソーシアムに参加している企業の社員や幹部は、新型コロナがもたらした新しい現実に素早く対処した。

コンソーシアムには日本企業も参加しているので、私はパンデミックの早い段階でいくつかの日本企業の経験を直接聞く機会があった。

たとえば、2020年春、富士通の人事部門トップである平松浩樹が率いるチームは、東京のオフィスで働く社員のほぼすべてに当たる約6万人を2週間足らずの間に在宅勤務へ移行させた。当時、平松は私にこう語った。

「もう後戻りすることはありません。全員がオフィスに毎日出勤する時代に戻ることはありえない。これまで社員は通勤で毎日2時間を無駄にしていました。その時間を学習や研修、家族との時間に費やせるようになったのです。いま考える必要があるのは、職業人生を生産的で創造的なものにする方法です。リモートワークをうまく機能させるためのさまざまな方法論が求められています」

このように考えたのは、平松だけではなかった。世界中の企業の幹部チームが同様の取り組みに乗り出した。(注2)

新しい長寿時代の新しい生き方

新型コロナがもたらした経験をきっかけに、日本の働き手と家族は、「新しい長寿時代」を築くための千載一遇のチャンスを迎えている。新しい人生のストーリーを紡ぎ、学習と移行を通じて探索をおこない、人との深い結びつきを生み出して人間関係をはぐくむ絶好の機会が訪れているのだ。

「新しい長寿時代」の核を成すのは、マルチステージの人生と幅広い選択肢だ。本書では、2人の日本人のキャラクター、ヒロキとマドカを登場させ、このカップルがどのような道を選びうるかを描き出した。

しかし、アンドリューと私は、まったく幻想をいだいていない。多くの日本企業ではキャリアの道筋に柔軟性が乏しく、本書で描いたような人生の道筋を歩むことは難しい。マドカは、女性として、そして母親として、とりわけ大きな試練に直面すると予想できる。それでも、新型コロナの影響で多くの人が在宅勤務に移行するのに伴い、生き方と働き方を大きく変えることは不可能でなく、実際に大きな変化が起きるだろうという見方が広がりはじめている。

私が話を聞いた多くの日本人は、オフィス勤務と在宅勤務を併用する「ハイブリッド型」の働き方を採用し、勤務時間の柔軟性を高める可能性について語った。日本の多くの働き手は、こんな疑問をいだきはじめている。「毎日往復2時間かけてオフィスに通勤する必要が本当にあるのか。勤務時間をもっと柔軟に決めるわけにはいかないのか」

これは非常に重要な問いだ。本書で論じているように、人々が自分の人生のストーリーを紡ぐためには、職を辞めたり、職に就いたりしやすい環境が必要だ。そこで、アンドリューと私は企業の課題として、柔軟性を重んじる文化をはぐくむことを求めた。社員との雇用契約の柔軟性に関して、多くの日本企業は欧米の企業の後塵を拝してきた。しかし、日本でもパンデミックをきっかけに、働き方の柔軟性を高める大きなチャンスが到来したように見える。

パンデミックで登場した新しい学びへの姿勢

パンデミックの影響で働き方を変更せざるをえなくなったのを機に、日本中の人々がスキルを磨こうとした。とくに、デジタル関連のスキルを強化した人が多かった。こうした学びの姿勢をもつことはきわめて重要な意味をもつ。変化が激しい時代に人が可能性を開花させるためには、生涯学習が避けて通れないからだ。オンライン学習の普及により、生涯にわたって学び続けることが昔より容易になったことも無視できない。

新型コロナの感染拡大が始まってほどなく、オンライン教育機関コーセラのジェフ・マッジョンカルダCEOは、私にこう語っている。「中国、日本、イタリアの受講者数が4倍以上に増えています。大半が公衆衛生関連のコースの受講者です」。マッジョンカルダは、受講者が互いに助け合っていることに目を見張らされたという。「バーチャル授業にどのように臨んでいるかといったことに関して、情報交換が非常に活発におこなわれています。新しいことを受け入れるための新しい姿勢が生まれているのです」

このような新しい学びの姿勢は、生涯にわたり学習と探索をおこなうためのカギを握る可能性がある。アンドリューも指摘しているように、この胸躍る時代に新しい生き方を形づくりたければ、自分の未来に投資しなくてはならない。今回のパンデミックのなかで、多くの人がそうした投資をおこない、デジタルスキルの習得に取り組んだり、オンライン学習をおこなったりした。このような学習の習慣を探索の人生の土台にしてほしいと思う。

感染拡大が始まってすぐに私たちが気づかされたのは、それまで考えていた以上に、人との結びつきが人生で重要な意味をもっているということだった。私の研究によると、パンデミックを経験して私たちが誰とどのように関わるかが変わりはじめている。自宅で働く人が増えて、対面による会話よりバーチャルのやり取りが中心になり、多くの人は人的ネットワークの規模が小さくなったのだ。

バーチャルな働き方がもっと一般的になれば、人々が家族や地域コミュニティと関わる時間とゆとりがさらに拡大するかもしれない。長時間通勤が不要になったとき、私たちの人付き合いの対象は、職場の同僚から、家族や地域コミュニティの仲間に変わる。企業がさまざまな町に「オフィス・ハブ」を開設して、社員が本社オフィスではなく、近所のオフィス・ハブに出勤して働けるようになれば、こうした動きがいっそう後押しされるだろう。

人類の歴史は、驚異的な進歩の歴史だった。そうした進歩を力強く牽引してきたのが人間の発明の能力だ。新型コロナの感染拡大により、その能力の真価が問われる状況が生まれている。いま私たちは、生き方と働き方に関して100年に1度と言ってもいいくらいの大変革を経験しつつある。これをきっかけにして、変化の激しい世界ですべての人が光り輝ける未来をつくり出そう。

（注１）https://voxeu.org/article/productivity-working-home-evidence-japan

（注２）Gratton, L. "How to Do Hybrid Right," *Harvard Business Review*, May–June 2021（「ハイブリッドワークで理想の職場を実現する」『ＤＩＡＭＯＮＤハーバード・ビジネス・レビュー』２０２１年８月号）

目次

第1部 人間の問題

第2章

私たちの開花

第2部 人間の発明

第3章 物語

第5章

関係

第8章 政府の課題

はじめに

人類の歴史は、目覚ましい成功の歴史だったと言えるだろう。これまで何千年もの間に、人類の人口は大幅に増加し、寿命も大きく延び、活用できる資源も際立って増えた。その結果、人類は、昔とは比べ物にならないくらい豊かに、そして健康になった。

こうした進歩を牽引してきたのは、人類の発明の才だった。人類が創意工夫の能力を発揮することにより知識が増え、そのような知識がテクノロジーや教育に反映されることにより、新たな可能性と機会が生み出されてきた。火、農業、文字、数学、印刷機、蒸気機関、電気、ペニシリン、コンピュータ……これらは、私たちの生活水準を向上させたイノベーションのほんの一部にすぎない。

しかし、このような進歩の歩みはつねに円滑だったわけではなく、迅速だったわけでもない。ときには、個人と社会に痛みがもたらされたり、長い時間がかかったり、激しい混乱を伴ったりしたこともあった。

1万年前、人類が採集から農耕に移行したときもそうだった。この変化は、長い目で見れば人類を豊かに、そして健康にしたが、新しいテクノロジーが導入された結果として、何世紀にもわたり人々の生活水準が落ち込んだ。イギリスの産業革命のときも、同様の「時差」が生じた。テクノロジーの大激変が起きて最初の数十年間、多くの人の生活水準は向上しなかったのである。しかも、人々が味わったのは、経済的な痛みだけではなかった。心理的な痛みもあった。

工業化が進むに伴い、人々は家族や昔ながらのコミュニティを離れて、急拡大する都市に移り住むようになった。その際、支援を受けられず、安全も約束されない場合が多かった。そのうえ、新しいスキルを身につけ、それまでに経験したことのない役割とアイデンティティを、そして往々にして孤独な働き方を受け入れなくてはならなかった。このような変化を経験した人は、進歩の恩恵を実感できないケースが多かった。

農耕への移行と産業革命の進展の両方に共通する点がある。いずれの場合も、人間の創意工夫がテクノロジーの進歩を実現させ、それが既存の経済・社会構造を揺るがした結果、それまでとは異なるタイプの創意工夫が必要になったのである。それは、「社会的発明」とでも呼ぶべきものだ。技術的発明が新たな知識に基づく新たな可能性を生み出すとすれば、社会的発明は、新しい生き方を切り開くことを通じて、技術的発明の成果が個人と人類全体の運命の改善につながる環境をつくるためのものと言える。

問題は、技術的発明が自動的に社会的発明を生むわけではないという点だ。そして、社会的発明が実現するまで、新しいテクノロジーは、真の意味での恩恵をもたらせない。同時代の人たちの目を通して見るより、のちの時代から振り返って見たほうが進歩の恩恵をはっきり認識できるのは、それが理由だ。技術的発明と社会的発明のはざまの時代が不安と変化と社会的実験の日々になる理由もここにある。

フランケンシュタイン症候群

今日の世界でも、技術的発明と社会的発明のギャップが広がり続けている。技術的発明が猛スピードで進む一方で、社会的発明が後れを取っていて、社会のあり方（人々が生きる環境を形づくる構造やシステム）がテクノロジーの進歩に追いついていないのだ。いまの時代を生きている私たちは、テクノロジーが生み出しつつある素晴らしい可能性に目を丸くしつつも、それがもたらす社会的影響に不安も募らせているのが現状だ。

メアリー・シェリーの1818年の小説『フランケンシュタイン』では、ヴィクター・フランケンシュタイン博士がつくり出した生き物が人類に反乱を起こし、人間の命を奪う。今日の世界では、「フランケンシュタイン症候群」とでも呼ぶべき現象がしばしば見られる。人類が成し遂げた技術的勝利が人類に害を及ぼし、人類を進歩させるのではなく悲劇をもたらすのではないかという不安が広がっているのだ。強力なテクノロジーが次々と猛烈なペースで登場し、それまでの生き方が通用しなくなりつつある。その結果、私たちは働き口と生計の手段を失い、「人間とは何か」という認識まで揺らぎかねない。

メディアには、警告の言葉が溢れている。「2030年までに、自動化により全世界で8億人の雇用が失われる」[1]とか、「アメリカの雇用の半分以上が危険にさらされている」[2]といった具合だ。人々は、経済的な不安だけでなく、哲学的な不安もいだいている。

理論物理学者の故スティーブン・ホーキングはこう述べていた。「完全な［汎用］人工知能が開発されれば、人類の終わりが訪れかねない」。同様の懸念は、マイクロソフトの共同創業者であるビル・ゲイツや有力起業家のイーロン・マスクも述べている。シェリーの『フランケンシュタイン』は、人間の知識と発明に対する警告の物語と言えるかもしれない。

人間の発明の能力が不安を生み出しているのは、テクノロジーの分野だけではない。長寿化に対する強力な不安も広がっている。20世紀を通して、公衆衛生の目覚ましい改善と医学の驚異的な進歩により、人間の寿命は大きく延びた。20世紀はじめにイギリスで生まれた女の子の平均寿命は約52歳だったが、20世紀末にはそれが81歳に、2010年には83歳に上昇した。中国では、2050年までに65歳以上の人口が4億3800万人を突破する見通しだ。これは、現在のアメリカの総人口を上回る数字である。日本でも、2050年までに国民の5人に1人が80歳を超すと見られている。

問題は、こうした進展が手放しでは祝福されていないことだ。社会の高齢化は、国家を破産させ、年金制度を崩壊させ、医療費を増大させ、その結果として経済を弱体化させると恐れられている。いま私たちは、人類の発明がもたらす結果に脅え、知識の拡大が自分たちの生活と幸福に悪影響を及ぼすのではないかと心配しているのだ。

こうした懸念は理解できるが、そのような発想は人類の可能性に枠をはめかねない。これまでの歴史から判断すると、人類は進歩の恩恵に浴するための手立てを見いだせるはずだ。テクノロジーが飛躍的に進歩することと、人々がより健康で長生きできるようになることは、悪材料ではなく、好ましいことと位置づけるべきではないのか。マサチューセッツ工科大学（MIT）の「エイジラボ」で所長を務めるジョセフ・カフリンの言葉を借りれば、「人類史上最大の成果を前にして、私たちは、医療保険制度が破綻する心配ばかりしている。それよりも、この成果を土台に、年齢を重ねる人たちのための新しいストーリー、新しい慣習、新しい神話を生み出すべきではないのか(3)」。

ただし、私たちがそのような恩恵を実感するためには、新しいテクノロジーと同じくらい、新しい社会のあり方も広く普及し、深く浸透し、大きな変革をもたらす必要がある。具体的には、ひとりひとりが創意工夫の能力を発揮することが不可欠だ。既存の規範を問い直し、新しい生き方を生み出し、ものごとへの理解を深め、実験をおこない、新しい可能性を探索すべきなのだ。政府、教育機関、企業などの組織も、創意工夫を通じて新しい社会のあり方を確立するという課題に取り組まなくてはならない。

そのような社会的発明の必要性を強く感じたからこそ、私たち2人はこの本を執筆することにした。テクノロジーの進化と長寿化の進展を受けて、人類は何を成し遂げたいのか、そして、向こう数十年にわたりどのように繁栄したいのか。この本がそうした対話のきっかけになれば幸いだ。本書では、読者が未来について考えるのを助け、新しい社会のあり方に興味をいだくよう促し、すべての人に訪れる変化と波乱を主体的に乗り切る手立てを提供したい。

社会的開拓者になる覚悟をもつ

未来予測では、かならずと言っていいくらい「ロボットの台頭」や「社会の高齢化」が強調される。これらの言葉には、ひとりひとりの個人とは無縁の現象という響きがある。機械の話にすぎないと感じられたり、まったくの他人事に思えたりするのだ。しかし、見落としてはならない。変化が万人に好ましい結果をもたらすためには、ひとりひとりの創意工夫が不可欠だ。

テクノロジーの進化と長寿化の進展という潮流は、その全体を見れば個人とは関係がなさそうに思えるかもしれない。しかし、この潮流は、「人間とは何か」という点にきわめて大きな影響を及ぼす。本書で詳しく述べるように、その影響はさまざまな面に及ぶ。いつ結婚するか（そもそも結婚するのか）。家庭生活と職業生活をどのように組み合わせ、男女間でどのように家庭内の課題を分担するか。何を、どのように、誰から学ぶか。キャリアと職についてどのように考え、職業人としてのアイデンティティをどのように形づくるか。人生のそれぞれのステージでどのように行動し、どのような人生の物語を紡ぐか。

こうした人生の土台を成す要素が変化することは避けられない。問題は、どのような変化を望むのかということだ。

いま膨大な数の人たちが同じジレンマに直面し、同じ問いを発しているなかで、社会的発明の肥沃な土壌が生まれつつある。はっきりしているのは、過去が未来への有効な道標にならないということだ。過去の世代が選んでいた古い選択肢は、おそらくもう有効ではない。これまで人生の枠組みとして有用だった社会の仕組みも、役に立たなくなっているのかもしれない。あなたは、変化の潮流を知り、その知識に基づいて行動する勇気と意欲をもつ必要がある。あなたがいま何歳だとしても、テクノロジーの進化と長寿化の進展の影響により、未知の環境に身を置くことになる。そこで、ひとりひとりの個人が、家族が、そして企業や教育機関や政府が実験に取り組む意思をもたなくてはならない。

要するに、誰もが社会的開拓者として、新しい社会のあり方を切り開く覚悟をもつ必要がある。これが本書の核を成すメッセージである。

どこにでもいる誰か

本書では、何人かの架空のキャラクター、言ってみれば「どこにでもいる誰か」の目を通して、以上のような環境の変化を見ていく。それを手掛かりに、あなた自身の人生について理解を深め、社会の潮流とみずからの選択の関係を知ってもらいたい。

本書に登場する「どこにでもいる誰か」のキャラクターは、以下の面々だ。

＊ヒロキとマドカ　日本の金沢市で暮らす20代半ばのカップル。長い人生を見据えて2人で新しい生活様式を見つけたいと思っているが、両親の期待や社会の常識により制約されていると感じている。

＊ラディカ　インドのムンバイで専門職のフリーランスとして働く20代後半の女性。学歴は大学卒。独身。いわゆる「ギグ・エコノミー」がもたらす自由を満喫していて、インド社会の規範を無視して生きている。しかし、この先の人生で厳しい選択が待っていることにも気づいている。

＊エステル　ロンドン在住の30歳のシングルマザー。子どもは2人。昼は高級スーパーでレジ係のアルバイトをし、夜は地元の老人ホームで働いている。もっと安定した正規雇用の職に就きたいと思っている。

＊トム　アメリカのテキサス州ダラスに住む40歳のトラック運転手。妻と、すでに成人した息子と一緒に暮らしている。自動運転車の進化を注意深く見守っていて、この新しいテクノロジーが自分の仕事にどのような影響を及ぼすのだろうかと考えている。

＊イン　オーストラリアのシドニーで暮らす55歳の会計士。パートナーとは離婚。最近、解雇を言い渡された。携わっていた業務が自動化されて、年齢と職務経歴の長さに見合う給料を支払えないと判断されたのだ。生活していくために働かなくてはならないし、自分自身ではまだ何年も生産的な職業生活を送れると思っている。

＊クライブ　イギリスのバーミンガム近郊に住む71歳の元エンジニア。65歳で引退し、妻や4人の孫たちとの日々を楽しんでいるが、お金のやりくりを心配していて、仕事に復帰したいと思っている。また、地域コミュニティの活動に携わりたいという思いもある。

本書の内容

本書は、幸い好評を得た前著『ライフ・シフト――100年時代の人生戦略』（邦訳・東洋経済新報社）の刊行後、著者2人が多くの人と交わした会話から生まれた。そうした会話で人々が聞きたがるのはいつも決まって、長寿化だけに関わる問題ではなく、テクノロジーの進化と長寿化の進展の組み合わせによって生まれる問題についてだった。職業人生が長くなるなかで、雇用はどこで生まれるのか。人間の雇用はロボットに奪われてしまうのか。このような変化は、人々のキャリアと人生のそれぞれのステージ（段階）にどのような影響を及ぼすのか。前著では長寿化について前向きなメッセージを打ち出したつもりだったが、テクノロジーの進化に関しても根深い不安と懸念をいだいている人が多いようだ。「フランケンシュタイン症候群」から逃れることは簡単ではないのだ。

本書の著者2人の専門は、経済学（スコット）と心理学（グラットン）だ。この2つの視点を組み合わせることにより、幅広い見識を提供したい。テクノロジーの進化と長寿化の進展の相互作用を深く理解し、人類が繁栄するためにどのような社会的発明が必要かを知るためには、広い視野でものごとを見る必要があるからだ。

第1部では、テクノロジーの進化と長寿化の進展の相互作用を理解するために、目覚ましい進歩を遂げている人工知能（ＡＩ）とロボット工学について論じ、平均寿命と健康に関するトレンド、そして社会の高齢化の流れについて見ていく。架空のキャラクターたちを通して、こうした変化がどのような問いを生み出し、どのような選択肢をつくり出すのかを検討したい。テクノロジーの進化と長寿化の進展は、私たちがどのような生き方を実践し、どのように人類を繁栄させていくかに大きな影響を及ぼす。これらの進歩は、社会的発明を強力に促すものなのである。

重要なのは、何を目的に社会的発明をおこなうのかという点だ。人類の繁栄が最大の目的であることは言うまでもない。しかし、実際にはどのように新しい社会のあり方を設計すればいいのか。その際、どのような要素を重んじるべきなのか。当然、経済的な要素を無視するわけにはいかない。いい暮らしをする資金を確保できるようにすることは重要だ。しかし、好ましい社会変革とは、「人間とは何か」という、より深い問題に関わるものでなくてはならない。具体的には、一貫性があって前向きな人生の物語を紡ぎ出すこと、探索と実験と学習をおこなうこと、そして、ほかの人たちとの関係を構築・維持することを助ける必要がある。第２部では、この３つの要素――「物語」「探索」「関係」――を軸に、長寿の時代に適応するためにひとりひとりが取るべき行動を論じたい。

第２部で述べるように、社会的開拓者としてあなたが自力で成し遂げられることはたくさんある。しかし、あなたの選択と決断は、他者と無縁ではない。教育機関、企業、政府との関係では、この点がとりわけ顕著だ。すべての人が光り輝くためには、これらの組織や制度も変わらなくてはならない。そこで、第3部では、経済と社会の仕組みがどのような大転換を遂げるべきかを指摘したい。いま、変化を突き動かす圧力は強まっており、取り組むべき課題も明確になってきている。そして、私たちが個人レベルと集団レベルで行動を起こす必要性もいっそう高まっている。

第1部

人間の問題

第1章

私たちの進歩

車輪にせよ、お湯を沸かすやかんにせよ、人間はつねにテクノロジーを活用して生活を楽にしてきた。「テクノロジー」という言葉は、それぞれの世代にとって目新しい技術を――新しい時代を到来させるように見える技術を――表現するために用いられる。(1)今日の世界では、コンピュータに関連してこの言葉が使われることが多い。実際、コンピュータは、4つの「法則」に従って目を見張る進歩を遂げ、その能力を飛躍的に向上させている。

テクノロジーの驚異的な進化

1965年、半導体大手インテルの共同創業者であるゴードン・ムーアは、コンピュータの処理能力が18カ月間に2倍のペースで上昇していくという予測を示した。[2] この「ムーアの法則」は、これまでのところ現実をきわめて正確に言い当ててきた。そうしたコンピュータの目覚ましい進歩に伴い、数々のイノベーションが実現した。自動運転車もそのひとつだ。今後も指数関数的な進歩が続けば、自動運転車を動かすコンピュータの能力は、向こう3年間で現在の4倍に上昇する。その頃には、いまの自動運転車がずいぶん初歩的で物足りないものに見えるようになるだろう。

今日の世界は、驚異的なペースで進歩する機械によって大激変が引き起こされる前夜のように見えるかもしれない。しかし、ムーアの法則は今後も続くのか。半導体のチップに載せる回路の数をさらに増やすことは簡単でない。回路はすでにきわめて小型化されており、ナノテクノロジーの技術をもってしてもこれ以上多くの回路を搭載することは難しくなりつつある。その結果として、コンピュータの処理能力の上昇ペースが減速する可能性もある。専門家のなかには、遠からずムーアの法則が終わりを迎えると予測する人たちもいる。

皮肉なのは、こうした懸念が指摘される一方で、人工知能（ＡＩ）やロボット工学の威力を強大なものと考える見方もいっそう強まっていることだ。確かに、コンピュータの処理能力が向上したことに加えて、いくつかのテクノロジー上の進歩が実現してきたことにより、ムーアの法則の成果が増幅されている。それらの新しいテクノロジーの影響が組み合わさることで、経済のあり方が様変わりし、あなたの仕事と生き方も変わっていくことになる。

そうした技術的進歩のひとつとして、データのやり取りをするための周波数帯域幅の拡大を挙げることができる。アメリカの経済学者・未来学者ジョージ・ギルダーによれば、周波数帯域幅は、コンピュータの処理能力の少なくとも3倍のペースで拡大していくという。したがって、ムーアの法則が正しければ、周波数帯域幅は半年で2倍に拡大することになる。この「ギルダーの法則」の結果として、インターネットでやり取りされるデータの量は劇的に増加してきた。2018年の時点で、インターネットを行き交うデータの量は推計1・8ゼタバイトに上っている。(3) これは、人類がそれまでの歴史を通じて記してきた言葉の合計を大幅に上回る。

周波数帯域幅が拡大すれば、ネットワークに接続する人の数も増える。有線LAN規格イーサネットの共同発明者であるロバート・メトカーフによれば、ネットワークの価値は、接続しているユーザーの数の2乗に比例するという。いわゆる「メトカーフの法則」である。ユーザーの数が2倍になれば、ネットワークの価値は4倍以上に増えることになる。フェイスブックやユーチューブのユーザー数が飛躍的なペースで増加していることも、この法則により説明がつく。ネットワークの規模が大きくなればなるほど、新規ユーザーにとってそのネットワークの魅力が高まるのだ。

こうした成長をいっそう加速させている現象がある。それは、グーグルのチーフエコノミストであるハル・ヴァリアンが指摘しているものだ。[4]そのいわば「ヴァリアンの法則」によれば、活用できる既存のテクノロジーが多彩であればあるほど、それらを組み合わせて有益なものを生み出せる可能性が高まるという。たとえば、自動運転車は、ある意味で新しいテクノロジーをまったく用いていない。「GPS、Wi-Fi、高性能センサー、アンチロック・ブレーキ・システム、自動変速機、空転・横滑り防止装置、車間距離制御装置、車線逸脱抑制装置、地図ソフト」などの既存のテクノロジーを「マッシュアップ（混ぜ合わせ）」したものにすぎないと言われる。[5]利用できる既存のテクノロジーの数が多ければ多いほど、多様なマッシュアップが可能になり、それにより生み出される価値も高まる。当然、起業家たちがその成果を市場に送り出すペースも速くなる。

以上の4つの法則（ムーアの法則、ギルダーの法則、メトカーフの法則、ヴァリアンの法則）の効果が組み合わさった結果として、AIとロボット工学が空前の進歩を遂げているのだ。それによって生まれるのは、新しい製品だけではない。新しい仕事のやり方が生まれ、新しい産業が台頭し、新しい価値観が出現しつつある。そして、人々が就く職の性格も劇的に変わりはじめている。

機械は私たちの雇用を奪うのか？

アメリカのテキサス州でトラック運転手をしているトムは、自動運転車の話題を聞くことが増えたと感じている。自動運転車についてはなんとなく知っているし、地元の町で道路を走るのを見たこともある。トラックを取り巻く状況の激変を経験するのは、これがはじめてではない。新しいナビゲーションシステムやＧＰＳシステムが導入されたり、燃費規制が強化されたりといった変化もあった。

しかし、今回はこれまでとは違うように思える。なにしろ、アルファベット（グーグルを傘下に収める持ち株会社）のようなテクノロジー企業、ＢＭＷやテスラのような自動車メーカー、ウーバーをはじめとする配車サービス企業など、いくつもの有力企業が自動運転車の開発に莫大な投資をしている。たとえば、アルファベットの自動運転車「ウェイモ」は、２０１８年10月の時点で公道上の試験走行を１０００万マイル（約１６００万キロメートル）以上重ねている。

トムが暮らすテキサス州は、アメリカで自動運転車の試験走行を認めている22州のひとつだ。もはや、自動運転車が広く普及する日が訪れるのかと問う段階ではなくなったと、トムは感じている。問題はその日がいつ来るかだ、というわけだ。開発を推進している企業の発表を見る限り、自動運転車は人間の運転手に比べて運転ミスが少なく、途中で休憩を取る必要もない。現在、運送会社が支出しているコストの40％近くを運転手の給料と手当が占めていることを考えると、自動運転車の開発を後押しする経済的要因は強力だ。

自動運転車の恩恵はほかにもある。アメリカでは、トラックによる交通事故の死者が年間4000人を超えている。自動運転車が普及すれば、この人数を減らせる可能性がある。

こうしたすべての要素がトムを不安にさせている。自分の仕事はどうなるのかと、心配せずにいられないのだ。アメリカで運転手の職に就いている推定400万人の人々の多くが同様の思いをいだいている。完全な自動化が実現した場合、運転手の雇用は3分の1に減るという予測もある。(6) トムが不安をいだくのも無理はないように思える。

トムのように、ロボットによりみずからの雇用が重大な脅威にさらされる可能性に気づく人が増えはじめている。「ロボット」という言葉をはじめて用いたのは、チェコの作家カレル・チャペックによる1920年の戯曲『ロボット』だ。この言葉は、「強制的な労働」「退屈な仕事」を意味する「robota」というチェコ語に由来する。この語源どおり、ロボットは退屈な繰り返し作業をおこなうことが得意だ。現在、世界で稼働しているロボットの数は200万台以上。そのほとんどが製造現場に投入されている。たとえば、ロボットの普及度がとりわけ高い国のひとつである韓国では、人口1000人当たり50台のロボットが稼働している。

ロボットの導入は、今後さらに進むだろう。有力起業家のイーロン・マスクは、やがて「エイリアンの弩級戦艦」みたいな工場が出現すると予測している。そうした工場の生産ラインに、人間の姿はない。「人間を生産ラインに立たせるわけにはいかない。そんなことをすれば、人間

のスピードまでペースを落とさなくてはならなくなる」というのだ。(7)

ロボットの性能が向上し、価格の下落もさらに進めば、製造業以外でもロボットが労働者に取って代わることが避けられなくなる。サービス業の現場で「ペッパー」というロボットを見たことがある人もいるかもしれない。2014年、ソフトバンクは東京の店舗に、子どものようなヒト型ロボットを配置しはじめた。いま日本の銀行や企業のオフィスでは、ペッパーが来訪者を出迎えて簡単な案内をしている。ペッパーを導入した企業は、人件費を削減できたほか、社員の用事が減り、顧客とじっくり話せるようになったという。

サービス業では、さまざまな用途でロボットを活用できる可能性がある。日本の「変なホテル」はロボットホテルと称していて、ロボット料理長の「アンドリュー」が腕を振るってお好み焼き（日本版のオムレツのような料理）をつくり、ほかのロボットたちがフロント業務や荷物運びをおこなう。(8) 一方、アメリカのカリフォルニア州では、ロボットの「サリー」がサラダをつくり、「フリッピー」がハンバーガーを焼き、「ボトラー」がホテルの客室にタオルやアメニティーを届けているし、イタリアでは、マカー・シェイカーという会社がロボット・バーテンダーの開発を目指している。

テクノロジーは、人間のさまざまな用事を解決するために休みなく前進し続けているのだ。2016年、宅配ピザのドミノ・ピザはニュージーランドで史上初のドローン（小型無人機）による配達をおこなった。ニュージーランドのファンガパラオアに住むカップルのもとに、ペリペリチキン・クランベリーピザを届けたのだ。

あなたがお店でロボットに接客される日が来ることは間違いない。では、ロボットに介護される日も訪れるのだろうか。(9) 2030年までには、そうなると考えたほうがよさそうだ。とくに、日本のように少子高齢化が進んでいる国では、家族や友人では足りない介護の担い手としてロボットが活用される可能性が高い。また、家庭にもロボットがやって来そうだ。ロボットが掃除をしたり、さまざまな支払いをしたり、食品や薬などの日々の必需品を自動的に発注したりするようになるだろう。

失業しないためにどのような能力が必要なのか？

人類は長い歴史のなかで、自分たちの物理的な力を強化したり代替したりする道具をしばしば発明してきた。石斧、車輪、ジェニー紡績機などはすべて、そうした発明だ。しかし、人間の知的な力を強化したり代替したりする機械は、これよりはるかに革命的な発明であり、その機能を理解することは簡単でない。近年は、AIの進歩により、それまで人間の守備範囲だった認知プロセスの領域にもテクノロジーが足を踏み入れはじめている。

知ってのとおり、高機能の機械はしばらく前から存在した。パーソナルコンピュータで動く史上初の表計算ソフト「ビジカルク」が発売されたのは1979年のことだ。このソフトウェアは、大きな紙を広げて計算する作業を過去のものにした。それまでは、279ミリ×432

ミリのレジャー・サイズの大判の紙に、事務員が数字を書き込んで計算していた。これでは途方もない時間がかかるし、人為ミスも避けられなかった。これ以降の機械の進歩には、目を見張るものがある。今日の機械は、あらかじめ与えられたルールに従って特定の課題を処理するだけではなく、目標を達成するために独自の判断をくだすようになっている。

こうした飛躍的な進歩を可能にしたのは、機械学習（ML）だ。機械学習では、アルゴリズムによる逐次的計算（「もしも〜なら、〜」）ではなく、たいていニューラルネットワークを活用する。[10] そのため、機械が問題を理解し、状況の変化にも適応できる。この面でAIは人間の脳の働きを一部模倣しているが、人間よりも作業のスピードが速い。機械学習には、前述した4つの法則により膨大な量の情報を瞬時に伝達・処理できるようになったことの恩恵が全面的に生かされている。

2016年に、「アルファ・ゴ（AlphaGo）」というプログラムが、囲碁の世界タイトルを18回獲得した囲碁棋士イ・セドルに勝利を収めた。このプログラムは、2014年からグーグル傘下に入っていたイギリスのAI企業「ディープマインド」が開発したものだ。「アルファ・ゴ」には、数世代のバージョンがある。[11]「アルファ・ゴ・リー」と「アルファ・ゴ・マスター」は、囲碁のルールと過去の対局に関する知識を与えて、人間の専門家が指導することによって訓練された。

それに対し、「アルファ・ゴ・ゼロ」は、囲碁のルールだけを教えられて、あとは自己対局で腕を磨くよう指示された。要するに、「ゼロ」はみずからの先生役も務めたのである。「ゼロ」は40日間で2900万回の自己対局をおこない、人間の棋士の追随を許さない大規模なデータベースをつくり上げた。その過程では、わずか4日で「リー」を凌駕し、34日で「マスター」を破るまでになった。

興味深いのは、「ゼロ」の繰り出す戦略が人間の棋士とは質的にまるで異なるものだったことだ。「まったくの白紙状態から出発した『アルファ・ゴ・ゼロ』は、わずか数日の間に、囲碁に関する既存の知識の多くを自力で見いだしたばかりか、新しい戦略も編み出した。それにより、世界最古のボードゲームに新しい発見がもたらされた」と、開発チームは記している。

「ビジカルク」が複雑な計算を素早く正確におこなうようプログラムされていたのに対し、「アルファ・ゴ」は、対局に勝つという目標を追求するよう指示されている。その目標に向けて、ある意味でみずから判断をくだし、意図をもって行動することにより、人間の能力を超越する結果を生み出しているのだ。

このようにテクノロジーの能力が高まり、テクノロジーを活用する人たちの目的が変わって、人間の労働の代替と増強が進む結果として、仕事の性格は大きく変わる。その影響は、レジ係やトラック運転手にも、弁護士やファイナンシャル・アドバイザーにも及ぶ。当然、雇用が失われるリスクは避けられない。表計算ソフトの登場により消失した帳簿係の職は、約40万人に上るという(12)。

シドニーで働く会計士のインは、身をもってそれを体験した。勤務先の会計事務所がＡＩに投資したことで、彼女がマネジメントしていた経理処理部門で必要とされる社員の数が大幅に減ったのだ。65歳まで働いて引退するつもりでいたが、まだ55歳なのに、６カ月後の解雇を言い渡されてしまった。インは大学で会計学を学び、大学院でも勉強を続けて公認会計士の資格も取得していた。申し分ない資格をもっているという自負があった。

ところが、次の職を見つけるためにいくつかの求人に応募しても、一度も面接まで進めなかった。以前は、テクノロジーの影響を最も受けるのは教育レベルの低い層だったが、インは専門職の資格をもっているにもかかわらず苦しい状況に置かれている。

ロンドンのスーパーマーケットでレジ係をしているエステルも、同様の問題に直面している。勤務先の店では、セルフサービス型のレジを利用する客が増えている。アマゾンが経営する無人コンビニエンスストア「アマゾン・ゴー」のように、自分が働く店も遠からずレジ係を置かなくなると、エステルは感じている。不安は募るばかりだ。離婚した夫から受け取っている金はごくわずかにすぎない（しかも、その元夫も、機械の導入により倉庫作業の職を失った）。スーパーマーケットの給料を補うために、夜は地元の老人ホームで働いている。老人ホームでフルタイムの仕事に就いたほうがいいと、友人たちは言う。しかし、そのためには、２年かけて資格を取得しなくてはならない。実はこれまでに２度、夜間のコースを受講したが、長続きしなかった。現在は、再び学校に通う時間も予算もないと感じている。

インとエステルの経験は、テクノロジーの進化と長寿化の進展が一体化したとき、社会がどれほど大きな教育上の課題に直面するかを浮き彫りにしている。教育機関が進化を遂げ、新しいタイプのコースを開講し、支援を提供して、人々がそうした課題に対処するのを助けなくてはならない。政府も教育への関与を強めて、生涯を通じた学習を支援すべきだ。

人間が機械に勝てる分野とは？

もし前述の4つの法則が続けば、今後もテクノロジーはさらに目覚ましい進歩を重ね、いま「ビジカルク」が古臭く思えるのと同じように、「アルファ・ゴ」が物足りなくて冴えないものに感じられる時代がやって来るだろう。現在のコンピュータは、チェスや囲碁やポーカーといった特定の課題を処理することには長けているが、人間のような知性はもっていない[13]。人間の脳は、問いを発し、仮説を立て、さまざまな問題に同時並行で取り組み、未来の可能性をいくつも思い描く能力がきわめて高い。テクノロジーが目指す究極の目標は、人間が実行できる知的課題をすべておこなえる機械を生み出すこと、つまり「汎用人工知能（AGI）」の開発ということになる。

AGIが誕生すれば、そのとき、いわゆる「シンギュラリティ（技術的特異点）」が訪れる。機械がその機械自体よりも高性能の機械を発明する能力をもつようになることで、テクノロジーの進化が猛烈に加速し、ついにはあらゆる面において機械が人間よりはるかに高い能力をもつ日がやって来るのだ。

こうした未来について考えるうえで重要なのは、AIとAGIの違いを理解することだ。未来の経済と社会に関して、そして人間の存在意義に関して、とりわけ暗い未来予想図の多くは、AGIの登場を前提にしている。確かに、AGIが生まれれば、機械があらゆることで人間を凌駕するという、ぞっとする世界が出現する。しかし、少なくとも現時点では、人工知能の研究はそのレベルにまったく達していない。ほとんどのAIがごく簡単なテストにすらつまずくのが現状だ。たとえば、ウェブサイトへのログイン時にユーザーが（コンピュータではなく）人間であることを確認するために用いられる「CAPTCHA」と呼ばれるテストで、写真の中の道路標識を読み取ることにも苦労する。(14)

AGIがいつ誕生するのか、そもそも誕生する日が来るのかは、激しい議論の対象になっている。マサチューセッツ工科大学（MIT）のマックス・テグマークが紹介している調査によれば、コンピュータ科学者の間でも、数年先には誕生するという人がいる一方で、誕生する日は来ないと予測する人もいる。(15)専門家の予測を平均すると、2055年までにAGIが出現するという。現在60歳より若い人たちは、まだ生きている間にその日を迎える可能性があるのだ。しかし、そのときまでは人間が機械より優位に立ち続ける。

AIの進歩に伴い、どのようなスキルや仕事で人間が機械に勝てるかも必然的に変わっていく。カーネギー・メロン大学ロボティクス研究所のハンス・モラベックは、これを「人間の能力の風景」という比喩で説明している。海の中に島がいくつか浮かんでいる地図を思い浮かべてほしい。この地図では、土地の標高の高さは人間の能力の高さを表現し、海水面の高さは、その時点でＡＩが到達したレベルを表現している。時間が経つにつれて海水面が上昇し、より多くの土地が水没する。ＡＩの能力が高まり、人間が機械に勝てる領域が減っていくのだ。

すでに水没した領域には、表計算、パターン認識、チェスや囲碁などが含まれる。現在、翻訳、投資判断、音声認識、運転といった島の岸辺に海水が押し寄せはじめている。あなたがこの本を読む頃には、これらの島はもう水没しているかもしれない。

最初に機械に取って代わられたのは、定型的でプログラム化可能な課題を実行する能力だった。それに対し、機械に代替されにくいのは、より人間らしい活動をおこなう能力だ。具体的には、人と人とのやり取り、ケアと思いやりが必要な活動、マネジメントとリーダーシップ、創造とイノベーションなどである。この点を頭に入れて、ひとりひとりがより標高の高い場所を目指すべきだ。ＡＩの守備範囲が広がり、人間が優位に立っていた領域がますます縮小していくなかで、水没から逃れるために、その必要があるのだ。やがてＡＧＩが登場したとしても、このような標高が高い領域の能力をもっていれば、絶対的な能力では機械に勝てなくても、機械との役割分担が成り立って、職を失わずに済むだろう。

向こう数十年の間に、雇用とキャリアを取り巻く状況は大きく変わっていく。ヒロキの父親は、職業人生を通してひとつの会社で働き続けた。いま20代前半のヒロキは、自分がそのような人生を送ることを想像できない。テクノロジーが力強く進歩していることを考えると、1種類のスキルで職業人生を乗り切れるとは考えにくい。それに、テクノロジーは企業の世界も大きく変えている。いまどこかの会社に就職したとしても、その会社が自分の引退まで存続するとは思えない。

テクノロジーの驚異的な進歩は、雇用だけでなく、働き方も変えつつある。インドのムンバイに住むラディカは、世界規模のギグ・エコノミーの一員だ。フリーランスとして世界中の企業の仕事を受注し、出来高払いで報酬を受け取っている。昔ながらの会社員の経験はない。フリーランスである以上、いつも次の仕事を積極的に探さなくてはならない。この働き方は確かに自由だし、自分でものごとを決められるという利点がある。しかし、旧来型の雇用関係で働く友人たちと違って、能力開発や昇進や研修の機会はない。雇用主と長期的な関係を築く旧来型の雇用が消失しつつある世界で、キャリアをどのように設計し、構築していけばいいのかと、ラディカとヒロキは考えている。

長寿時代の到来

テクノロジーが雇用とキャリアに及ぼす影響にどう対処するかという目の前の問題は、ラディカとヒロキを待ち受ける試練の一部でしかない。長寿化の進展は、2人の未来にもっと大きな影響を及ぼす可能性が高い。

前述したように、人間の発明の能力は、驚異的なテクノロジーを生み出すだけでなく、平均寿命も大幅に上昇させてきた。その結果として、人生の長さと人生のステージに関する常識も変わりはじめている。いま多くの国では、65歳以上でも健康な人が珍しくなくなった。そうした変化を受けて、老いのプロセスとはどのようなものなのか、社会の高齢化は何を意味するのか、老いるとはどういうことなのかについて、ますます疑問と混乱が生まれている。

これまで最も高い年齢まで生きた人物は、少なくとも公式の記録に残っている限りではジャンヌ・カルマンというフランス人女性だ。この人物は、1997年に122歳と164日で死んだとされている。90歳だった1965年には、弁護士のアンドレ・フランソワ・ラフレーと契約し、カルマンの存命中はラフレーが毎月2500フランを支払う代わりに、カルマンが死亡した際に彼女のアパートの所有権がラフレーに移るものとした。ところが、カルマンが120歳のときに、ラフレーは75歳で死んでしまう。結局、ラフレーとその相続人は、アパートの価値の2倍以上の金を支払う羽目になった。カルマンの言葉を借りれば、「人生では、ときにまずい取引をすることもある」のだ。

現在存命の世界最高齢者は、1903年1月2日生まれの日本人女性、田中カ子《かね》だ。カルマンや田中のような「スーパー高齢者」は別格としても、この150年間、それぞれの年の平均寿命世界1位の国の平均寿命（「ベストプラクティス平均寿命」と呼ばれる）は上昇し続けてきた。本書執筆時点でのベストプラクティス平均寿命は、日本人女性の87歳だ。[16]

ここ100年以上、ベストプラクティス平均寿命は、10年間に2～3年という驚異的なペースで上昇してきた。[17] 平均すると、それぞれの世代が前の世代よりも6～9年長生きしている計算になる。その結果、現在20歳のアメリカ人男性の祖母が生きている確率は、1900年当時に20歳のアメリカ人男性の母親が生きていた確率より高くなっている。

このペースだと、いま先進国で生まれた子どもは、100歳以上生きる確率が50%を超す。もし平均寿命の上昇ペースが半分に落ちたとしても、いま生まれた子どもが100歳まで生きる確率は30%を上回る。年齢層別に見た場合、いま世界で最も急速に人口が増えているのは、100歳以上の層なのである。

マドカは20代の日本人女性だ。日本人女性は、現在世界で最も平均寿命が長い。イギリスやアメリカでは平均寿命が近年下落しているが、[18] 日本の平均寿命は上昇し続けている。2010年から2016年までの間に、65歳の日本人女性の平均余命は、1年に8週間のペースで延びてきた。このペースでいけば、10年間で約1・5年寿命が長くなることになる。

マドカは世界有数の先進国の住人だ。では、インドで暮らすラディカには、どのような未来が待っているのか。ラディカが100歳まで生きる確率は、マドカより小さい。それでも、インドのような途上国では、豊かな国々を上回るペースで平均寿命が上昇している。ラディカは、自分の両親より大幅に長生きする可能性が高い。インドではこの半世紀の間に、平均寿命が26

歳延びた（中国では24歳上昇）。10年ごとに5歳ずつ平均寿命が延びている計算になる。予想される人生の長さが大きく変わったことで、両親の世代がくだした人生の選択は、ラディカにとってほとんど参考にならなくなった。マドカとラディカは、両親や祖父母がする必要のなかったことに取り組む必要がある。100歳以上生きる前提で人生を設計して、老後の生活資金を確保しなくてはならないのだ。

どうすれば、長く健康であり続けられるのか？

ラディカとマドカは、寿命が延びることを歓迎しているが、長い人生を健康に生きたいという思いが強い。71歳のクライブは、同じくらいの年齢だったときの両親よりはるかに健康で、長生きすることを楽しみにしている。しかし、年上の友人のなかには、健康な人もいる半面、健康とは言い難い人もいる。健康であり続ける可能性を最大限高めるために、引退後の日々をどのように過ごせばよいのだろうかと、クライブは考えている。

幸い、ほとんどの国の人々は、平均寿命が延びたことにより増えた日々の半分以上を健康に生きている。平均寿命が上昇しても、健康に生きられる期間が人生全体に占める割合は少なくとも減っていない。(19) むしろ、多くの国ではその割合が大きくなっている。たとえばイギリスでは、2000年から2014年までの間に平均寿命が3・5年延びた。イギリスの人々は、このうち2・8年を（自己申告によれば）健康に生きている。ある研究によると、2035年には、イギリスの65～74歳の80％以上が慢性疾患なしで生きるようになるという。この割合は現在69％だ。[20]同じ年までに、75～84歳の人も半分以上（58％）が慢性疾患なしで生きるようになると予測されている。こちらの割合は現在50％だ。

このように老いのあり方が改善された結果、長寿化により増えた人生の日々は、長い人生の最後に挿入されるだけの日々にはなっていない。虚弱な状態で生きる年数が増えているわけではないのだ。中年期の後半と老年期の前半が長くなったと言ったほうが実態に近い。

問題は、長生きすれば、アルツハイマー病、癌、呼吸器疾患、糖尿病などの非感染性疾患を患いやすくなることだ。複数の病気を同時に患う可能性も高まる。いくつかの「併存症」をもつ人が増えていくのだ。しかし、誤解してはならない点がある。確かに、現在の50歳と80歳を比べれば、80歳のほうが非感染性疾患や併存症を患っている人の割合が大きい。それでも、時代とともに高齢者の健康が改善してきた結果、今日の80歳は20年前の80歳に比べて病気を患っている人の割合が小さい。

マドカとラディカは、両親やクライブの世代よりさらに長く生きる前提で人生の計画を立てるべきなのだろうか。テクノロジーのイノベーションとムーアの法則に関しては、過去のトレンドが将来も続くとは思えないと主張する人たちがいる。長寿化について研究している人たちの間にも、同様のことを述べる論者がいる。一部の専門家によれば、人間の平均寿命はすでに天井に達していて、糖尿病や肥満、薬剤耐性菌・薬剤耐性ウイルスの増加などにより、むしろ今後は平均寿命が短くなるという。また、進化のプロセスを通じて多くの遺伝子異常が取り除かれてきたことは事実だが、高齢者がその恩恵を受けるわけではないと指摘する論者もいる。この指摘がもつ意味は大きい。高齢者が次の年まで生き続ける確率の上昇ペースが加速しない限り、いままでのような空前のペースでベストプラクティス平均寿命が上昇し続けることはないからだ。

しかし、こうした悲観的な想定の下でも、今日生まれた子どもの多くは90代まで生きても不思議でない。[21] 所得レベルと教育レベルが高く、健康的なライフスタイルを実践している人ほど、長生きする可能性は高まる。

それに、平均寿命の上昇が頭打ちになりつつあると考える専門家がいる一方で、長寿化の進展はまだ続くと予測する専門家もいる。興味深いのは、未来学者たちがテクノロジーの進歩のペースを過大評価する傾向があるのとは対照的に、政府の統計専門家たちがこれまで平均寿命の上昇ペースを過小評価してきたという点だ。図1-1を見てほしい。ここに示したのは、これまでイギリス国家統計局（ONS）が発表してきた男性平均寿命の予測（発表年別）と、実際の男性平均寿命の推移だ。この図から明らかなように、政府は一貫して平均寿命の上昇ペースを過小評価し続けてきたのだ。

科学者の間では、未来の平均寿命の上昇に関してこれまでになく楽観的な見方が強まっている。[22] その背景には、多くの病気を老化の産物と位置づける考え方への転換がある。この新しい

図1-1　平均寿命の予測と実際（イギリス）

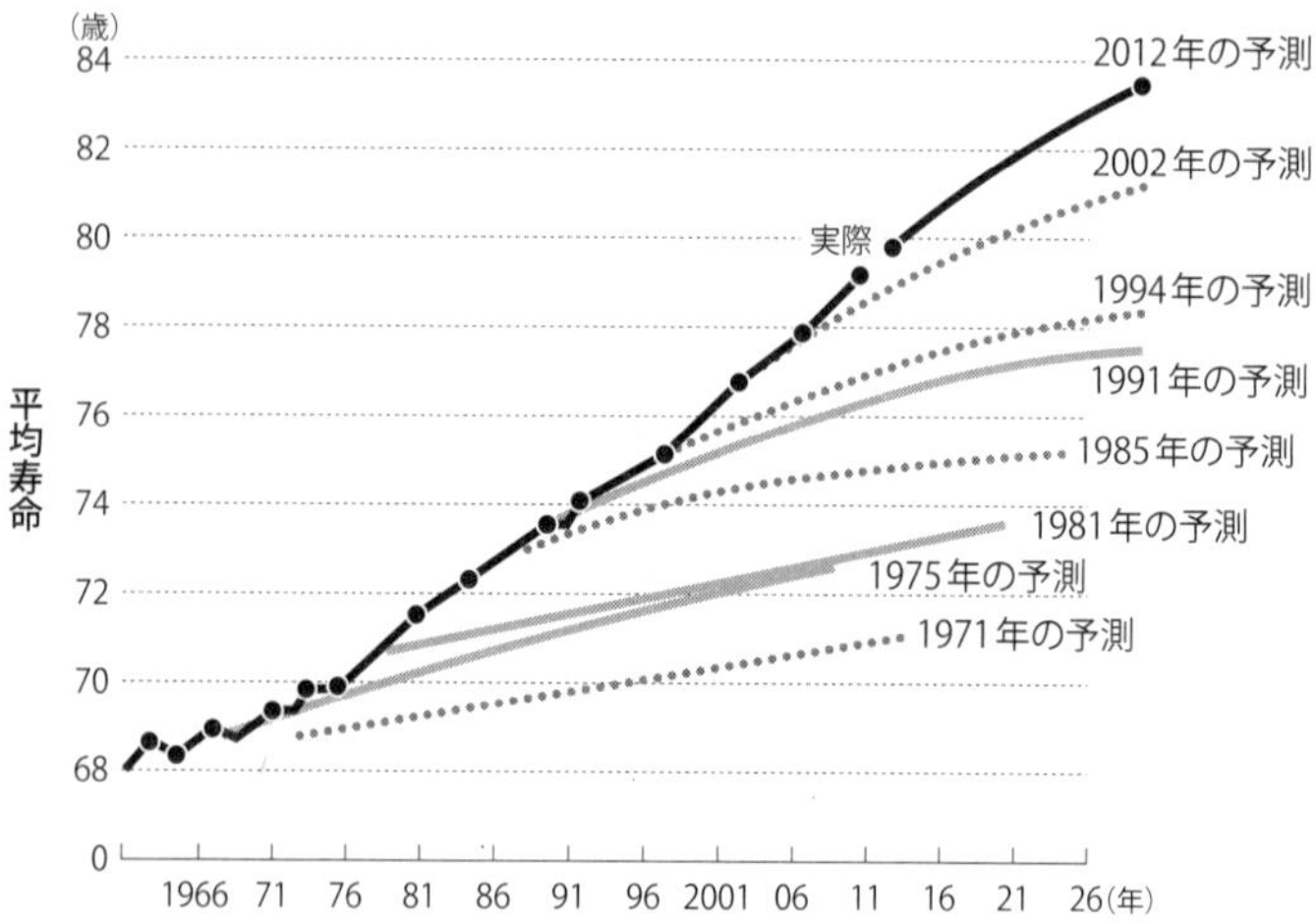

（出典）イギリス国家統計局（ONS）

発想の下、老化の原因を探る研究が活発になってきた[23]。そうした研究が進めば、やがて老化のプロセスを減速させたり、逆転させたりする道が開けるのではないかという期待が高まっているのだ。研究が実を結べば、平均寿命の上昇ペースが加速することもありうる。ことのほか楽観的な研究者のなかには、いわゆる「寿命回避速度」への到達を予測する人たちもいる。これは、毎年、平均寿命が1年以上延びるようになることを意味する。もしこれが実現すれば、人類は不死の世界に突入する。

いつか人が500年や1000年生きる時代が来るとすれば驚愕せずにいられないが、差し当たり老化研究がなんらかの恩恵をもたらすとすれば、その恩恵はおそらく、慢性疾患や非感染性疾患を発症する高齢者の割合を減らすことによる健康寿命の延伸だろう。それにより、人生の終わりまで健康に生き続けられるという素晴らしい可能性が出てくる。

このような研究の根底にあるのは、人の老い方を変えることは可能だという考え方だ。昔、骨粗鬆症やアルツハイマー病の症状は、老いの当然の結果と考えられていた。しかし、いまでは、これらの症状は世界保健機関（WHO）により正式に病気と位置づけられている。いずれは、老化のプロセスそのものも病気として治療される日がやって来るのだろうか。

もし老化を「治療」できるようになれば、それは、人間の発明の能力が生み出した輝かしい偉業のひとつと言える。実は、魅力的な研究成果がすでに生まれている。研究では、線虫の寿命を10倍に延ばすことに成功しているほか、[24]マウスや犬の寿命も延ばせている。問題は、こうした成果を人間でも再現できるのかどうかだ。

研究は進展しているが、「寿命回避速度」へ到達する兆候はまだまったく見えてこない。そもそも、人間を対象に実験をおこなうことは容易でない。実験が成功したかどうかがわかるのは、その人の人生が終わるときだ。そのため、実験にはどうしても長い年数がかかる。それでも、このテーマへの関心が高まり、研究が活発化していることを考えると、やがて老化の治療法が開発されて、人の健康寿命、ことによると寿命そのものが延び続ける可能性もありそうだ。ベストプラクティス平均寿命が過去半世紀と同様のペースで上昇し続けるためには、このような科学的進歩が欠かせない。

家族と地域社会に及ぶ影響は？

マドカやラディカは、両親より長く、祖父母よりはるかに長く生きることが予想される。同様のことが膨大な数の人たちの身に起きれば、社会全体の人口の規模や、人々が人生でおこなう選択、社会の構造にも計り知れない影響が及ぶ。

ラディカが生まれたインドの村では、平均的な家族は子どもが6人いた。ラディカも、兄弟が4人と姉妹が1人いる。村では、子どもは財産とみなされていた。農作業の貴重な労働力になるし、親が老いたときに生活を支える役割も期待されていたのだ。しかし、いま20代後半のラディカの考え方はまったく違う。今日のインドの若い女性の多くがそうであるように、母親より高度な教育を受けていて、自分のキャリアを追求している。そんなラディカにとって、子どもを育てることのコストを考えると、子どもは財産というより、経済的な重荷に感じられる。

このような考え方をする女性が増えるにつれて、世界中で出生率が下がりはじめている。子づくりに関する選択は、女性の教育レベルの影響を強く受ける。人口学者たちが見いだした大ざっぱな経験則によると、正式な教育をまったく受けていない女性は、生涯の間に平均7人以上の子どもを産む。それに対し、初等教育を受けた女性は4人、中等教育まで受けた女性は2人しか子どもをつくらない。世界中で女性の教育レベルが向上するのに伴い、21世紀末までに、ひとつの家庭の子どもの数は現在の平均2・5人から2人まで減ると、国連は予測している。

ラディカとマドカは、両親とはまったく異なる人生の道筋を思い描いている。この世代は、両親より長く生き、生涯に出産する子どもの数が少なくなる可能性が高い。2人はそれを前提に、家族のメンバーが果たす役割と責任について疑問をいだき、みずからのキャリアを切り開いて職業人としてのアイデンティティを確立したいと望んでいる。

このような変化は、社会の人口構成にきわめて大きな影響を及ぼしている。この潮流は、今度も続くだろう。オックスフォード大学の人口学者サラ・ハーパーなどが指摘しているように、国が経済的に発展すると「人口学的遷移」が起きて、出生率と死亡率の両方が下落しはじめる。(25) つまり、たくさん生まれてたくさん死ぬ社会ではなく、家族ごとの子どもの数が減る半面、大勢の人が高齢まで生きる社会に移行するのである。

こうした移行を経験した社会では、若者に比べて高齢者の割合が大きくなり、その結果として平均年齢が上昇していく。いま世界中でそのような現象が起きている。1950年の時点で世界の平均年齢は24歳だったが、2017年にはそれが30歳まで上昇している。2050年には、さらに36歳まで高まると予測されている。

ある国で人口学的遷移がどのくらい速く進むかは、それぞれの国の経済成長のスピードと広がりによって決まる。所得水準が上昇すれば、人々が受け取る賃金が増えるだけでなく、栄養状態と教育水準と医療水準も高まる。これらの要素はすべて、出生率を下げ、寿命を延ばす要因としてはたらく。マドカの両親は、第二次世界大戦後の日本の高度経済成長を経験した。

1955年から1972年の間、日本経済は年平均9％のペースで成長し続けた。それに伴い、出生率が下がり、寿命が延びた結果、人口学的遷移が急速に進んだのである。これは、日本だけの現象ではない。

近年、目覚ましい経済成長を遂げた中国も、急激な人口学的遷移を経験している。1950年の中国の平均年齢は24歳。前述したとおり、これは当時の世界平均に等しかった。しかし、その後、中国のGDP（国内総生産）が目覚ましく成長し、2017年には平均年齢が37歳（世界の平均年齢は30歳）に達した。2050年には、これが48歳に到達すると見られている。現在の予測によれば、この年の世界の平均年齢は36歳。つまり、中国の平均年齢は世界の平均より10歳以上高くなる見通しなのだ。[26]

このような変化に伴い、社会で65歳以上の人が占める割合も大きくなる。クライブは1948年生まれ。同世代のイギリス人は、80％近くが70歳以上生きている。これ以前の世代は、これほど長く生きなかった。クライブの両親の世代では、70歳まで生きる人は半分もいなかったのだ。一方、イギリス政府の予測によれば、クライブの孫の世代は90％が70歳の誕生日を迎えると見られている。

これは世界的に見られる現象だ。図1-2にあるように、今日の世界では、5歳未満の人よりも65歳以上の人のほうが多くなりつつあり、これは人類史上はじめてのことである。

今後、世界のすべての国で65歳以上の人の割合が高まる。世界の人口に占める65歳以上の人

図1-2　世界の人口に占める幼い子どもと高齢者の割合

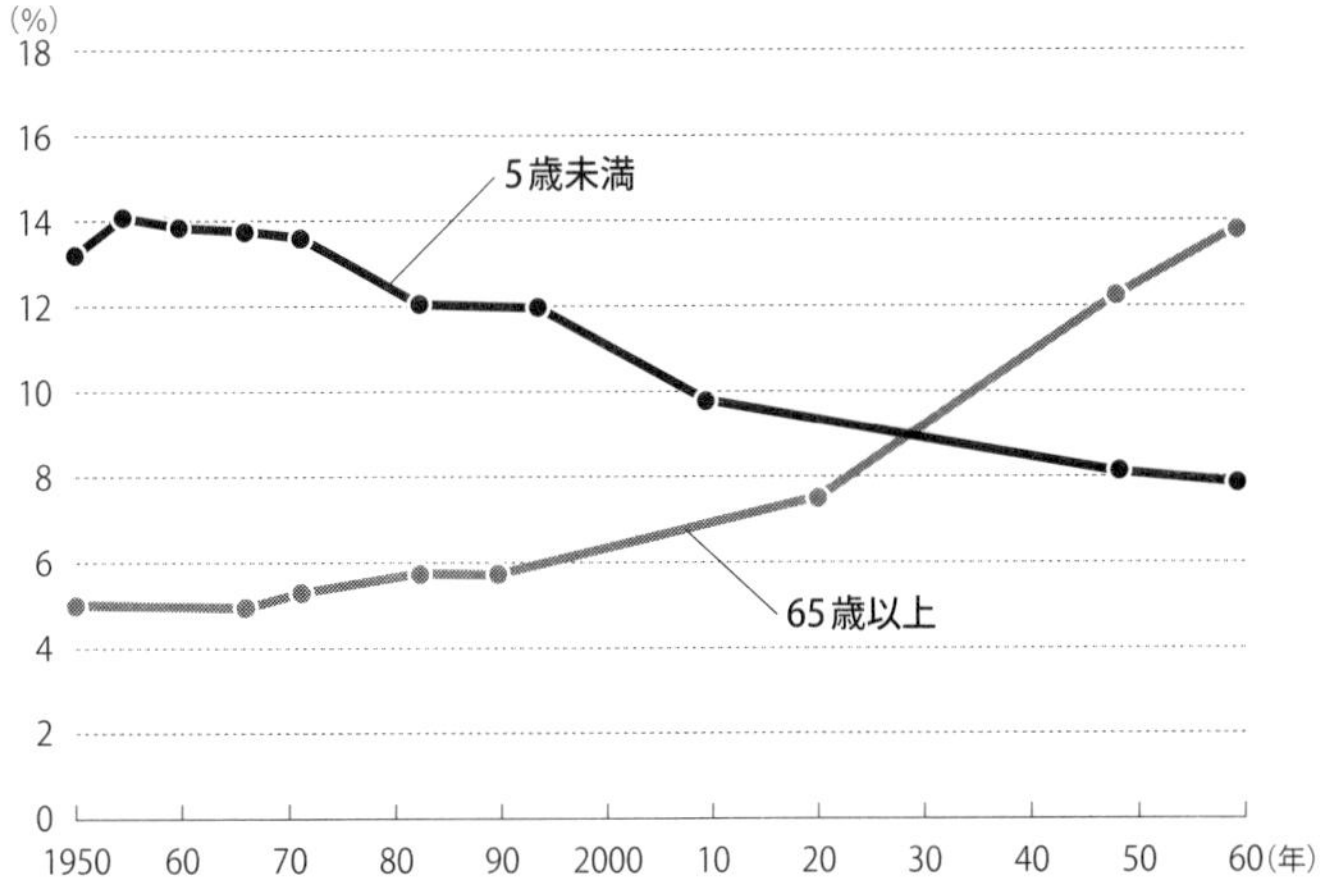

(出典) US Census Bureau, *An Aging World*, 2015

の割合は、現在は12人に1人。2050年には、それが6人に1人になる見通しだ。これは、豊かな国々だけで起きることではない。いま、途上国の60歳以上人口の合計は、先進国の合計の2倍に上っている。これが2030年には3倍、2050年には4倍になるという。「はじめに」で述べたように、2050年には中国の65歳以上人口が4億3800万人(現在のアメリカの総人口を上回る人数だ)を突破すると推計されている。

65歳以上の人口全般だけでなく、そのなかで80歳以上の人口も急増している。現在、世界には80歳以上の人が1億2600万人いる。2050年には、これが4億4700万人に増加すると推計されている。この傾向がひときわ目立っているのが日本だ。80歳以上が人口に占める割合は、現在は8%だが、2050年には18%に上昇すると見られている。

こうした変化は、人口構成だけでなく、人口の絶対数にも影響を及ぼす。ある国の人口が増加するか、横ばいか、減少するかは、人口学的遷移の過程でどの段階にあるかによって決まる。アフリカの多くの国はこの過程の初期段階にあり、出生率が下落するペースよりも、死亡率が下落するペースのほうが速く、人口が増加している。西アフリカのナイジェリアは、1950年の時点で人口が3800万人だった。2017年、この国の人口は1億8600万人に増えている。この半分が15歳未満だ。65歳以上の人の割合は3%にすぎない。

しかし、人口学的遷移のプロセスが進むと、出生率が死亡率と同程度まで下がり、人口増のペースが減速しはじめる。さらに、出生率が死亡率を下回れば、生まれてくる子どもの数より死亡する人のほうが多くなる。この場合、その国の人口は減少に向かう。1950年、この段階に達している国はひとつもなかった。しかし、2050年までに50カ国以上が人口減少期に突入すると予測されている。

出生率の落ち込みが際立っている日本と中国では、すでに人口が劇的に減少しはじめている。この傾向は今後も続くだろう。このことは、マドカもよく知っている。日本のメディアでも、しばしば報じられているからだ。日本の人口は、2004年には1億2800万人に達していたが、2050年には1億900万人、2100年には8450万人に減ると予測されている。中国に暮らすインの親戚たちも、中国の状況は理解している。中国の人口は現時点で13億6000万人だが、2050年には10億人まで減るとされているのだ。

どうすれば、誰もが長く働き続けられるのか？

マドカは、人口減少が経済に及ぼす悪影響を心配している。ほかの条件がすべて同じ場合、国の人口が1％減るごとに、GDPの成長率も1％下落する。日本の人口が半世紀後に8800万人まで減る（30％減）とすると、向こう半世紀にわたり日本のGDP成長率は毎年平均0・6％のペースで落ち込んでいく計算になる。日本だけではない。ほかの多くの国でもこの問題が深刻化しつつある。各国政府は、高齢化と人口減少が進むなかで、どうすれば経済成長を維持できるのかと頭を悩ませはじめている。

政府と個人が長寿化の影響に対処するうえで、社会的発明が切実に必要とされている領域が3つある。それは、老後資金の確保、医療の提供、世代間の公平である（長寿化により、多くの世代が同時に生きるようになれば、世代間の公平はひときわ重要になる）。

一見すると、高齢化社会における老後資金の問題はきわめて深刻に思える。多くの人が65歳までに仕事の一線を退く場合、65歳以上の人の割合が高まれば、その国の経済成長は減速する。欧州連合（EU）では、向こう40年間で生産年齢人口（65歳未満）が20％減ると予測されている。この予測どおりになれば、EUの経済成長率は40年間にわたり年平均0・5％のペースで下落していくことになる。この10年ほどEUの経済成長率が0・7％程度にとどまっていることを考えると、これは由々しき状況だ。

今後、経済成長の鈍化が懸念されているうえに、65歳以上の人口が増加することが確実な状況で、官民の年金制度にのしかかる負荷はきわめて大きい。そこで、社会的発明が非常に重要になる。「どのくらいの年齢まで働くか」「老いるとはどのようなことか」について新しい考え方を形づくり、企業が根深い固定観念を捨て、高齢の人たちの能力と意欲に関する思い込みを改める必要があるのだ。

歴史を振り返ると、過去にも素晴らしい社会的発明がなされたことがあった。公的年金制度の創設である。この種の制度を最初に導入したのは、1889年のビスマルク宰相時代のドイツだった。その後、同様の仕組みはほかの国でも採用された（イギリスでは1908年、アメリカでは1935年）。公的年金制度が導入されたことにより、人々は人生の最後の日々を、ずっと働き続けたり、極度の貧困に苦しめられたり、（しばしば強い不満をいだく）子どもたちに頼ったりすることが避けられるようになった。その効果には、目を見張るものがあった。今日のイギリスでは、年金生活者のなかで貧困状態にある人の割合は、生産年齢人口で貧困状態にある人の割合よりも小さい。(27)

イギリスで1908年に公的年金制度が導入された際、受給開始年齢は70歳だった。このとき、1838年生まれのイギリス人（生きていれば1908年に70歳になる人たち）の平均寿命は45歳だった。したがって、実際に年金を受給した人はごく一部だった。多くの人は、年金を受け取れるまで生きられなかったのだ。それに、年金を受給するようになった人も、ほとんどはその後あまり長く生きなかった。政府にとって、年金制度の資金をまかなうことはそれほど難しくなかったのである。

今日の状況は、当時とは大きく異なる。イギリスで暮らすクライブのケースを見てみよう。同世代のほとんどは年金受給年齢（現在は65歳）まで生きていて、今後も過去のどの世代よりも長く生きると予測されている。国家財政に及ぶ影響は明白だ。１９７０年、経済協力開発機構（ＯＥＣＤ）加盟国の年金予算の対ＧＤＰ比は４％程度だった。２０１７年には、この割合が８％まで上昇している。２０５０年には、これが10％近くになる見通しだ。各国政府が年金受給年齢の引き上げや給付水準の引き下げに乗り出しているのも意外でない。

40代のトムは、老後の資金について心配しはじめている。トムが加入している全米トラック運転手組合の年金基金は、懐事情が苦しくなってきている。受給者数が増加していること、２００８年の世界金融危機で株式相場が暴落したこと、そして多くのトラック運送会社が経営破綻したことなどが原因だ。その結果、年金給付額が29％程度削減されてしまった。トムは、望むような暮らしを続けたいなら、想定していたより長く働き続ける必要があると気づきはじめた。前著『ライフ・シフト』で述べたように、トムの世代は、老後資金をまかなうためにおそらく70代前半まで働く必要がある。いま20代のマドカは、80代まで働かなくてはならない可能性もある。

現在40代のトムと50代半ばのインは、それぞれあと30年と20年働くことになる。その結果、この世代は、どうすれば自分が社会的開拓者になれるかを真剣に考えざるをえなくなっている。一方、政府と教育機関と企業も、ものの考え方と慣行を根本から改めることを迫られている。この点はきわめて重要だ。現状では、政府や企業の制度や慣行は、長い職業人生を後押しするどころか、長く働き続けることを妨げている場合が多いのである。

若い頃のクライブは、70歳の祖母のことを「年寄り」だと考えていた。しかし、いま70歳になった自分のことは、「年寄り」だとは思っていない。80代や90代でも健康な人が増えるにつれて、65歳以上を「高齢者」とみなすのは実情に合わなくなっている。クライブは、「70代だからこんなことはできない」「70代だからこうあるべきだ」といった年齢に関する固定観念と戦っている。政府や企業が65歳以上の人を「生産性が乏しくて、経済的に自立できない年寄り」と決めつけているとすれば、そうした発想はかならず経済的・社会的問題を生み出す。

そこで、社会的発明により、中年期のキャリアのあり方を刷新し、70代や80代の人も働きやすいように企業の制度を変えていく必要がある。

医療システムはどうあるべきか?

老後資金への不安だけでなく、高齢期の医療費に関する不安も高まっている。図1-3を見れば、この領域でも社会的発明が切実に必要とされていることが明白だ。OECD諸国のデータから明らかなように、人が年齢を重ねるにつれて、医療費支出は増えていく。とくに60代後半

図1-3　年齢層別の1人当たり医療費支出の対国民1人当たりGDP比（2011年）

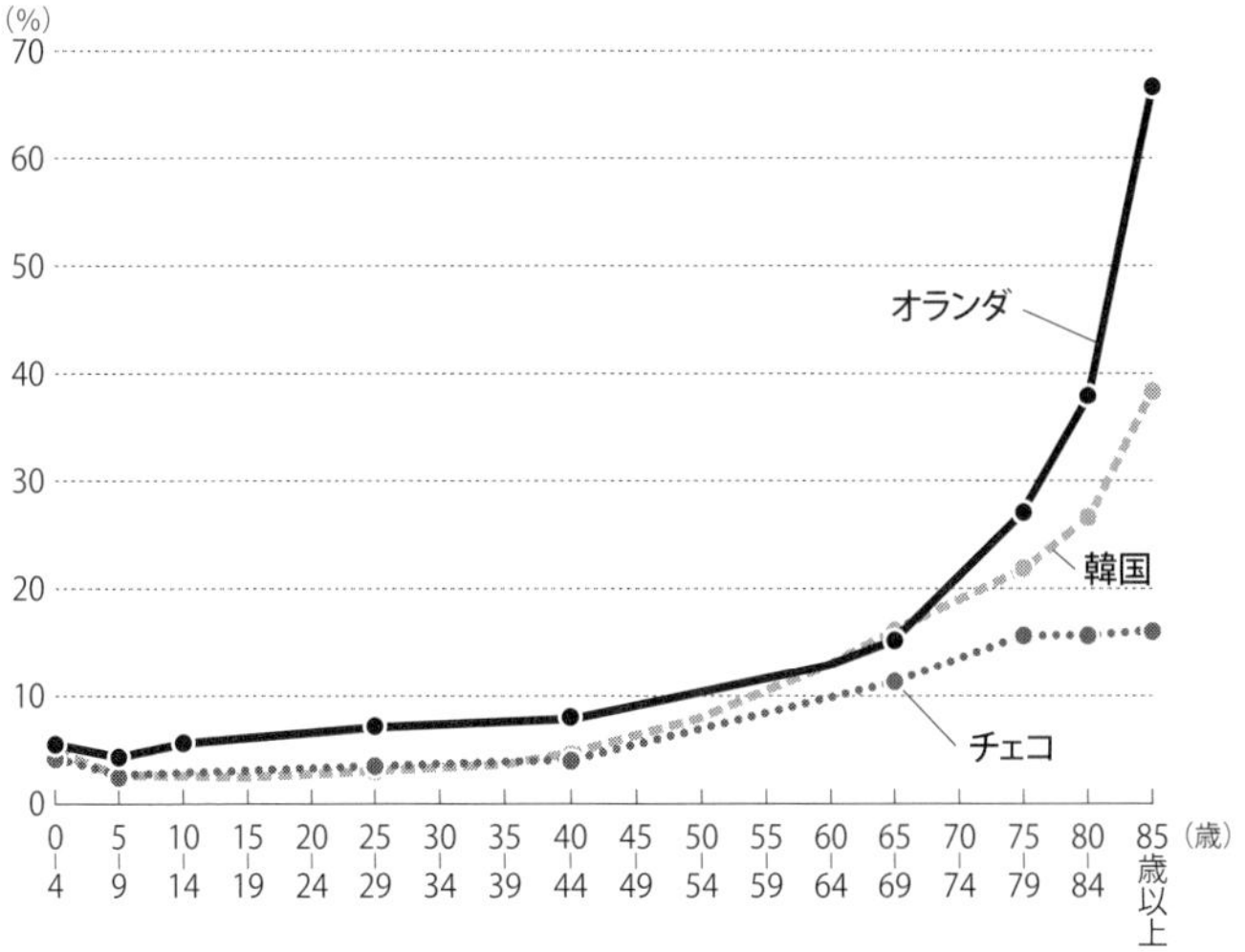

（出典）OECD, *Health Statistics*

以降、医療費支出は急激に増加する。オランダのように、80歳以上の人の1人当たり医療費が国民1人当たりGDPの3分の2相当に達している国もある。高齢化が進むと、社会の資源のうち高齢者の医療に費やされる割合が増えていく。それを避けるためには、人々の健康状態を改善するか、医療提供のあり方を変えるほかない。

社会が高齢化するにつれて、疾病負荷（病気により失われる生命と生活の質、そして病気による経済的コストなど）を生む主たる原因は、感染症から加齢による病気へ移っていく。それが医療費に及ぼす影響は大きい。感染症による死者は、比較的短期間で死にいたるが、非感染性疾患による死者は死亡するまでの時間が比較的長く、医療費も膨らむ。たとえば、アルツハイマー病は現在のところ完治が望めず、有効な治療法もない。その結果、医療費はきわめて高額に上る。全米アルツハイマー病協会の推計によれば、患者1人当たりの年間の医療費は約28万7000ドルに達する（2010年のデータ）。また、年間の医療費は、心臓病が平均17万5000ドル、癌が平均17万3000ドルとなっている。

非感染性疾患への移行は、医療戦略の面でも大きな意味をもつ。非感染性疾患は生活習慣の影響を強く受けるという証拠が続々と明らかになっている。そこで、社会的発明によって目指すべきなのは、人々が心身ともに活動的に生き続けるのを助ける方法を見いだすことだ。政府は、予防医療重視に転換しなくてはならない。一方、個人は、できるだけ健康で幸せな人生を送るために、どのように生きればいいのか、という根源的な問いを突きつけられることになる。

どうすれば建設的な世代間関係を築けるのか？

ヒロキは20代前半で、両親と4人の祖父母はすべて存命だ。親戚が集まると、ヒロキやいとこたちは、自分たちが若く、少数派であることを実感する。過去の世代に比べると、ヒロキの世代はきょうだいやいとこの人数が少なく、親戚の集まりに子どもや若者が大勢顔をそろえることも珍しい。ヒロキとマドカは、自分たちがつくる子どもの数は親世代より少ないかもしれないが、自分たちは親世代に対して大きな義務を負わされていると、強く感じている。

そう感じているのは、マドカとヒロキだけではない。そして、このような感覚は世代間対立の火種になりかねない。多くの国では、政府の政策が長寿化を前提としたものに変わりはじめている。年金受給年齢が引き上げられたり、年金支給額が減らされたり、税負担が増やされたりしているのだ。問題は、現在の高齢者の年金予算をまかなうために若い世代の税負担が増やされているが、今日の若者が高齢者になったときには、いまほど手厚い年金を受け取れないのではないかと考えられていることだ。イギリスの研究によると、将来の世代は、年金給付額の減少や税負担の増加により、生涯を通じて現在の世代に比べて10万ポンド近く損をすると推計されている。(28) しかも、この世代にとっては、経済成長率も親の時代より減速する可能性が高い。

世代間の不公平が懸念されるのは、税負担と年金給付の面だけではない。今日の若い世代は、人生で経験する移行の回数が多くなるし、高齢になるまで働かなくてはならない。この世代は、大学を卒業しただけでは専門職に就けない可能性もある。専攻分野によっては、高卒者に比べた給料の上乗せがほとんど期待できない場合もある。

テクノロジーの進化と長寿化の進展が生き方と働き方を根本から変えつつあるなかで、年長世代が約束されたとおりの人生を送れるようにすると同時に、若い世代が進歩を経験し、チャンスを手にできるようにするために、社会的発明が欠かせない。それを通じて、若者と高齢者が長寿化の重荷とチャンスの両方を公平に分かち合うようにすべきだ。

人間だけが人間の問題を解決できる

これまでに人間が成し遂げた技術的発明は、目を見張るテクノロジーを生み出し、人々の健康寿命を大きく延ばしてきた。しかし、本章で指摘した問題の解決策をもたらすのは、あくまでも社会的発明だ。

テクノロジーの進化と長寿化の進展は、私たちの生活を改善できる可能性をもっているが、それを実現するためには、ひとりひとりがどのように人生を組み立てるか、そして、教育機関、企業、政府が人々の生きる環境をどのように形づくるかが根底から変わる必要がある。

本章で提起した問題は、SF映画の世界の話ではない。これらの問題は、いま私たちが生きている世界、そして、今後数十年の間に私たちと子どもたちが生きる世界の話だ。また、これらの問題は、単なる人類の未来についての抽象的な問題でもない。問われているのは、ひとりひとりがどのような人生を生きるかという、リアルで現実的な問題なのだ。

突きつけられている課題は非常に手ごわい。人類が繁栄しようと思うなら、持ち前の並外れた発明の能力を生かして、新しい人生のあり方を切り開き、社会規範と慣習と制度を根本からつくり変えることが不可欠だ。

第2章

私たちの開花

私たちはどうすれば、人間の並外れた発明の能力を活用して、新しい長寿のあり方を生み出すことができるのか。

ほかの動物にはなく、人間だけがもっているスキルの最たるものは、将来起こりうるさまざまな結果を予想し、複雑で難しい問題の解決策を見つける力だ。機械の性能が高度になり、人々の健康寿命が延びる時代には、こうした人間特有のスキルを生かし、人間の潜在能力をいっそう開花させることがきわめて重要だ。

はっきり言えるのは、これまで人々の人生の選択や行動の前提になってきた古い常識の多くが現実から乖離し、もっと言えば見当違いにすら見えはじめているということだ。インは、引退するまで仕事を失う心配などなく、お金に困ることはないと思い込んでいた。トムは、トラック運転手の仕事がなくならないうちに、全米トラック運転手組合の潤沢な年金を受給しはじめられると思い込んでいた。クライブは、ヒロキとマドカの親は、わが子が自分と同じような人生を望むものと思い込んでいた。のんびりと老後を過ごす日々に自分が満足できるものと思い込んでいた。

しかし、このような前提が崩れて、人生の「錨」が失われたことで、人々はいわば漂流状態に置かれている。安定した過去と不透明な未来のはざまを漂っているのだ。あなたも、錨を失った状態を経験したことがあるかもしれない。異国に移住したり、キャリアの大転換を遂げたり、離婚などで家庭環境が大きく変わったりしたときに、人はそのような経験をする場合がある。こうした移行期にある人は、以前のアイデンティティはすでに失っているが、どのような新しいアイデンティティをはぐくめるかはまだ見えていない。新しい国、新しい仕事、新しい家庭環境に、まだ適応できずにいるのだ。

人類学者は、このような宙ぶらりんの状態を「リミナリティ」と呼ぶ。フランスの人類学者アルノルト・ファンヘネップは人生の通過儀礼に関する研究のなかで、過去の確実性が失われたとき人は足場を失ったように感じると指摘した。[1] ひょっとすると、あなたもいまそのような感覚を味わっているかもしれない。テクノロジーの進化と長寿化の進展により、多くの家族やコミュニティ、職場、そして社会全体がこの感覚をいだいている。

移行と実験には不安がつきものだが、それに対処するためには社会的発明が不可欠だ。ひとりひとりが未来に目を向け、ものごとの本質を見極めようと努め、臆することなく、現実の状況と未来に生じうる状況に向き合わなくてはならない。要するに、誰もが社会的開拓者になる必要があるのだ。

しかし、これを実践することは難しい。未来に目を向け、ものごとの本質を見極めようとしても、未来を確実に予測することはできないからだ。そうした不確実な状況においては、好奇心をいだくことの重要性がますます高まる。この点は、ハーバード・ビジネス・スクールのフランチェスカ・ジーノの心理学的研究からも明らかだ。

ジーノの研究によれば、人々が不確実な未来と厳しい外的環境に素早く対処するうえでは、好奇心の果たす役割が大きいという。好奇心の強い人は創造的な解決策に到達しやすく、（これはきわめて重要な点だが）型にはまった思考や誤った思い込みに陥る可能性が比較的小さいのである。

トムは、社会的開拓者になるのにふさわしい好奇心をある程度もっている。全米トラック運転手組合から送られてくる最新の情報に注意を払い、自動運転車に関する動向をつねに把握しようとしている。ドライバー仲間とも情報交換し、ほかの人たちがどのような経験をしているかも知ろうと努めている。一方、インは過去を振り返り、そのような好奇心をもっと発揮していればよかったと後悔している。それをしてこなかったせいで、いま失業という現実に対して、準備らしい準備なしに向き合う羽目になっている。

好奇心をもち、未来を見据えて想像力を発揮することは確かに重要だが、社会的開拓者であるためには、それだけでは十分でない。行動を起こす決意と勇気も同じくらい重要だ。テクノロジーが進化し、長寿化が進展するなかで、旧来の働き方、キャリアの道筋、教育や家族のあり方は、ますます持続不可能に見えはじめている。そこで、これまでの行動を変える必要があるのだ。

行動を起こすとは、ある人にとっては、新しい道を切り開いた人たちのあとに続くことを意味するかもしれない。ある人にとっては、古い社会規範や既存の制度を頼りにすることなく、それらを道標にしたりもせずに、勇気をもってみずから新しい道を切り開くことを意味するかもしれない。

すでに社会的開拓者として行動している人は、あらゆる年齢層にいる。友人や知人の輪を拡大させて視野を広げたり、家庭で新しい役割や責任を担おうとしたり、新しい試みを始め、新しい生き方や働き方を築こうとしたりしている人たちがいる。しかし、こうしたことを実践するのは簡単なことではない。現状維持に走るほうが手軽に思える場合もある。実際、インは既存のキャリアの道筋を歩み続けることばかり考えて、大きな移行を予期し、それに向けた準備を整えることができていなかった。

人生のあり方を設計し直す

いま人生のあり方を設計し直す必要があるとすれば、その再設計の土台となる原則はどのようなものなのか。

まず、経済面の考慮が中心を成すべきなのは言うまでもない。「よい暮らし」をするのに必要な経済的条件を整えることがすべての土台でなくてはならない。ロボットが人間の雇用をすべて消失させるのではないかとか、社会の高齢化により年金制度が成り立たなくなるのではないかといった懸念の根底にあるのも、経済的な不安だ。テクノロジーの進化と長寿化の進展に対処するうえでは、十分な生活水準を維持するための方策がきわめて重要なのである。

歴史を振り返れば、将来を楽観できる材料はある。過去にテクノロジーが大きく変化したとき、勝者と敗者が生まれたことは事実だが、長い目で見ると、テクノロジーの進化は人々の生活水準を目覚ましく向上させてきた。人類の歴史のほとんどの期間、平均的な人間は年間所得90～150ドル程度（1990年の貨幣価値に換算）の生活水準で生きていた。しかし、18世紀以降、生活水準が高まりはじめ、1800年には年間所得200ドルのレベルまで上昇した。この値は、1900年には700ドル、2000年には6500ドルを突破した。[2] 今後もこの傾向が続くと信じるべき理由は十分すぎるくらいある。

昔に比べると、労働時間もずいぶん減った。1870年、フランス人は平均して週に66時間働いていた(3)。それがいまは36時間だ。また、引退という考え方が定着したことで、人々は人生の終盤に余暇時間を得るようにもなった。今後は、テクノロジーの進化により家事に割く時間がさらに減り、仕事の場では週休3日制の導入が可能になるかもしれない。

しかし、これらの進歩はすべて平均の話にすぎない。人類が繁栄するためには、テクノロジーの進歩と長寿化の進展がすべての人に恩恵をもたらす必要がある。不平等が拡大すれば、個人が苦しむだけでなく、社会にリスクが及ぶ懸念もある。プリンストン大学の歴史学者ウォルター・シャイデルによれば、人類の歴史のなかで不平等が緩和されたのは、戦争、革命、その他の破滅的事態が起きた場合だけだという(4)。

これは由々しき問題と言わざるをえない。この数十年間に多くの国で所得と平均寿命の不平等が拡大しており、今後もその傾向が続く可能性が高いと思われるからだ。アメリカの所得最上位1%と最下位1%の層を比べた場合、両者の平均寿命の格差は、男性が15年、女性が10年に上っている(5)。寿命格差が政治の重要テーマに浮上しはじめているのも不思議でない。

この問題に対処するには、個人が人生の計画を見直すだけでは不十分だ。資源の乏しい人や経済的な不運に見舞われた人の生活を守り、支援するための制度や政策も再構築する必要がある。インはいま求められている移行を成し遂げるために必要な経済的資源をもっているが、エステルにとって移行を成功させることは簡単でない。これからも長く続くと予想される変化がすべての人に恩恵をもたらすように、政府はさまざまな政策を実施する必要がある。

人間としての可能性を開花させる

人は、手持ちの資源が少ないよりも多いほうを、働く量が多いよりも少ないほうを、経済的に不安定な状態よりも安定した状態のほうを好む。これは厳然たる事実だ。そのため、テクノロジーの進化と長寿化の進展への対応策は、経済的な要素を中心に据える必要がある。しかし、生身の人間はそれだけでは満足できない。

やがて、高度な知能をもったロボットが人間をペットにする時代が訪れるとしよう。そのとき、人間は資源も余暇も経済的安定もふんだんに手にできるが、それは人間が望む人生ではないだろう。人は未来を見て希望と野心と夢をいだき、みずからの潜在能力を開花させたいと考える。そして、ただ経済的に豊かになるだけでなく、帰属意識と自尊心を満たすことを、要するに有意義なアイデンティティをもつことを欲する。

つまり、満足のいく生活水準の確保と人間としての可能性の開花の両方を可能にする社会的発明を実現させる必要がある。生活水準に関しては、達成度を判断する基準がはっきりしている。しかし、人間としての開花の達成度は、何を基準に判断すればいいのか。

本書では、3つの要素に焦点を当てる。いずれも人間の本質に根差したものであり、この3

要素に着目することにより、本書でここまで提起してきた問題への有効な対処法を導き出すことができる。

＊**物語**　自分の人生のストーリーを紡ぎ、そのストーリーの道筋を歩むこと。それは、人生に意味を与え、人生でさまざまな選択をおこなう際の手引きになるような物語でなくてはならない。具体的には、以下の問いに答える必要がある。「私はどのような仕事に就くのか」「そのために、どのようなスキルが必要になるのか」「どのようなキャリアを築くのか」「老いるとはどのような経験なのか」

＊**探索**　学習と変身を重ねることにより、人生で避けて通れない移行のプロセスを成功させること。以下の問いに答える必要がある。「長寿化によりキャリアの選択肢が広がるなか、どのように選択肢を検討するのか」「そのために必要なスキルは、どのようにして身につけるのか」「どのような変化を試みて、これまでより多くの移行を経験する人生をどうやって歩んでいくのか」

＊**関係**　深い絆をはぐくみ、有意義な人間関係を構築して維持すること。以下の問いに答える必要がある。「家族のあり方が変わりつつある状況に、どのように対処するのか」「子どもの

数が減り、高齢者の数が多くなる世界は、どのようなものになるのか」「世代間の調和を実現するために、私やほかの人たちには何ができるのか」

物語——自分の人生のストーリーを歩む

誰でも子どもの頃、物語に夢中になった経験があるだろう。物語は、子どもが自分の生きている世界を想像し、理解する役に立つし、帰属意識も与えてくれる。しかし、人が大人になるにつれて、物語の主たるテーマはアイデンティティの問題に移っていく。アイデンティティの意識、すなわち自分が何者かという認識は、過去、現在、未来という時間の流れと切り離せない関係にある。過去を振り返れば、過去の自分について知ることができる。一方、未来に目を向ければ、スタンフォード大学の社会心理学者ヘーゼル・マーカスとポーラ・ヌリウスが言うところの「ありうる自己像」がいくつも見えてくる。[6] 人生のストーリーを歩むうえでは、そうした「ありうる自己像」を掘り下げることが重要になる。

いままでは、誰もが3ステージの人生を送るのが当たり前だった。それは、フルタイムで教育を受ける段階から出発し、フルタイムで仕事に携わる段階を経て、フルタイムで引退生活を送る段階へ進むという、実にシンプルなものだった。この3ステージのモデルにおいては、同世代の人たちが足並みをそろえて一斉行進する形で人生の進路を歩み、みんなが同時期に同じ移行期を経験していたため、強烈な同調圧力がはたらいた。

しかし、このような人生のストーリーを生み出し、そうした人生を歩むよう人々に促してきた要素の多くに、変化が起きはじめている。長寿化の進展により、人は平均的に見て昔より長い人生を生きるようになり、テクノロジーの進化により、人が生涯の間に経験する移行の回数も増えていく。このように人生の期間が長くなり、しかも移行と移行の間隔が短くなれば、必然的に新しい人生のストーリーが必要となる。

具体的に言えば、3ステージの人生ではなく、マルチステージの人生が当たり前になるだろう。この変化は、「仕事とは何か」「どのような働き方をするのか」「どのようなキャリアの道筋を描くのか」「老いるとはどのようなことなのか」といった問いに対する答えを根本から変える。ラディカは、未来に向けて自分だけの人生のストーリーを紡ぐ必要があることを痛感している。その物語は、親の世代とはまったく異なるものになる可能性もある。ラディカが望んでいるのは、みずからのアイデンティティと人生のストーリーを創造的に描くこと。そして、長い人生を生きるためには、人生の選択をもっと慎重におこなう必要があると感じている。現在と未来、そして時間とカネを両立させることの難しさをもっとよく認識すべきだとも思っている。

探索——学習と変身を実践する

人類の歴史は、探索の歴史だったと言ってもいい。人間はつねに、未知のものを探索したいという欲求に突き動かされて行動してきた。地理的な探検だけではない。人間は、世界を知りたいという強烈な好奇心もいだいている。

ヤーク・パンクセップをはじめとする神経科学者たちによれば、[7]人の脳内には「探索システム」とでも呼ぶべき生理的回路が存在する。実験によると、新しい情報に接したり、難しい課題に取り組んだりしているときに、この探索システムが活性化するという。また、このような刺激を受けると、モチベーションが高まるという明確な研究結果も存在する。ロンドン・ビジネス・スクールのダニエル・ケーブルの表現を借りれば、人は探索することに喜びを見いだすのである。[8]

人間は、学習と変身を目指す動物と言えるだろう。今後数十年の間、私たちが社会的開拓者として取り組むべき魅力的な問いが続々と浮上してくる。それに、人生で経験する移行の回数が増えるのに伴って、探索と学習をおこない、新しいスキルを習得することの重要性が高まる。新しい行動を実験することへの抵抗感もなくす必要がある。

インは、職を失うという現実を突きつけられて、自分の人生について考え直しはじめた。いま必要なのは、新たにやりたいことを見つけ、そのために要求される新しいスキルを身につけること。インは、みずからの「ありうる自己像」を探索し、さまざまな選択肢を検討しなくてはならない。そのためには、好奇心と勇気が不可欠だ。周囲を見渡しても、いま自分が思い描いているような道を歩んだ人はほとんど見当たらない。そう、インは人生の中盤で社会的開拓者になろうとしているのだ。

関係――深い絆をはぐくむ

人は、どのようにして生涯にわたる幸福感と満足感を得るのか――この点をテーマに、精神科医のジョージ・ヴァイラントを中心とするハーバード大学の研究チームがおこなった長期の追跡調査がある。(9) この研究により明らかになったことのなかに、ひときわ目を引くものがある。それは、人生の幸福感と満足感に大きな好影響を及ぼすのが、深くて豊かで長期間にわたる友情だという発見である。

人は他人との関係を通じて、帰属意識をいだき、自分が評価されているという感覚を味わえる。人は、愛し、愛されるとき、自分が幸せで、大切にされていて、尊重され、理解されていると感じられる。逆に、ほかの人との関係を築けない場合は、拒絶されたように感じ、他人に対する信頼も弱まる。その結果、孤独と寂しさを感じ、不安が高まる。

ヒロキとマドカは、2人ともキャリアをもって、柔軟な働き方をしながら子育てができるような関係をどうすれば築けるのかと考えている。家計を支える責任と家庭での責任を等しく分担することが2人の望みだ。一方、クライブは、友人関係の輪を広げようと努めている。自分より若い世代と交流することの重要性に気づきはじめたのだ。若者たちから学ぶべきことがたくさんあると自覚しているし、自分も若者のメンター役を務めたいと思っている。

このような深い人間関係や広い人間関係は、長い時間をかけなければ築けない。しかし、20

世紀に形成された3ステージの人生は、どう考えてもそれに適していない。3ステージの人生の第2ステージで要求されるような猛烈なペースで60年も働き続けようと思えば、生涯にわたる友情をはぐくんだり、子どもや親と充実した時間を過ごしたりすることは難しい。要するに、長寿化の時代に3ステージの人生を生きようとすれば、どうしても人間にとって最も重要なニーズを満たせなくなるのだ。

人工知能（ＡＩ）が人々の生活を一変させる力をもっていることを知らしめた劇的な出来事のひとつが、１９９７年にＩＢＭのスーパーコンピュータ「ディープ・ブルー」がチェスの世界チャンピオンとの対局で勝ったことだった。このとき敗れたガルリ・カスパロフがのちにこう述べている。「ＡＩは、私たちの生活のあらゆる側面を変える。しかし、それが人間の性質を変えることはない。むしろ、人間の本質を浮き彫りにするだろう[10]」

そうした人間の本質がどのような形で表面にあらわれるかは、私たちが変化に適応して新しい人生の物語を生み出し、新しい世界を探索し、人間関係を深めて強固なものにできるかどうかに大きく左右される。

第2部では、それを実践するための具体的な方法を論じたい。

第2部

人間の発明

第3章

物語——自分の人生のストーリーを紡ぐ

私たちが人間として花開くための土台を成す要素のひとつが、人生に意味を与えられるストーリーを紡ぐ能力だ。テクノロジーの進化と長寿化の進展に伴い、人生で経験する移行の回数が増えれば、人生のストーリーが進行する順序とストーリーの流れも変わる。このように変化の激しい時代に生きる人間は、いくつかの重要な問いに向き合わなくてはならない。「私はどのような職に就くのか」「どのようなスキルが必要になるのか」「どのようなキャリアを築くのか」「老いるとはどういうことなのか」といった問いだ。

図3–1　あなたの「ありうる自己像」

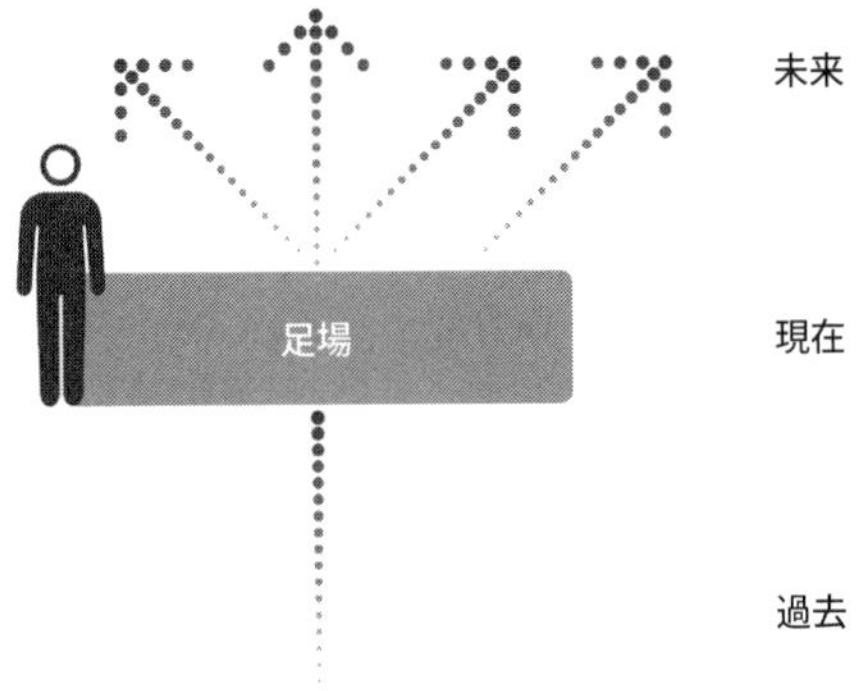

自分の人生の進路を考える際は、図3－1の見取り図に基づいて考えればいい。この図には、あなたの過去、現在、未来の人生が示されている。過去のことはすでにわかっているので、過去から現在へいたる道は1本しか描かれていない。一方、未来に向けては1本の確定した道は存在せず、現時点ではいくつもの選択肢がある。そのひとつひとつの道が点線で示してあり、それぞれの道の先にはそれぞれ異なる「ありうる自己像」が待っている。

さまざまな未来の自己像を思い描いても、そのすべてが実現可能なわけではない。いくつかの自己像は、そこへ到達する道筋がはっきり見えていない。あなたにどのような未来の選択肢があるかは、いま生きている人生のストーリーの「足場」によって決まるからだ。その足場を構成する要素としては、現在もっている能力、健康状態、教育レベル、経済状態、プライベートな人間関係、人的ネットワークの広がりと深さなどが挙げられる。あなたがいま立っている足場は、それまでの選択と経験の産物だ。つまり、あなたが今後どのような道を歩むかによって、未来の足場が形づくられる。そして、どのような足場の上に立つかによって、あなたが将来どのような選択肢をもてるかが決まるのだ。

年齢に対する考え方を変える

私たちの人生のストーリーにリズムと秩序をもたらしているのは、暦の上での時間の経過だ。しかし、長寿化の進展に合わせて年齢に対する考え方を変えるためには、まず時間と年齢を単純に結びつける発想に終止符を打たなくてはならない。具体的には、年齢を可変性があるものと考える必要がある。平均寿命が長くなり、健康寿命も延びれば、40歳、60歳、80歳といった年齢のもつ意味は大きく変わる。そうした年齢の可変性を前提に、人生のステージのあり方を変えていけばいい。

一見すると、「年齢」という概念は比較的単純なものに思える。小さな子どもでも、その概念は知っている。しかし、「何歳?」と尋ねられた子どもが発する返答は、一面的なものでしかない。「×歳です」という回答は、生まれてから現在までの年数（暦年齢）という単一の基準でしか年齢を考えていないからだ。実際には、生物学的年齢（肉体がどれくらい若いか）、社会的年齢（社会でどのように扱われているか）、主観的年齢（自分がどのくらい老いている、もしくは若いと感じているか）といった概念も存在する。年齢の概念が単一でないことは、「あの人は年齢の割に元気に見える」「もう立派な年齢なんだから、そんなことをしては駄目だよ」「今日は年齢を感じずにいられないよ」といった表現にもあらわれている。

年齢の可変性が高まると、これらのさまざまな年齢がますます一致しなくなる。いまの子どもたちが60歳になる頃には、生物学的年齢が暦年齢と大きく食い違うケースも多くなるだろう。自分自身をどのように見るかと、ほかの人たちからどのように見られるかの間にも、大きなズレが生じるかもしれない。そのような時代には、暦年齢の節目を基準に人生のストーリーを形づくることができなくなる。

この新しい状況に適応することは簡単でない。これまでは、もっぱら暦年齢を基準に年齢を測り、それを土台に3ステージの人生を組み立てていたからだ。教育制度や社会慣行や政府の政策も3ステージのモデルを強化してきた。18歳で大学に進学し、20代か30代前半で結婚し、65歳で引退することが当たり前と考えられていたのである。

もっとも、人類はつねに暦年齢を基準に行動してきたわけではない。誕生日をパーティーで祝うという習慣も、20世紀になるまで存在しなかった。人類の歴史のほとんどの期間、人々は自分の誕生日はおろか、生まれた年すら知らなかった。19世紀に入って政府が正確な出生記録を収集するようになってはじめて、暦年齢が年齢の主たる基準になったのである。(1) それ以降は、暦年齢が人生の基本的な時間的枠組みになった。

その結果として、ある種の数値決定論が幅を利かせるようになった。社会規範や社会の常識、人がみずからの人生についていだく想定は、生まれてから何年経ったかという数字に紐づけられるようになったのだ。そうした数値決定論は重大な誤解を招くものであり、年齢に関する先入観を生み出し、人々がみずからの人生とほかの人たちの人生について考える際の思考の幅を狭めてしまう。

老いるとはどういうことか？

人はみな、自分の人生のストーリーを歩むなかで、「若いとはどういうことか」「老いるとはどういうことか」について自分なりの感覚をもつようになる。しかし、暦年齢、生物学的年齢、社会的年齢、主観的年齢の関係が変わるにつれて、老いるとはどういうことかも変わりはじめている。その変化は、老年学者たちが用いる用語にもあらわれている。最近は、60～69歳を初老者（ヤング・オールド）、70～79歳を高齢者（オールド・オールド）、80歳以上を超高齢者（オールデスト・オールド）と呼ぶ動きがあるのだ。

しかし、老いるとはどういうことかを深く理解しようと思えば、もうひとつの尺度を採用する必要がある。その尺度とは、死生学的年齢とでも呼ぶべきものだ。生まれてから現在までの年数ではなく、現在から死亡するまでに残されている年数のことである。もっとも、死生学的年齢を正確に算出することは難しい。幸いと言うべきだろうが、自分がいつ死ぬかはわからないからだ。そのため、人口統計と死亡率（特定の年齢の人が死亡する確率）を基に、おおよその推測をすることしかできない。人生のどの時点においても、その年齢での死亡率が低いほど、その後に残されていると期待できる年数は長い。要するに、死亡率と死生学的年齢は逆相関の関係にあると言える。

また、死亡率は、人の健康状態を映し出す指標として暦年齢より優れている。[2] ある社会の死亡率が低ければ、その社会で生きる人の健康状態が良好で、残されている年数も長いとみなせる。ある意味では、そのような状態こそ「若い」と呼ぶべきなのかもしれない。

この点について、イギリスの例を見てみよう。図3-2は、1950年以降のイギリスの平均年齢（平均暦年齢）と、死亡率（人口1000人当たりの死者数）の推移を示したものだ。このグラフは、2つの年齢測定基準の違いを浮き彫りにしている。

暦年齢を基準に考えれば、いまイギリス社会は過去になく老いている。ほかの条件がすべて同じなら、社会の平均暦年齢が上昇すれば死亡率も高まる。高齢者ほど死ぬ確率が高いからだ。ところが、実際の死亡率は逆に下落している。今日のイギリス人は、平均してかつてなく高齢になっているが、いまほど残されている人生が長い時代はなかった。暦年齢だけ見れば、イギリスが高齢化社会であることは明らかだ。しかし、死生学的年齢に着目すれば、いまのイギリスはいまだかつてなく若い社会になっているのである。

このような現象を生んでいる要因が年齢の可変性だ。単に人々が長生きするようになっただけでなく、老い方が変わりはじめているのだ。生物学的な面でよりよい老い方ができるように

図3-2　イギリスの平均年齢と死亡率（1950-2017年）

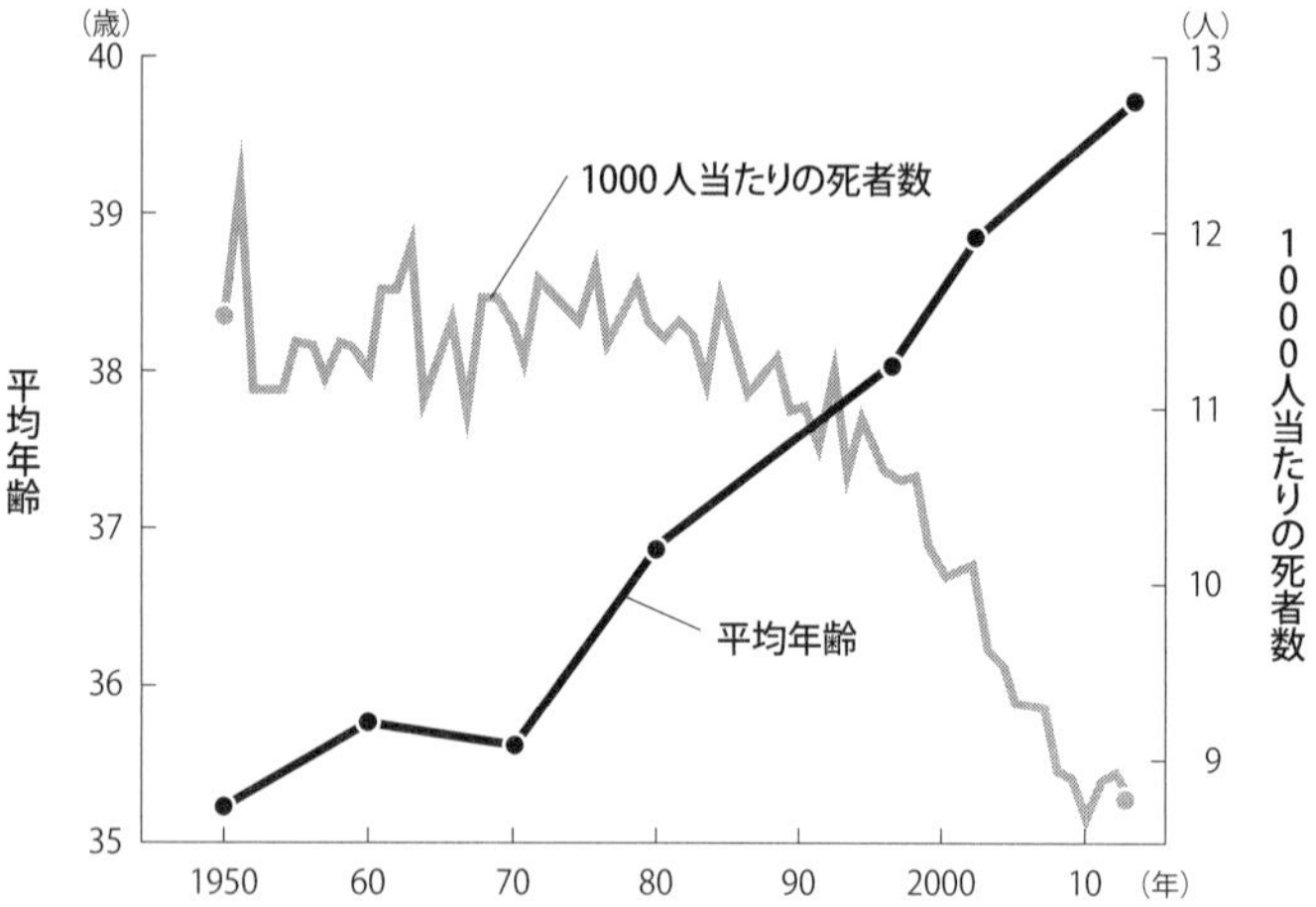

（出典）著者の計算による

なれば、人々の健康状態が良好になり、年齢ごとの死亡率も下がる。この点は、50歳超のアメリカ人2万1500人を対象にした研究からも明らかだ。その研究によれば、1988年から2010年の間に、アメリカ人の生物学的年齢（さまざまな身体面の指標から算出）の対暦年齢比は低下している。[3]

暦年齢だけに着目することの弊害は、それが名目ベースの指標にすぎず、本当に重要な要素を考慮に入れられない点にある。具体的には、健康状態や行動習慣などが反映されない。ある暦年齢の人の健康状態や行動習慣が全員同じなら、それでも問題はないだろう。しかし、年齢に可変性があるとすれば、このような名目ベースの指標を用いることは正確性を欠く。

この種の問題は、インフレ（物価上昇）をめぐる経済学界の議論ではお馴染みのものだ。

1952年のアメリカでは、1パイント（約0・5リットル）のビールの価格は0・65ドルだった。2016年にはそれが3・99ドルになっている。これだけ見ると、ビールの価格が上昇したことは明白だと思えるかもしれない。しかし、物価上昇率を考慮に入れると、1952年の0・65ドルは2016年の5・93ドルに相当する。つまり、実質ベースでは、ビールは1952年当時より値下がりしているのだ。同じように、「年齢のインフレ」も考慮する必要がある。物価のインフレが進むと、1ドルで購入できるものが年々減っていくように、年齢のインフレが進むと、暦年齢が1年増えることにより進行する老化の度合いが小さくなるのだ。[4]

この点は、「老いるとはどういうことか」という点に関して非常に大きな意味をもつ。イギリスでは1925年、65歳以上の人が公的年金を受給できるものとされた。しかし、年齢ごとの死亡率では、今日の78歳と1922年の65歳が同水準だ。年齢のインフレを計算に入れるなら、78歳以上を「高齢者」の基準にすべきなのかもしれない。

「高齢化社会」の到来に警鐘を鳴らす主張は、暦年齢だけに着目し、高齢者の数が増えている点ばかりを強調する。こうした考え方は、年齢のインフレを考慮していないため、人々の老い方が大きく変わりつつあり、長寿化が個人と社会に多くの機会をもたらし、新たな問題解決策をも生み出しているという事実を無視している。

自分の年齢に対する考え方を変える

アメリカの社会批評家フラン・レボウィッツは、子どもの頃、高齢者のことを異民族のように思っていたと述べたことがある。時間を経ることで現在の若者が未来の高齢者になるということがよく理解できなかったのだ。これは、放っておいてもすべての人が通過する暦年齢上の節目（たとえば65歳）を基準に高齢者を定義することがもたらす弊害だ。人がどのように老いるかは、変えることのできない運命ではない。ひとりひとりがどのような行動を取り、どのような考え方をはぐくむかによって、それは大きく左右される。

暦年齢重視の年齢観をいだく場合、すべての人が毎年同じペースで老いていくと考えることになる。しかし、年齢の可変性を前提にすれば、このような考え方は真実とかけ離れている。興味深いことに、ある人がどのように老いるかを決める要因のうち、遺伝的要因の割合は4分の1程度にすぎないという[5]。つまり、その人自身が取る行動や、自分ではコントロールできない出来事も大きな影響をもつのだ。

ある年齢であなたに何ができるかは、バースデーケーキのロウソクの本数で決まるわけではない。長寿化の恩恵を満喫したければ、年齢の可変性を前提に行動すべきだ。また、自分が取る行動の影響はやがて自分に返ってくるという点も、頭に入れておいたほうがいい。いまあなたがどのような行動を取るかは、あなたの未来と結びついていて、その未来に影響を及ぼすのである。この点を理解している人は、未来志向の考え方をし、過ぎてしまった日々よりも、この先に待っている日々に目を向ける。そして、未来のために大きな投資をし、新しいスキルを学び、新しい人間関係を築き、健康を維持するために努力する。

ある人がどのような老い方をするかは、その人が加齢についてどのような主観的感覚をいだいているかにも影響される。さまざまな研究によると、年齢を重ねることを前向きにとらえている人は、否定的にとらえている人に比べて平均7・5年長く生きるという。(6) ある人のいだいている考え方がその人の老い方に大きな影響を及ぼすことは、イギリスで50歳超の6000人を対象に実施された長期研究によっても裏づけられている。(7) 年齢を重ねることに悲観的な人（健康が悪化したり、孤独に苛まれたりするというイメージを強くいだいている人）は、加齢により実際に否定的な経験をする確率が大幅に高いのである。

人がどのように老いるかは、その人が取る行動、周囲の環境や置かれた状況、遺伝的要因などによってひとりひとり違う。そして、前述したように、みずからの行動が将来の自分に影響を及ぼすので、個人による違いは、時間を重ねるにつれてさらに広がっていく。

向こう数十年の間に、90歳以上生きる人が大幅に増えれば、老い方の個人差はますます大きくなる。100歳を超えてもスポーツで目覚ましい成績を残す人があらわれる一方で、まだ40代なのに退屈で単調な人生を送っていたり、健康状態が悪かったりする人もいるだろう。そのような時代には、画一的に暦年齢で考えるのではなく、ひとりひとりの状況や未来へのニーズと希望を考慮することが必要になる。誰もがみずからの生物学的年齢と主観的年齢について自分で判断すべきなのだ。

他人の年齢に対する考え方を変える

改めるべきなのは、自分の年齢についての考え方だけではない。ほかの人の年齢についての考え方も改める必要がある。人々がほかの人たちの年齢についてどのように考えるかという点は、社会的年齢の本質だ。そうした年齢に関する社会規範がもつ影響力は見過ごせない。それが社会の共通認識を生み出し、社会の固定観念を助長するからだ。

年齢に関する社会規範はこれまでも変化してきたし、今後も変わり続けるだろう。たとえば1680年代のイングランドでは、50歳まで生きる人は5人に1人しかいなかった。当時、書籍はまだ珍しく、そもそも大半の人は文字を読めなかったため、口承という形で知識と経験が伝えられていた。知識が社会で広く共有されていなかったのである。このような時代には年長者のほうが多くの知識を蓄えていたので、50歳以上の人を賢者とみなす社会規範が存在した。

しかし、やがて印刷技術などの新しいテクノロジーが登場すると、そのような年齢観は変わりはじめた。流通する書籍が増え、文字を読める人が多くなった結果、口承による知識伝達という手法が次第に廃れていき、高齢者がもつ知識の価値が下がり、50歳を過ぎているだけで賢者とみなされることはなくなったのだ(8)。

今日の世界では、暦年齢と生物学的年齢のギャップが急速に拡大しつつあり、社会規範がその変化に追いついていない。AARP（旧称「全米退職者協会」）が制作した動画で、若い人たちに、さまざまな行動を「お年寄りみたいに」やってみてくださいと指示したものがある。[9]若者たちがみずからの考える「老人らしい」振る舞いを披露したあと、実際の高齢者が画面に登場してそれらの行動をして見せると、固定観念（若者のイメージのなかの高齢者）と現実（実際の高齢者）の違いがくっきり浮き彫りになった。いま、ロックバンド、ローリング・ストーンズのメンバーの平均年齢は、アメリカ連邦最高裁判所の裁判官の平均年齢を15歳上回っている。社会規範を素早くアップデートする必要がありそうだ。

時代遅れの社会規範は、すでに労働市場で弊害を生み出している。企業の課題をテーマにする第6章で論じるように、50代や60代の社員は若い社員よりも生産性が低く、新しいことを学ぶ能力が乏しいという暗黙の思い込みをいだいている企業が多い。しかし、寿命が延び、職業人生も長くなるのに伴い、そのような暦年齢に基づく決めつけを捨てることがますます重要になっている。それを怠れば、長寿化がもたらす新しい可能性と恩恵を手にできない。

年齢に関する固定観念は、ほかの人たちに対する偏見を生むだけではない。未来の自分に対する偏見も生み出す。高齢になったときの自分に対して先入観をいだくと、将来に得られる機会が制約されて、「ありうる自己像」の範囲も狭まってしまう。この落とし穴にはまらないためには、80歳になったときの自分を思い浮かべて、未来の自分と対話してみたり、年齢にとらわれずに友人や知人とつき合ったりすることも有効だろう。異世代の人と時間を過ごすことには、いまの自分と未来の自分を結びつけるストーリーをより強固にできるという利点がある。

時間に対する考え方を変える

健康寿命が長くなれば、あなたに与えられた人生の時間も長くなる。あなたがそれを生かせるかどうかは、時間という概念をどのように考えるか、そして、その考え方をどのように変えていくかによって決まる。

未来の時間をどう考えるか？

あなたは、時間に関して図3-3のような見方をしているかもしれない。自分が丘のてっぺんに立っていて、前方には未来があり、背後には過去があるというイメージだ。物理的に近くのものが大きく見えるのと同じように、こうした「丘のてっぺん型」の視点の持ち主には、目の前の現在が、過去や未来など、ほかのすべての時点よりも重要に感じられる。

その一方で、遠くにあるものほど小さく見えるのと同じように、遠くの時点はあまり切実に感じられない。この場合、あなたの関心はもっぱら、現在の状況と近未来の行動にある。人生全体でどのように時間を割り振るかを決める際に、目先の損得や間近に迫った出来事にばかり

図3-3　時間に関する「丘のてっぺん型」の視点

目が行きがちになるのだ。こうした現象は、行動経済学では「現在バイアス」という言葉で説明されている。[10]

　これとは別の視点もある。言ってみれば、「鳥の目型」の視点だ。この場合、図3-4のように、あなたは上空から下を見下ろしている。真上から見た地上の地形は平坦に見える。地上のすべての場所が――時間に関して言えば、過去と現在と未来のすべての時点が――等しく重要に感じられるのだ。それは、別の表現を用いれば、カレンダーを真上から見るようなものだ。カレンダー上のすべての四角形が同じ重要性をもっているように感じられる。

　長寿化の時代にこのような視点をもつことの利点は、未来の自分を大切にし、未来の選択肢を広げるための投資を積極的におこなうようになることだ。

　高校卒業後にギャップイヤー（大学入学を1年間遅らせて長期の旅行やボランティア活動などをおこなう期間）を経験したり、子どもとたっぷり時間を過ごしたり、新しいスキルを学んだりするようになる。

図3–4　時間に関する「鳥の目型」の視点

人生が長くなれば、それだけ未来の日々が長くなるので、自分の人生の選択肢を考える際は、未来に得られる恩恵を重んじることが理にかなっている。忍耐心を発揮し、未来の恩恵を過小評価しないように留意すべきなのだ(11)。

このような視点をもてば、1週間、1年間、さらには人生全体の時間配分が変わってくる(12)。人生のある時点で取る行動が将来の時点と結びついているという認識を強くもてるようになり、その結びつきをうまく利用できるようになるのだ。具体的には、未来に好ましい結果が生じる確率を高められる行動を、いま取れるようになる。

複利の魔法を味方につける

人生が長くなれば、複利の恩恵も受けやすくなる。退屈な話題だと感じるかもしれないが、物理学者のアルバート・アインシュタインは、複利を世界七不思議と並ぶ8つ目の驚異と呼んでいた。複利の効果について考えてみるのも無駄ではないかもしれない。

まず、金融における複利について見てみよう。あなたが20歳のときに、４％の複利で１００ドルを投資したとする。すると、50歳のときには１００ドルが３２４ドルになり、70歳のときには７１１ドルに増えている。では、20歳のときではなく、40歳まで投資を先延ばししたとしよう。この場合、50歳で３２４ドルの資金を得るためには、１００ドルではなく２１９ドルを投資しなくてはならない。投資を50歳まで先延ばしした場合は、70歳のときに７１１ドルを手にしようと思えば、３２４ドルを投資しなくてはならない。長期間投資すればするほど、複利がたくさん仕事をしてくれるのだ。

複利の魔法がものを言うのは、資産運用だけではない。複利は、スキルや健康や人間関係への投資など、時間を味方につけられるタイプのほかの投資でも有効だ。新しいスキルを学ぶための投資を例に考えてみよう。あなたが現在55歳で、65歳で引退するつもりだとすれば、いま新しいスキルの習得に投資しても、それほど大きな恩恵は得られないかもしれない。しかし、75歳まで働くとすれば話は別だ。この投資が意味をもってくる。投資の恩恵を受けられる期間が長くなるからだ。

同じことは、健康への投資についても言える。あなたが60歳で、１００歳まで生きるとすれば、70歳まで生きる場合に比べて、いま健康に投資することの意義は大きい。複利効果が作用する結果、期待できる投資収益が大きくなるからだ。

「現在」しか目に入らない？

あなたが将来どのように時間を使うかは、現在の選択によって決まる。いま日々積み重ねている選択が未来への道筋を形づくるのだ。そうした日常の意思決定では、トレードオフの選択を迫られる場合が少なくない。

あなたも経験があるはずだ。朝、目が覚めたとき、やらなければならない大量の課題をどうやってすべて処理すればいいのかわからず、途方に暮れることがあるだろう。そこで、あなたはその日に処理する課題をいくつか選び、いくつかを明日やることにし、残りは先送りにしようと考える。こうした選択をおこなうとき、あなたは異なる時点の間でのトレードオフの選択をおこない、いまいちばん重要な課題は何かを無意識に判断している。

極度の重圧にさらされているとき、未来について賢明な判断をくだすことは難しい。３ステージの人生における第２のステージでは、それが際立っている。教育→仕事→引退という３ステージの人生を生きる人たちは、時間の使い方に関して独特のアプローチを取ることになる。第１のステージでは、あまりお金がなく、のちの職業人生を支えるためのスキルをはぐくむことに時間を費やす。第２のステージでは、引退生活を送るための資金を蓄えようと仕事に打ち込み、余暇時間はほとんど楽しまない。第３のステージでは、それまでに蓄えた資産を取り崩しながら、余暇を楽しんで過ごす。

このモデルでは、第2のステージにおける時間的負担がきわめて大きい。研究によると、このステージで心理的幸福感が大きく落ち込むケースがあるという[13]。第2のステージには、あまりにも多くの活動が詰め込まれている。キャリアを確立するために猛烈に働かなくてはならず、老後資金も蓄えなくてはならない。子どもを育て、老親の世話もしなくてはならない。大切な人間関係を維持したり、人生の意味について考えたりする必要もある。

しかし、人生が長くなれば、さまざまな活動をおこなう時期を分散させることにより、このような過密状態を緩和できる。人生の核を成す活動――学習、勤労、余暇――を人生の特定の時期に集中させず、人生全体に割り振れば、人生のそれぞれのステージにおけるストレスや重圧が軽くなり、トレードオフの選択を強いられることによる緊張を軽減できる。たとえば、生涯にわたり学習し続けてもいいし、のんびり過ごす時間を（引退後に集中させるのではなく）人生全体に振りわけ、子どもと過ごす時間を増やしたり、たびたび旅行に出かけたり、ギャップイヤーを取ったりしてもいい。こうした時間の再配分は理にかなっている。研究によると、人は1日に多くの活動を詰め込みすぎると、ストレスを感じ、不幸せになるが、それらの活動を長期間にわけておこなえば、幸福感が大幅に高まるという[14]。

もっとも、一見すると簡単そうに思えるかもしれないが、実行するのは難しい。第6章で述べるように、企業の慣行が妨げになる場合もある。企業では、引退までひたすら休みなく働き続けるという生き方を実践しない人たちがしばしば不利に扱われるのだ。しかし、障害はそれだけではない。私たちひとりひとりが時間についていだいている考え方も障害になっている。

長期の視点をもつことは誰にとっても難しいが、ある種の局面では、目の前のことだけを考えようという衝動がとりわけ強くなる。たとえば、家賃の支払い期限が過ぎているのに、給料日はまだ1週間先という状況では、「ものごとを長い目で見なさい」という助言は的外れと言うほかない。子どもたちを食べさせるために必死で働いているエステルが置かれているのは、まさにそのような状況だ。

将来のことを考えれば、大学に通って勉強したほうが得策だというのは、エステルもよくわかっている。16歳で高校を中退し、資格らしい資格をもっていないことが不利に働いていることくらい、重々承知だ。できることなら美容師の資格を取得して、いつか自分の美容院を経営したい。けれども、それはあくまでも遠い未来の話だ。日々の生活では、現在のことに目を向けざるをえない。生活費を稼がなくてはならないし、子どもたちの世話もしなくてはならない。老人ホームのアルバイトで声がかかればいつでも対応できるように、つねに待機している必要もある。エステルにとって、時間はきわめて希少な資源だ。その点は、意思決定に影響を及ぼす可能性が高い。

ハーバード大学の経済学者センディル・ムッライナタンとプリンストン大学の心理学者エルダー・シャフィールが指摘しているように、重要な資源が不足していると、その不安に思考を支配されて、直近のことしか考えられなくなる場合がある。(15) この「トンネリング」と呼ばれる現象により、人はしばしば劣悪な意思決定をくだし、将来そのツケを払わされる羽目になる。

エステルはお金の不安を抱えていて、その結果としてトンネリングの状態に陥っているため、どうしても頭の処理能力が限定されてしまう。いま直面している目先の問題しか考えられなくなり、将来に悪影響を及ぼすような意思決定をくだしがちなのだ。たとえば、エステルは最近、当座の出費をまかなうために、ローン金利と手数料が極端に高いペイデイローン（給料を担保とする小口短期ローン）に頼るようになった。

トンネリングに陥ることを防ぐための最良の対策は、「冗長性」を確保することだ。資源の欠乏が意思決定に及ぼす悪影響を抑えるために、資源にゆとりをもたせるのだ。具体的な方法はいろいろある。いざというときのためのお金を蓄えておいたり、定期的に休憩時間を確保したり。将来役に立つスキルを身につけたり、一定水準の健康状態を維持するように努めたりすることも有効だろう。

これらは、いずれ好ましくない事態が起きた際、すぐに窮地に陥らずに済むように、前もってゆとりをつくっておくための行動だ。このような態勢が整っていれば、欠乏感が生む悪影響を遠ざけ、未来のことに関して好ましい意思決定をおこないやすくなる。

また、行動経済学で言う「ナッジ」の手法を活用するのも有効な方法だ。多くの時間と集中力をかけなくても正しい意思決定ができるように、好ましい判断を促す環境をあらかじめつくっておくのだ。たとえば、貯蓄を増やすために、家賃を支払うタイミングで貯金箱に5ドル入れるようにすると宣言したり、休憩時間を確保するために、毎週火曜の午後は会議の予定を入れないと誓ったりすればいい。長く生きることが当たり前になる時代には、早期にこのような習慣を身につけることにより、未来に備える土台を築くことができる。

仕事に関する「トンネリング」状態

3ステージの人生から脱却するうえでとりわけ難しい点のひとつは、仕事と余暇のトレードオフに対処することだ。それは簡単ではないが、うまくいけば旺盛な活力が湧いてくる。3ステージの人生における第2のステージでは、仕事が最優先だった。しかし、長寿化の進展により人生の年数が増えたとき、その増えた年数を有効に生かそうと思えば、ときには仕事の時間を減らして余暇時間をもっと増やす必要がある。それを妨げているのは、企業の慣行だけではない。人々が仕事の重要性についてトンネリングに陥っていることも無視できない。

2016年、ケンブリッジ大学で「仕事の未来」をテーマにシンポジウムが開かれた。そのとき、同大学ジャッジ・ビジネス・スクールのブレンダン・バーチェルが述べた言葉は強烈だった。「薬局で解熱鎮痛剤を買えば、1日に何錠飲めばいいかが箱に明記されている。ところが、収入を得るための仕事に関して、どれくらい働けば最大限の効用を得られるのかを明らかにした研究はまだ存在しない。いま当たり前だと思われているよりずっと短い時間で十分な可能性もある。もしかすると、週8~15時間程度でいいのかもしれない(16)」

歴史を振り返れば、社会の最富裕層――そうした階層は「有閑階級」と呼ばれた――は、所得の少ない人たちより労働時間が格段に少なかった時代もあった。[17] しかし、今日は、最も高給取りの人たちが誰よりも長時間働いている。この人たちは、余暇時間をお金と交換していると言えるだろう。

なぜ、そのような変化が起きたのか。1時間当たりの給料が高い人たちは、働かずに余暇時間を過ごした場合に儲けそこなう金額が大きいからなのかもしれない。あるいは、高給の職は競争が激しく、いかにも仕事をしていそうに見せるために、オフィスに長く滞在しがちなのかもしれない（この傾向は「プレゼンティズム」と呼ばれる）。この種の職に就いている人たちは、仕事が楽しく、やり甲斐を感じていて、楽しく思える活動に多くの時間を費やしているだけという可能性もある。また、高所得者の所得税率が下がったことで、高所得者にとって労働時間を増やすことがいっそう経済的に割に合うようになった面もあるだろう。

しかし、このような選択は重大な結果をもたらす可能性がある。とくに、過剰労働に陥りやすく、人生の終盤から中盤へ余暇時間を再配分できなくなりかねない。過剰労働の悪影響と、回復の時間を取ることとの好影響を明らかにした研究結果があることを考えれば、その弊害は見過ごせない。

人生が長くなれば、職業人生も長くなる。その結果として、仕事に費やす時間と、家族と過ごす時間のトレードオフの選択に直面する機会も増える。わかりやすい例を紹介しよう。カリフォルニア大学ロサンゼルス校（UCLA）のハル・ハーシュフィールドらの研究では、4000人の人たちに次の問いを投げかけた。「あなたが大学教授だとしましょう。よその州の大学で週末のセミナーに出講してほしいという依頼が舞い込みました。けれども、家にはまだ生まれて間もない赤ちゃんがいます。3カ月前に生まれたばかりの女の子です。セミナーの報酬は、不在中の託児サービスの料金をまかなうのに十分なものです。しかし、出講すれば、赤ちゃんと週末を過ごせなくなります。あなたは、どのような選択をしますか[18]」

これは、仕事の時間と家庭の時間の直接的なトレードオフの問題だ。あなただったら、どのような選択をするだろうか。お金の価値は数値評価しやすいが、家族と過ごす時間の価値を数値評価することは難しい。それでも、長寿化の進展を考慮に入れると、興味深い視点が得られる。長寿化が進む時代には、人は赤ちゃんと一緒に週末を過ごすという選択に傾くはずなのだ。ハーシュフィールドが指摘しているように、「子どもが学校に入るまでに一緒に過ごせる週末は222回しかない。それ以降は友だちの家族と遊びに出掛けたりすることが増えて、家族で過ごせる充実した時間は少なくなる[19]」。

職業人生が長くなっても、子どもが赤ちゃんの間に一緒に過ごせる週末の回数は増えないが、生涯の間に仕事のイベントや打ち合わせに費やせる週末の回数は確実に増える。その結果、赤ちゃんと過ごす時間の価値が相対的に高まるのである。仕事の会合に出席する機会は、その後の人生でいくらでもある。マルチステージの人生で時間の使い方を再配分するうえでは、こうした変化が大きな意味をもつ。

仕事に対する考え方を変える

ある人の人生のストーリーがひとつの楽曲だとすれば、その主旋律のひとつは、現在と未来に携わる仕事だろう。まず、仕事は、良好な生活水準を確保するという、人生の基礎的なニーズを満たすうえで重要だ。しかし、ほとんどの人にとって、仕事が担っている機能はそれだけではない。仕事は個人のアイデンティティを形づくり、日々の生活の文脈をつくり出すうえでも大きな役割を果たしている。そうしたアイデンティティの感覚は、いまテクノロジーの進化により大きく変容しつつある。新しいテクノロジーが仕事と雇用のあり方を根本から変えようとしているのだ。

トムは、自分の仕事について複雑な感情をいだいている。好ましい点としては、トラック運転手という仕事のおかげで、まずまずの収入を安定して得られていることが挙げられる。それに、旅をすることも楽しい。仕事にも慣れているし、規則正しい生活を送れることも気に入っている。

けれども、仕事で長く家を離れているときは、家族が恋しい。高齢の両親のことも心配だ。それに、多くの同業者と同様、仕事中はどうしても食生活が乱れがちで、めっきり太ってしまった。このままだと糖尿病になりかねないと、医師から注意されている。おまけに、年齢を重ねるにつれて、家を離れている日はなかなか寝つけなくなってきた。長年にわたる運動不足のツケも回ってきている。

問題は、それだけではない。以前は安心して引退生活に入れると思っていたが、全米トラック運転手組合は最近、年金給付額を30％近く削減することを決めた。そうしないと、組合の年金制度の存続が危ういのだ。

インもトムと似たような悩みを抱えている。長年働いてきた会計事務所から解雇を言い渡されたことには、激しい怒りを感じずにいられない。会計事務所を去れば、慣れ親しんだ職場と同僚たちとの絆を恋しく感じることだろう。新しい収入源も見つけなくてはならない。会計事務所がインの解雇を決めるにいたった理由のひとつは、専門的なソフトウェアを導入したことだった。そのソフトウェアは、膨大な件数の確定申告書類作成を1000分の1秒そこそこで完了できる。これは、高給取りのインが何週間もかけて処理していた業務量だ。

テクノロジーが仕事をどのように変えるのかと不安をいだくのは、今日の人類が最初ではない。どの経済学の教科書にも書かれているように、歴史上、新しいテクノロジーはことごとく、最終的には生活水準を上昇させてきた。失業者数は増えていない。しかし、今回も同じ結果になると決めつけるのは危険だ。テクノロジーが雇用に及ぼす影響は、単純なものではない。今後数十年の間に起きる出来事が過去の歴史と同じだと言い切るわけにはいかないのだ。

「エンゲルスの休止」

　これは、トムとインだけの問題ではない。仕事の性格と形態は、いま大きく変わろうとしている。2030年までに、7500万〜3億7500万人が職業を変えざるをえなくなるという推計もある。これは、世界のすべての働き手の14％に当たる人数だ[20]。

　このような大規模な変化がいかに大きな影響をもたらすかを理解するためには、イギリスの産業革命の歴史が参考になる。ノーベル経済学賞受賞者のポール・クルーグマンはこう述べている。「機械化は、最終的には——具体的に言うと数世代先には——イギリスの幅広い層の生活水準を向上させた。しかし、産業革命の初期に平均的な労働者がその恩恵に浴せたと言い切ることはとうていできない。むしろ、多くの労働者は明らかに痛手を被った[21]」。テクノロジーの進歩が生活水準を向上させるまでには、「数世代」の期間を要したのである。

　経済史学者のロバート・アレンは、その期間を「エンゲルスの休止」と呼んでいる（訳注：カール・マルクスの同志であるフリードリヒ・エンゲルスが著書『イギリスにおける労働者階級の状態』で、その時期のイングランドの状況をありありと描写したことにちなんだ呼称）。産業革命期の前半、イギリスでは生産性が向上したにもかかわらず、賃金の上昇が停滞し、不平等が拡大したのである。見落としてはならない。産業革命期に「敗者」になったのは、職を失った人たちだけではなかったのだ[22]。

現在の移行期にも似たようなことが起きているのかもしれない。アメリカ経済の労働分配率（経済生産全体に占める労働者の取り分）は減少し続けている。１９００年代前半には65％前後だった値が、２０１８年には60％前後まで下がってしまった。大した違いではないと思うかもしれないが、歴史的に見ればきわめて大きな変化だ。以前は働き手に支払われていた所得が、機械やソフトウェアを生産したり活用したりしている企業の所有者たちや、新しいテクノロジーを味方にできるスキルをもった働き手たちの手に渡るようになったのである。将来は、トムがトラック運転手の仕事を維持できたとしても、給料は減る可能性が高い。収入が増えるのは、自動運転トラックのメーカーや、そうした企業で働くソフトウェア・エンジニアたちだ。

つまり、人工知能（ＡＩ）とロボット工学の進歩により仕事の世界に大激変が訪れたとき、大きな影響を受ける可能性があるのは、職を失う14％の人たちだけではない。それ以外の86％の人たちも影響を受ける。この人たちも、自分が職を失うのではないかという不安に苛まれずにはいられないし、仕事の中身がすっかり変わり、給料が減る人たちもいる。要するに、仕事をめぐる人生のストーリーで問われるべき問題は、職に就けるかどうかという点だけではないのだ。そうした複雑な状況を理解するために、トムが経験する可能性の高い未来について考えてみよう。

トムのジレンマ

トムのように運転手の職に就いている人は、全米で400万人に上る。この業界では近年、膨大な量のデータがデジタル化され、コンピュータの性能が飛躍的に高まり、アルゴリズムが目覚ましく進歩した結果、自動運転車の実用化が現実味を帯びはじめている。

そのような状況を受けて、トムはトラック運転手の職がどうなるのか不安を感じるようになった。しかし、トムの状況を丁寧に検討するとわかるように、テクノロジー、雇用、労働市場、人口構成といった要素は互いに複雑に絡み合っている。そのため、自動化と雇用消失を直線的に結びつけることはできない。

トラック運転手も含めて、ほとんどの職種の労働市場では、毎年膨大な数の労働者が離職しているが、それがつねに失業率を上昇させるわけではない。失業率にはメディアの注目が集まるが、毎年新たに生まれる職と終止符を打たれる職（自主的な退職と解雇の両方を含む）の数にはあまり目が向けられていない。

たとえば、2018年のアメリカでは1億4900万人が雇用されていて、6610万の職に終止符が打たれる一方で、6890万の新しい職が誕生した。[23] ここから明らかなように、雇用が消失すればかならず失業率が高まるとは限らないのだ。

この点は、トムの業界でもはっきり見て取れる。運送業界では、年間の離職者数（自発的退職と解雇の合計）が総雇用者数の約40％に達している。このような状況で、運送会社は十分な数の運転手を確保することに苦労している。不足している運転手は現時点で5万人。[24] ２０２４年には17万５０００人に膨らむと予測されている。

運転手不足の原因はいくつもあるが、社会の高齢化の影響もある。40歳のトムは、同業者のなかでは若いほうだ。この業界では、35歳未満の運転手の割合が20％を下回っている。50代と60代の運転手の大量引退が近づくなかで、運送業界は１００万人近い運転手を新たに確保しなくてはならない。既存の需要を満たすためだけでも、これだけの人数が必要なのだ。

こうしたことを考えると、自動化による雇用消失の脅威は誇張されていると言わざるをえない。中国や日本のような国では、とりわけそうだ。向こう30年の間に、生産年齢人口が中国では3億人、日本では３２００万人減ると予測されている。働き手の数が減っている国では、ロボットの普及はむしろ待ち望まれていると言うべきだろう。

ただし、機械が現在と未来の職に及ぼす影響を正しく理解するためには、職（ジョブ）と業務（タスク）をわけて考える必要がある。機械が担うのは業務で、ひとつの職はいくつもの業務で構成されている。あなたの職が消失のリスクにさらされているかどうかは、あなたがその職でどのような業務を実行していて、それらの業務のなかのいくつが自動化される可能性があるかによって決まる。自動化と雇用消失の関係を研究した研究者たちは当初、ひとつの職は少数の明確な業務によって構成されていると考えていた。それを前提にすると、機械の進化により影響を受ける職の数はきわめて多いと推測された。

しかし、実際には、大半の職は複数のタイプの活動や業務によって構成されている。[25] あなたの職もそうなのではないか。大学教授である著者たちの場合、書籍や論文の執筆、ほかの研究者が書いた論文の査読、セミナーやシンポジウムでの講演、大学の講義とその準備、学生のレポートや答案の採点、さまざまな会議への出席などの業務がある。

職と業務を混同してはならない。機械は、トムのトラック運転手という職を構成する業務の多くを代替するだろうが、すべてを代替するとは考えにくい。大学教授の場合で言えば、採点や講義の準備——もしかすると講義そのものも——は、AIがうまくこなせる時代がやって来るかもしれない。そうした一部の業務が自動化されれば、どのような業務が大学教授という職の中核を成すかも変わるだろう。たとえば、採点に要する時間が少なくなれば、著者たちの勤務するロンドン・ビジネス・スクールの上層部は、教員にもっと多くの研究業績を要求するようになるかもしれない（それに、おそらく出席を求められる会議も増えるのだろう）。

トムの場合はどうか。自動運転車はいまのところ、市街を（とくに悪天候の日に）走ったり、地形が不規則な土地を走ったりすることに苦労している。自動運転車が実用化されれば、高速道路でトラックを運転することはトムの業務ではなくなるかもしれないが、それ以外の場所で運転する業務は残る可能性がある。トラックの出発地と目的地でも人間の作業が必要だ。そうしたこともトムの業務として残る。

それに、たとえトムの業務がすべて機械で代替可能になったとしても、全面的な自動化はすぐには実現しないだろう。法律や規制による障害もたくさんあるし、社会でＡＩが文化的に受け入れられるのかもわからない。政治家が雇用保護のための政策を導入する可能性もある。自動運転トラックの試験走行はテキサス・カリフォルニア間ですでに実施されているが、まだ人間の運転手が同乗しなくてはならず、自動運転は高速道路上でしか認められていない。

また、自動運転車が実用化される際に、完全な自動化が実現するのか、部分的な自動化にとどまるのかという問題もある。少なくとも短期もしくは中期には、部分的な自動化にとどまる可能性が高いように思える。トムはやがて、言ってみれば副操縦士のような役割で自動運転車に乗務したり、どこかの司令センターから自動運転車を操作するバーチャル運転手として働いたりすることになりそうだ。トムの世代のトラック運転手は、自動化により完全に職を失うのではなく、ＡＩと協働して働くようになると予想できる。

トムは差し当たりトラック運転手の職を失わずに済みそうだ。しかし、トラック運転手としての仕事の中身は様変わりし、トムの人生のストーリー、そして人生で直面する選択も大きく変わるだろう。仕事の性格が変われば、給料の金額にも影響が及ぶ。新しい役割と業務の価値が以前より低くなれば、受け取れる給料が減るかもしれない。具体的には、仕事の中身があまり変わらず、テクノロジーによって支援される要素が大きくなれば、トムの給料はおそらく下がる。一方、仕事で要求されるスキルが高くなり、高度な電子機器の管理者として働くようになれば、給料は上がるだろう。

では、トムはいま何をすべきなのか。ひとつの選択肢は、これまで歩んできた道をそのまま歩き続けるというものだ。その場合、トムの未来のストーリーは、現在の直線的な延長線上にある。しかし、トムの取りうる道はほかにもある。将来有望な自動運転トラック業界で、専門的な訓練を受けたトラック整備士へのニーズが高まることを予測して、新しいスキルを学び直すという道だ。ほかにも選択肢はある。多くの友人が働いている倉庫業界の職に応募して、そこで新しいスキルを身につけ、経験を積んでもいいだろう。いまトムがどの道を選ぶかによって、未来にどのような人生の足場の上に立つかが変わってくる。それにより、トムが選べる未来の道、そして「ありうる自己像」も変わる。

トムは、この選択をどのようにおこなうべきなのか。いまのところ、倉庫に転職するよりもトラック運転手の仕事を続けたいと思っている。いままでの道を歩き続けたいと考えているのだ。整備士に転身する未来は想像できるけれど、スキルを習得できるのかという不安がある。それに、スキルを学ぶための費用の問題も無視できない。整備士を目指す道は革新的ではあるが、リスクもついて回るのだ。

しかし、トムが未来に目を向け、来るべき自動化の水準と普及度をある程度予想できていれば、不安を感じずにいられないはずだ。トラック運転手であり続けることを選べば、未来の選択肢が狭まってしまう。もし5年先に自動化が本格化して運転手の職を失えば、そのとき慌ててほかの道に進もうとしても、整備士として働くために必要な資格や経験を得るための投資をしていないので困ることになる。

このように突然失職することは避けたい。将来の計画を立てて準備することができず、未来の選択肢が限定されるからだ。トムがいずれ転身を図るつもりでいるなら、後回しにせずに、早く踏み切ったほうがいい。概して、キャリアの転換を早期に実行した人ほど、大きな恩恵を得られる。トムは目先の行動について考えるだけでなく、その行動が人生の数段階先にもたらす影響についても考えるべきだ。現在の選択が将来にどのような結果を生む可能性があるかを、いま知っておく必要があるのだ。

雇用の未来

ここまで、トラック運転手というトムの仕事を通して、テクノロジーの進化が労働市場に及ぼす影響を見てきた。しかし、実際のところ、労働市場はどのように変わるのか。

この問いには、いくつもの複雑な要素が関係してくる。テクノロジーの進化により雇用は減るのか増えるのかという点に関して、専門家の見解が一致しないのも無理はないのかもしれない。調査会社のピュー・リサーチ・センターが専門家を対象に実施した調査によると、機械が新たに生み出す雇用より、機械に奪われる雇用のほうが多いと考える人は52%。機械が生み出す雇用のほうが多いと考える人は48%だった(26)。

一般的に、テクノロジー専門家のほうが雇用の未来について悲観的な見方をする傾向がある。テクノロジー専門家は、ＡＩの急速な進歩に注目していて、それが雇用の消失をもたらすと考えているのだ。この点では、経済学者のほうが楽観的だ。経済学者たちに言わせれば、歴史上、テクノロジーの進化により大量失業が引き起こされたことはない。それに、費用対効果を考えれば、テクノロジー専門家が言うほど急速に自動化が進むとは思えないと、経済学者たちは主張する。また、経済学者たちが指摘するように、消失する職を予測するのは比較的簡単だが、新しいテクノロジー、新しい市場、新しい商品によって生み出される新しい職を予測することは難しいため、悲観論が広がりやすいのかもしれない。

この点をさらに掘り下げて理解するためには、マサチューセッツ工科大学（ＭＩＴ）のダロン・アセモグルとボストン大学のパスカル・レストレポの分析枠組みが有益だ[27]。アセモグルとレストレポによれば、個々の職のレベルでも労働市場全体のレベルでも、いわゆる置き換え効果の影響を受ける面がある。自動化により機械で処理できる業務が増えれば、企業が必要とする働き手の数は少なくなる。自分の職がどうなるかを知るためには、こうした置き換え効果の大きさを予測する必要がある。定型的業務の要素が多い職ほど、自動化により置き換えられるリスクが大きい。

たとえば、大学教授という職には、定型的な業務（採点や講演のスライド作成など）と非定型的な業務（研究における仮説の立案や博士課程の学生の指導など）の両方がある。定型的な業務と非定型的な業務の構成比は職種によって異なるが、研究によれば、全般的にひとつの職を構成する業務のおよそ半分は定型的なもので、比較的自動化しやすいという[28]。

しかし、90~100%の業務が自動化可能な職は、すべての職の5%程度にすぎない。これまで自動化によって機械に置き換えられた職が比較的少ない理由の一端は、ここにある。1950年代にアメリカの国勢調査でリストアップされていた270の職種のうち、自動化により完全に消滅した職種は1つだけだ。その職種とは、エレベーター操作係である[29]。

すべての業務を自動化できる職種はほとんどないが、約60%の職種は、自動化しやすい業務の割合が3分の1を超えている。宿泊・飲食サービスの職では、自動化できる業務の割合は推計で75%程度。製造、輸送、倉庫、農業では、この割合は60%前後、小売りと鉱業では約50%と推計されている。一方、自動化できる業務の割合がもっと小さい職種もある。

たとえば、教育では、その割合が約25%にとどまっている。教えたり、相談に乗ったり、指導したりといった業務が自動化される可能性は比較的小さいのだ。このほかには、マネジメント(コーチングやメンタリング、指示などの業務がある)、弁護士やコンサルタントなどの専門サービス職、看護師や総合診療医、外科医などのヘルスケア関連の職も、自動化できる業務の割合が小さい。

あなたが自分の仕事や将来就きたい仕事について考える場合、いつ自動化が実現するかを正確に予測することは不可能だ。わからないことが多すぎる。それでも、根拠に基づいた推測はできる。新しい潮流に目を光らせ、変化が進むスピードに注意を払えばいい。とくに、自動化を妨げる4つの要因に留意することが大切だ。それらの要因により、ある職の全面的な自動化が避けられる場合もある。

一つ目の要因は、非定型的な業務が占める割合が大きいこと。非定型的な業務は自動化しにくいからだ。

二つ目の要因は、付加価値の高い業務に移行できる可能性が十分にあること。第1章で紹介したハンス・モラベックの「人間の能力の風景」で言えば、「水没」しにくい業務――具体的には、共感、人との関わり、判断、創造性などの要素が大きい業務――に移行しやすいことが重要だ。また、自分がすでにもっているスキルにより、そのような新しい機会をどのくらい得やすいかも考える必要がある。

三つ目の要因は、その職の自動化を妨げるような環境があること。たとえば、安全性を確保するための措置が要求されていたり、人間が最終判断をくだすことが義務づけられていたりするなど、自動化の妨げになる規制が設けられている場合もある。

そして、四つ目の要因は、自動化が費用対効果の面で得策ではないことだ。たとえば、前述した「アルファ・ゴ」のテクノロジーには、確かに目を見張るものがある。しかし、このテクノロジーを用いるために必要なコンピュータの処理能力は、途方もない量に達する。当然、莫大なコストがかかる。重要なのは、機械がその業務をおこなえるかどうかではない。機械が人間の働き手より少ないコストで、その仕事をおこなえるかが問題なのだ。

あなたの職を構成する業務がどのくらい早期に自動化されるかは、ここで挙げた4つの要因がどれくらい大きな障害になるかによって決まる。これらの要因が障害にならなければ、2、3年の間にあなたの職は自動化の波に飲まれかねない。そして、もうひとつ頭に入れておくべきことがある。自動化への障害が大きい職でも、向こう10年くらいの間にあなたの仕事の仕方は大きく変わる可能性が高い。

アセモグルとレストレポの分析枠組みによれば、テクノロジーの進化が雇用に及ぼす影響を論じるうえで、置き換え効果のほかに考慮すべきもうひとつの要素がある。それは生産性効果だ。自動化により一部の業務が機械に置き換えられることは確かだが、自動化が進めば働き手の生産性が高まり、ひとりひとりが生む利益も大きくなる。そうなれば、企業はそれまでより多くの社員を雇おうと考えるだろう。つまり、テクノロジーは人間を代替するだけでなく、補完する面もあるのだ。

アメリカでは、第1章で触れた表計算ソフト「ビジカルク」が登場して40万人の帳簿係の雇用が失われたが、60万人の経理専門家の職が新たに生まれた。表計算ソフトが導入されたことで計算のスピードが速くなり、コストも下がったことで、企業が生成できるデータの量が増え、財務への理解も深まって、データ分析を土台とする職種の生産性が高まった。その結果として、経理専門家の採用数が増加したのである。

同じように、ＡＴＭが普及して、銀行員の数はむしろ増えた。機械が導入されたことにより、銀行員は、預金の引き出しに応じるなどの付加価値の小さい業務から解放されて、もっと付加価値の高い業務に時間を割けるようになった。具体的には、複雑なニーズをもった顧客を助けたり、さまざまな金融商品やサービスを売り込んだりといった業務である。こうした転換が進んだ結果、銀行員の生産性が高まり、銀行はより多くの職員を採用するようになったのだ。[30]

しかし、こうした生産性効果により雇用の数は増えるが、仕事の性格と必要なスキルが大きく変わることは避けられない。すべての銀行員が大口顧客向けの営業担当に転身できたわけではないし、すべての帳簿係が経理専門家になったわけでもないのだ。

自動化により働き手の生産性が向上すると、一部の人は以前よりも高い給料を受け取るようになる。トムの現在の上司は、大学院でデータ分析を専攻した人物で、前任者とは比べ物にならない高給を得ている。単にドライバーのスケジュールを管理するだけでなく、最も効率的なスケジュールを組むことが仕事になったからだ。インの上司も、部署の統合により所管業務が増えたため、給料が大幅に増えた。このように、自動化の波に飲み込まれた業務ではなく、収益の大きい業務に移行するためにみずからのスキルを高めた人たちは、給料の増加という果実を得られる場合が多い。

アセモグルとレストレポによれば、テクノロジーの進化が雇用に及ぼす影響に関して、見落とせない要素がさらにもうひとつある。それは、まったく新しいタイプの職種の出現だ。きわめて高度なスキルが求められる職種が生まれる可能性もある。トムの成人となった息子は、テクノロジーに強い関心をいだいていて、最先端のAIに関わる仕事に就きたいと夢見ている。AI関連の分野では、さまざまな新しい職種が生まれている。

たとえば、トレーナーは、AIのプログラムを訓練するためのアルゴリズムをつくるデータサイエンティストだ。エクスプレーナーは、AIによる意思決定の土台を成すアルゴリズムとその意思決定の結果を説明する仕事。サステイナーは、AIシステムの修理、メンテナンス、開発をおこなう。[31] 新しい職種が続々と生まれることを示唆する調査結果もある。2017年のマッキンゼー・グローバル・インスティテュートの調査によれば、2030年までに世界で新たに生まれるデジタル関連の雇用は2000万〜5000万に上ると予測されている。[32]

新たに創出される雇用は、デジタル関連やテクノロジー関連のものばかりではない。人が年齢を重ねることを助ける必要性が高まれば、フィットネスコーチやヨガインストラクターなどの需要が増加する。生涯学習を生活の核に据える人が増えれば、キャリアカウンセラーやライフコーチの仕事も増えるだろう。

人々は、人間の創造性と人間によるエンターテインメントにも、これまでより多くの金を使うようになりそうだ。その結果、マッキンゼーの予測によれば、クリエイティブな仕事へのニーズも高まる。アーティスト、デザイナー、エンターテイナー、メディアワーカーなどの職種である。これは、世界規模で予測される現象だ。これらのスキルに対する需要は、2030

年までに中国で85%、インドで58%増えると予測されている。

高齢者の割合が増えることでニーズが高まる仕事はほかにもある。また、再生可能エネルギーへの投資の拡大と気候変動への対応も、新たな雇用を生み出すだろう。

流動性の高いキャリア

職業人生における日々の活動を構成する主たる要素は仕事だ。それが積み重なることにより、キャリアの土台が築かれる。ここで注目すべきなのは、3ステージの人生からマルチステージの人生へ移行すると、キャリアの流動性が高まるということだ。

長期化する職業人生

キャリアの流動性が高まる一因は、職業人生が長くなることにある。前著『ライフ・シフト』で示したように、100歳まで生きることを前提に考えた場合、現役時代に所得の10%を貯蓄に回すと仮定すると、引退後に最終所得の半分程度の生活資金を確保したい人は、70代後半もしくは80代前半まで働く必要がある。[33] MITの経済学者であるジェームズ・ポターバの計算によれば、寿命が10年延びるごとに、引退後の生活費を確保するために7年長く働かなくてはならなくなる（金利と公的年金の水準が変わらないと仮定した場合）。1981年以降のイギリスの平均寿命の上昇ペースを前提にすると、いま50歳のイギリス人は少なくとも68～72歳まで働かなくてはならない。

長寿化に対処するために、政府は公的年金の受給開始年齢を引き上げていくだろう。イギリスの場合、１９２０年代の年金受給開始年齢は、男性が65歳、女性が60歳だった。１９９５年、政府は性別による差をなくす方針を打ち出し、女性の受給開始年齢を段階的に65歳まで引き上げた。そして２０１９年、２０４４年から２０４６年までの間に男女ともにこの年齢を68歳に引き上げることを発表した。

イギリス政府は、将来の平均寿命がどのくらい上昇した場合に、年金受給開始年齢がどのように変わるかという指針も示している。それによると、今後、年金受給開始年齢が10年間で1歳以上のペースで引き上げられることはなく、成人後の人生のうち3分の1の期間は年金を受け取れるようにするとのことだ。

中国では、平均寿命の急上昇により、年金受給開始年齢の大幅な引き上げが避けて通れない。現在は、男性が60歳、ホワイトカラーの女性が55歳、ブルーカラーの女性が50歳となっているが、それを段階的に引き上げ、２０４５年までに男女とも65歳にすることが提案されている。

この種の政策には、政治的な影響がついて回る。２０１８年、サッカーW杯ロシア大会の初日に、ロシア政府は、男性の年金受給開始年齢を60歳から65歳へ、女性は55歳から63歳へ引き上げると発表した。すると、抗議活動が活発化し、ウラジーミル・プーチン大統領の支持率はかつてなく下落した。国民の90％が年金改革に反対だったのだ。

長寿化の進展に伴って起きつつあることは、年金受給開始年齢の引き上げだけではない。すでに、多くの人が高齢になっても働くことを選択しはじめている。日本では60～70歳の何歳でも年金の受給を開始できて、受給開始を遅らせるほど受給額が増える仕組みを採用しているが、70歳を超えても働く人は少なくない。70～74歳の日本人の30％以上が仕事をもっている。アメリカでは20％、イギリスでは10％あまりだが、両国ともにこの割合は上昇傾向にある。職業人生が長くなり、キャリアの流動性が高まるにつれて、70代まで働くこと、さらにはなんらかの形で80代まで働くことが当たり前になるのだろう。

これだけ聞くと、気が滅入るような未来予想図に思えるかもしれない。しかし、悪いことばかりではない。研究によると、働き続けることにより健康寿命が延びることがわかっている。肉体労働を伴わない職の場合は、引退が遅い人ほど、長生きできるようだ。

1992～2010年に引退した3000人近くを対象に、引退した年齢（65歳、67歳、70歳、72歳）ごとの死亡率の推移を調べた研究がある。それによると、引退年齢が高い人ほど、長生きする傾向が見られた。67歳まで働いた人は、65歳で引退した人に比べて67歳の時点での死亡率が20％以上低かった。70歳まで働いた人は、65歳で引退した人に比べて70歳での死亡率が44％低く、72歳まで働いた人は、65歳で引退した人に比べて72歳での死亡率が56％低い。(34)

近年、いったん引退した人が仕事に復帰する傾向が目立ちはじめた背景には、高齢まで働き続けることの利点があるのかもしれない。イギリスでは、65歳で引退した人の4人に1人が、その後5年の間に「脱引退」している。[35] こうした人たちは、マルチステージの人生の開拓者と言っていいだろう。

余暇時間の増加

寿命が延びることで増えた人生の時間は、すべて仕事に費やされるわけではない。余暇時間も増える。3ステージの人生では、余暇時間は主に人生の終盤に、つまり引退のステージに割り振られていた。しかし、マルチステージの人生では、その時間を人生全体に割り振ることが可能になる。たとえば、キャリアの途中で移行を遂げるための準備期間を設けたり、60代半ばでいったん職を退き、その後「脱引退」して仕事に復帰するまでしばらく仕事を離れたりすることもできる。

増加した余暇時間を再配分する方法は、数カ月や数年くらいのまとまった期間、仕事を離れるという形態だけではない。1日の労働時間を減らしたり、週休3日制で働いたりすることも可能になるだろう。労働時間を減らせるかもしれないという楽観的な見通しの根底には、シンプルな経済的理屈がある。テクノロジーが人間の生産性を向上させれば、1時間当たりの生産高が増加し、働き手の所得も増える。そして、人は豊かになると、あらゆるものをそれまでより多く欲しがるようになる。その点では余暇時間も例外ではないのだ。[36]

生産性が大幅に向上すると、人々は消費を増やし、働く時間を減らし、その結果として生活水準が上昇する。この流れは、現代の歴史を通じて続いてきた。たとえば、1870年の時点で、ドイツ人は週平均68時間、アメリカ人は週平均62時間働いていた。2000年には、それがそれぞれ41時間と43時間に減っている。[37]生産性の向上は、週当たり労働時間の減少につながってきたのだ。

もしAIやロボット工学も過去のテクノロジーと同様の影響をもたらすとすれば、ゆくゆくは週休3日制が当たり前になる可能性が高そうだ。すでにそれを実践している企業では、生産性が向上し、社員の幸福度が高まっているというデータもある。[38]現状では、とりわけ柔軟な働き方を採用している企業を別にすれば、週休3日制を導入するのは難しそうだが、導入する企業が増えれば、先々にはそれが新しい常識になるかもしれない。

テクノロジーの進歩に関して最も理想主義的な見方によれば、機械の生産性が高まることにより、人は所得のために働く必要がなくなり、余暇時間が大幅に増えるという。MITの経済学者エリック・ブリニョルフソンは、「デジタル・アテネ」という言葉でそれを説明する。古代ギリシャの都市国家アテネでは、奴隷たちの労働により、ソクラテスやアリストテレス、プラトンなどの偉大な思想家たちが自由な時間を得て、深遠な哲学的問題について考えることができ、その結果として知的繁栄がもたらされた。

同じように、高度な機械が普及すれば、デジタルテクノロジーが(古代アテネの奴隷のように）人間を退屈な仕事から解放するだろうというのだ。その結果、人々は自分の関心や情熱の追求に時間を割けるようになるという。職人芸のような仕事やボランティア活動など、有意義で夢中になれる活動に取り組む時間が増えるのだ。このような未来が訪れるなら、私たちはまったく新しい人生のストーリーをつくり出さなくてはならない。

これはあくまでも極端なシナリオだが、こんな究極の理想郷はさすがに出現しないとしても、もっと多くの余暇時間を楽しむような人生のストーリーを紡ぎ出す必要はありそうだ。

新しい働き方

現状で「仕事」の一般的なイメージと言えば、安定したフルタイムの職で働くというものだ。人々は、雇用を約束された環境で、ある会社に対して半ば恒久的に労働サービスを提供し、それと引き換えに、給料やその他の手当を受け取っている。このようにフルタイムで雇われて働くという形態は、今後も一般的な働き方であり続けるだろう。

しかし、キャリアの流動性が高まれば、人生のいずれかの段階で、有期雇用など、フルタイム以外の働き方を経験する人が増える可能性が高い。副業により収入を増やすことが目的の場合もあれば、人生における移行に対処することや、企業の年齢差別を跳ね返して高齢になっても働き続けることが目的の場合もあるだろう。いずれにせよ、あなたも人生のどこかの段階でフルタイム以外の働き方をするつもりでいたほうがいい。

具体的には、ラディカのようにフリーランスで働いたり、エステルがときどき実践しているように人材派遣会社を利用したり、業務が発生したときだけ呼び出されてパートタイムで働いたり、最近はいわゆる「ギグ・ワーク」の形で働いたりといった方法がある。これらの働き方が従来の働き方と異なるのは、企業との関係が短期的なものにとどまり、実行した業務の量に応じて報酬が支払われ、いつ仕事が打ち切りになっても不思議でないという点だ。1990年代以降、経済協力開発機構（OECD）加盟国で創出された職の半分以上をこの種の仕事が占めている。もっとも、新規の職の多くは確かに非恒久的な仕事だが、そうした職が労働市場全体に占める割合は2017年のアメリカではまだ10％程度にすぎない。(39)

ラディカは、特定のひとつの会社にフルタイムで雇われて働くのではなく、プロジェクト単位でさまざまな企業の仕事をしている。このような働き方ができるようになったのは、処理したい業務がある企業と、その業務のスキルをもった働き手を円滑に結びつける仕組みが整備された結果だ。フリーランサー・ドットコムやアップワーク、タスクラビット、ウーバーといったオンラインサービスがそうした仲介機能を担っている。ラディカもこれらのサービスの利用者だ。この種のサービスは急速に拡大しているが、利用者はアメリカのすべての働き手の1％に満たない。将来の成長の余地はまだ大きい。

テクノロジーのイノベーションは、このようなオンラインサービスを登場させただけではない。ひとつの職をいくつかの標準化可能な業務に切りわけることも容易にした。その結果、すべての業務を1人に任せるのではなく、それぞれの業務ごとに別々の人物に任せることが可能になった。また、テクノロジーの進歩により、ひとりひとりの仕事ぶりを把握し、ほかの人と比較することも容易になった。

ラディカのようなフリーランスは、記事の執筆やウェブページの制作など、特定の業務に特化している。雇われて働いているわけではないので、さまざまな顧客から受注して、自分なりの仕事の日々を自分で形づくっていかなくてはならない。

ラディカの働き方は、トムとはまるで違う。トムは幅広い業務を担っていて、それらの業務を日々繰り返し実行している。それに対し、ラディカは、明確に限定された業務やプロジェクトを、オープンな市場でそのたびに受注している。そのおかげで、トムに比べて主体的に、そして柔軟に、どの仕事を引き受け、いつ働くかを決めることができる。しかし、いいことばかりではない。次の仕事を受注できるかという不安がいつもついて回るし、昔ながらの職場で見られる同僚同士の絆をうらやましく感じている。

雇われない働き方をどのように感じるかは、その人がどのようなモチベーションをいだいていて、どのような理由でそうした働き方をしているかによって変わる。(40) 30%程度の人は、ラディカのような「フリーエージェント型」だ。自由と柔軟性に魅力を感じて、そのような働き方をしている。そして、40%はいわば「カジュアル型」。主たる収入源は別にあって、収入を増やすために副業をしている人たちだ。この2つのタイプの人たちはたいてい、この働き方に満足している。一方、残りの約30％は「不本意型」だ。本当はフルタイムで働きたいと思っている人たちである。

インは、この「不本意型」になりかねない。フルタイムで働くことを望んでいて、フリーランスになれば所得が減り、社会的地位も下がるのではないかと恐れている。一方、エステルは、スーパーマーケットの給料だけでは生活できず、収入を補うために老人ホームの仕事もしている。それでも生活は苦しく、ウーバーの配車サービスのドライバーに登録しようかと考えている。ウーバーの広告によれば、副収入を得られるうえに、自由も広がるとの触れ込みだ。しかし、不安もある。まず、自動車を手に入れる資金をどう工面すればいいのか。それに、いまの仕事と育児をしながらウーバーの仕事もするとなると、時間のやりくりも難しい。うまくいくという確信をもてずにいる。

ウーバーやフードデリバリーサービスのデリバルーなどのギグ・ワークは、「劣悪な仕事」というイメージが強い。比較的低スキルで低賃金の仕事なので、どうしても長時間働かなくてはならない。その結果、雇われない働き方の主たる魅力だったはずの自由と自主性がかなり失われてしまうのだ。

その点では、フリーランスも大差ない。フリーランサー・ドットコムやアップワークなどのウェブサイトを見ればわかるように、フリーランスの仕事の多くはたいてい時給払いで、単価も高いとは言い難い。それに、安定して仕事が続くわけでもない。短い場合は数時間、長くても数日の場合が多く、それより長く続くことは珍しい。そのため、毎週のように、へたをすると毎日のように、職探しをしなくてはならない。これでは、将来の計画を立てることは難しい。しかも、この形態で働いている人たちは、被雇用者に分類されない場合がほとんどなので、現状では有給休暇の権利がほとんど、あるいはまったくなく、企業による年金や医療保険も提供されていない。

ブランダイス大学の経済学者デーヴィッド・ウェイルは、その結果として生まれる状況を「分断された職場」という言葉で説明している。そのような職場では、企業は非恒久的な働き手を使うことによりコストを抑え、収益性を高める一方で、給料の支払いや安全の確保、さまざまな福利厚生などの責任を逃れている。「雇用主と働き手の関係を維持することは、強固な顧客基盤を築くことや株主価値を創出することよりはるかに軽んじられている」[41]

雇われない働き方が広まれば、企業はそのような労働力を有効に活用しようと考えるだろう。一部の企業はすでに、同じ人に繰り返し仕事を発注するなら、自社の大切にする価値観や基準について研修をおこなうのが賢明だと気づきはじめた。そうした企業は、フルタイムの社員以外の働き手を「一時的な労働者」ではなく、貴重な「待機要員」とみなしている。いざというときに特定のプロジェクトで登用したり、繁忙期に手伝ってもらったりできる人材と位置づけているのだ。

長い職業人生の間に、あなたと企業の関係はさまざまな形を取ることになる。契約社員として働くこともあれば、プロジェクト単位で業務に参加することもあるだろう。あるいは、「待機要員」のフリーランスとして働くこともあるかもしれない。

「仕事」の概念が広がる

時期によって企業との結びつきが強まったり、弱まったりすることが当たり前になれば、あなたが未来に歩む道筋と「ありうる自己像」はいっそう流動的になるだろう。ある時期は従来型の職で明確な地位に就き、ある時期は雇われない身分で働いて特定の業務だけを担う。雇われずに働くときは、自由と柔軟性が高まる半面、お金の不安が高まり、アイデンティティの意識は弱くなる。また、職業人生のなかでは、オフィスや工場に出勤して働く時期もあるだろうし、自宅で仕事をする時期もあるだろう。

重要なのは、キャリアの流動性が高まる時代には、ひとりひとりが責任をもって主体的な選択をおこなう必要があるということだ。昔と違って、キャリアを築くプロセスは、あなたと雇用主の共同作業ではなくなる。雇用主があなたのスキルを向上させ、新しいステージに向けた計画を立て、未来のための資金面の準備をし、キャリアのさまざまな選択肢を検討してくれる時代ではなくなるのだ。こうしたことは、あなた自身の役割になる。

それに伴い、あなたにとっての「仕事の時間」には、お金を受け取って働く時間だけでなく、現在と未来の資源を手厚くするために費やす時間も含まれるようになる。具体的に言うと、キャリアの次のステージに進むために新しいスキルを学んだり、新しいキャリアの道筋を検討したり、前述した「デジタル・アテネ」の一員として地域コミュニティの活動に携わったりすることにも時間を割くようになるのだ。

そこで、時間を再配分する能力と勇気が重要になる。3ステージの人生では、有給の仕事と無給の余暇がはっきり二分されていた。しかし、柔軟性の高いマルチステージの人生では、個人が自分の未来に責任をもち、主体的に選択をおこなうようになって、「仕事」の概念も拡大するのである。

「よい人生」とは？

ここまでは、テクノロジーの進化と長寿化の進展により、人生のストーリーの骨組みがどのように変わるかに光を当ててきた。あなたの人生は、より長くなり、より多くのステージで構成されるようになって、仕事、余暇、私生活、貯蓄のそれぞれに力を注ぐ時期をさまざまな順序で経験するようになる。しかし、骨組みだけでは、ストーリーは完成しない。ストーリーの全体を貫くテーマや目的も必要だ。その点、あなたが紡ぐ人生の物語の土台を成すのは、よい人生を生きたいという欲求だろう。

当然、お金の問題を軽く考えるわけにはいかない。100年ライフの時代には、資金を確保することがひときわ重要になる。不自由のない引退生活を送り、健康的な暮らしを実践し、生涯学習と休息の期間の生活を支えるためには、お金が不可欠だ。

しかし、チベット仏教の最高指導者ダライ・ラマ14世は、人間について驚かされるのはどの点かと尋ねられて、こう述べたことがある。「人は金を稼ぐために健康を犠牲にし、健康を取り戻すために金を犠牲にする。また、未来を心配しすぎるあまり、現在を楽しめない。その結果、現在を生きることも、未来を生きることもできなくなっている。そして、自分の命が永遠に続くかのように日々を漫然と生き、真の意味で生きることがないまま死んでいく」。ダライ・ラマにとって、金と幸福は関係がないものなのだ。[42]

一方、精神指導者の言葉から味けない実証研究に目を転じると、人がたくさん金をもっていればいるほど、そして国の所得レベルが高ければ高いほど、概して人の幸福度が高まると言えそうに思えるかもしれない。しかし、話はそう単純ではない。一般的な傾向に当てはまらないケースがあるのだ。

たとえば、中米コスタリカの人々は香港の人々よりも所得が少ないが、幸福度は高い。また、一定額の所得増が幸福度を押し上げる効果は、その人の所得の総額が大きくなるにつれて弱まるように見える。年間所得6万ポンドの人の所得が1000ポンド増えたとしても、年間所得2万ポンドの人の所得が1000ポンド増えた場合ほど幸福度は高まらない。所得が増えても幸福度が高まらなくなるわけではないが、その効果は小さくなるのだ。

幸福とは何かについても、多くの議論がなされてきた。古代ギリシャの哲学者エピクロスは、幸福とは快楽を味わえること、不快な経験を避けられることだと考えた。それに対し、アリストテレスは、「エウダイモニア」という幸福観を提唱した。その考え方によれば、幸福とは、みずからの可能性を開花させることだという。人生に意味を見いだし、充実感を味わえる状態こそが、幸福だというのだ。

ノーベル経済学賞受賞者のアンガス・ディートンとダニエル・カーネマンは、アメリカ人を対象に大規模な調査をおこない、幸福と金の関係を調べた。[43] それによると、日々の幸福感に関して言えば、年間所得が7万5000ドルを超えると、所得がそれ以上増えても幸福感は高まらないという。[44] しかし、裕福な人ほど概して生き甲斐を感じていることがわかった。ディートンとカーネマンはこう結論づけている。「所得が高いと、人生の充実感は高まるが、日々の幸福感は高まらない。一方、所得が低い人は、人生の充実感が低く、情緒的な幸福感も低い」。つまり、金があれば幸せになれるとは限らないが、金はよい人生の重要な柱だと言えそうだ。

しかし、人生全体を通じた幸福感と満足感を調査した研究の結果を見ると、金以外のもうひとつの重要な要素が浮かび上がってくる。その研究とは、ハーバード大学医学大学院でおこなわれた「グラント研究」だ。これは、1939～44年にハーバード大学を卒業した268人（このうちのひとりが第35代アメリカ大統領のジョン・F・ケネディだ）を75年間にわたり追跡調査した研究である。のちに、ボストンのスラム地区で暮らす456人の貧困層の若者も調査の対象に追加された。

この研究は、人生への満足感を高める要素を知ることを目的にしていた。長期の追跡調査の結果、裕福な人ほど幸福感が高い傾向は確かに見られたが、満足して幸せな人生を生きるために最も重要な要素は金ではないことがわかった。人生への満足感を最も左右する要素は「温かい人間関係」だというのだ。この研究を指揮した研究者のジョージ・ヴァイラントはこう述べている。「幸福とは愛である。それ以上でも以下でもない」。ほかの人とつながることは、よい人生を送り、人生で直面する試練に対処するための土台になるようだ。

同様の結論は、前出のハル・ハーシュフィールドらの研究からも導き出せる。週末に、まだ生まれて間もない赤ちゃんと一緒に過ごすか、それとも遠方のセミナーで講師を務めて報酬を受け取るかの選択を尋ねた研究である。この研究によると、65％の人は、子どもと過ごす時間より金を選んだ。しかし、幸福感と人生への満足感が高かったのは、家で子どもと過ごすことを選んだ人たちのほうだった。

どうして、このような結果になったのか。ハーシュフィールドらによれば、時間よりも金を選んだ人たちは、「金が足りない」という点にばかり意識が向きがちなのかもしれない。それに対し、金よりも時間を選んだ人たちは、「どのように時間を使うか」に関心が向かうのだろう。そのような人たちは、「しなくてはならないこと」（家事を済ませることなど）ではなく、「したいこと」（趣味を追求することなど）に時間を費やそうと計画する。とりわけ、ひとりで過ごすのではなく、ほかの誰かと一緒に時間を過ごそうとするのだ。

マルチステージの人生の各ステージで、幸福を高めるために必要な資源をどのようにはぐくむべきかを考える必要がある。この点を軽んじてはならない。あるステージではぐくんだ資源は、あとのステージに持ち越されるからだ。そうした資源のひとつが金であることは言うまでもない。しかし、金がつねに最も重要な資源だとは限らない。時期によっては、学びのために金と時間を費やしたり、友人やパートナーとの関係を充実させるために余暇時間を活用したりすることが、老後の生活を豊かにするための最善策である場合もある。

長い人生を生きるうえでは金銭面の安定も重要だが、将来の生活資金を確保すること以外の活動がもたらす恩恵も見落としてはならない。人生の目的の追求や、さまざまな活動への参加、健康、パートナーとの関係といった要素のことだ。お金の面で未来の自分を苦境に立たせるような行動は避けるべきだが、それと同じくらい、ほかの活動をないがしろにして未来の自分を困った状況に追いやることも避けなくてはならない。資金計画が人生のストーリーを牽引するだけでなく、人生のストーリーが資金計画を牽引するようにもすべきなのである。

あなたの人生のストーリー

「ありうる自己像」を描き出す

本章では、まず一般論として「ありうる自己像」について論じたうえで、トムの未来にどのような道筋と選択肢がありうるのかを検討した。あなたも自分自身について同じ作業をしてみよう。自分の未来の道筋がどのようなものになりそうか思い描き、いくつもの仮説と問いに照らしてその妥当性を検証するのだ。

自分がいだいている基本的な前提を再検討する

長寿化の進展とテクノロジーの進化、そして社会の変化に伴い、私たちひとりひとりが新しい人生のストーリーを紡ぐ必要が出てくる。古い前提に基づくストーリーは、書き換えなくてはならない。新しいストーリーは、古いストーリーよりも期間が長く、より多くのパートで構成されるようになり、それぞれのパートを経験する順序の選択肢も大幅に拡大する。これまでとは比較にならないくらい長い職業人生を送るようになるが、キャリアに突然終止符が打たれるリスクも増大する。

＊私のキャリアは突然終止符を打たれるのか？

技術的イノベーションについて論じた際に、トムとインの未来が自動化の影響を受ける可能性が高く、キャリアに突然終止符が打たれてもおかしくないことを指摘した。あなたが思い描く未来のキャリアに突然終止符が打たれる可能性は、どの程度あるだろうか。そうした事態に見舞われたとき、軌道修正して別の道へ進めるように、十分に幅広い人生の足場を築くことができそうか。

＊私の思考は狭まりすぎていないか？

あなたがこれまで検討してこなかった選択肢はないか。もっと多様な選択肢があるのではないか。もっと実験的な試みをしたり、もっと思い切った行動を取ったりできないか。人的ネットワークが狭い範囲にとどまりすぎてはいないか。実験の精神が旺盛な人ほど、発見のプロセスを通じて未来に向き合うことができるのだ。

＊私は年齢に関して誤った思い込みをいだいていないか？

あなたが検討している人生の道筋と人生のステージについて、改めて考えてみてほしい。あなたは、自分の将来を考えるうえで、年齢と老化のプロセスに関して誤った思い込みをいだいていないか。暦年齢に基づく年齢観にとらわれすぎてはいないか。早い段階で選択肢を限定しすぎて、言ってみれば「早く老いすぎて」しまうリスクを冒していないか。

*私は制度の変化を考慮に入れているか?

あなたが紡ぐ未来のストーリーは、どうしても過去と現在の経験に基づいたものになる。しかし、さまざまな制度が大きく変わり、あなたの未来のストーリーの骨組みもその影響を受ける可能性がある。企業の慣行や教育のあり方、政府の政策などは、今後変わるだろう。あなたが思い描いている未来の選択肢は、第3部で検討する制度の変化を考慮に入れているだろうか。

時間配分を検討する

時間は、私たちにとってとりわけ重要な資源のひとつだ。この資源を賢く使うことは、きわめて重要な意味をもつ。

*私は時間を再配分できるか?

あなたが思い描く未来の道筋と人生のステージを考えたとき、それぞれのステージでおこなう活動をほかのステージに再配分して、時間的なゆとりを捻出できないか。たとえば、ある活動をすべてひとつのステージに集中させるのではなく、活動を細分化して、人生全体に等しく配分し直してもいいだろう。

＊私は何を重んじて時間配分を決めたいのか？

未来の選択肢を検討する際は、それぞれの選択肢で何が時間配分の最大の決定要因になっているかを基準に考えるといい。あなたは、お金を稼ぐことを優先させて時間配分を決めたいのか。それとも、スキルの幅を広げることや、家族や友人と過ごす時間を増やすことを優先させたいのか。それぞれの選択肢を選んだ場合、未来の自分を危険に陥らせることがないかをよく考えよう。

最後に、人生のストーリーは「再帰的」な性格をもっていることを忘れてはならない。つまり、いまあなたがどのような行動を取るかによって、あなたが将来どのような足場の上に立ち、どのような選択肢を得られるかが決まるのだ。このような考え方は、ものごとの帰結を変えることはできないという決定論的発想とは対極を成すものだ。人生のどの段階にある人でも、みずからの行動を通じて自分の未来に好ましい影響を及ぼすことはできる。

第4章

探索——学習と移行に取り組む

トムにとって、テキサス州の道路で自動運転車をはじめて目撃したことは衝撃的な経験だった。トムは自動運転車の登場に危機感をいだき、トラック運転手の仕事を続けることの是非をじっくり考えたほうがいいと思うようになった。

しかし、ほとんどの場合、技術的イノベーションは人々の目にとまらずに進む。イノベーションが次第に積み重なることにより、テクノロジーの能力が少しずつ高まっていくのである。インは、まさにそのような経験をした。インの場合、トムがはじめて自動運転車を見たときのように「未来が見えた」と感じた瞬間はなかった。会計士としての仕事を構成していた業務が少しずつ自動化されていったのだ。

インは解雇を言い渡された結果、否応なく、新しいことを探索し、新しいことを学ばなくてはならなくなった。選べる道はいくつもある。どの道を選ぶかにより、その先に存在する「ありうる自己像」が変わってくる。インは、探索をおこない、自分がどのような人生を生きたいかを見いだし、そうした未来の自己像につながる道を見つけなくてはならない。移行が容易でないことは、自分でもよくわかっている。とりわけ、失職のショックがまだ癒えないなかで、未知の不透明な世界へ踏み出すことは難しい。

ヒロキも探索の過程にある。父親は大学を卒業して大企業に就職し、いまもその会社に勤めている。教育→仕事→引退という古典的な3ステージの人生を送ってきたのだ。しかし、ヒロキは、父親よりはるかに長い60年間の職業人生を送る可能性がある。その未来を想像したとき、父親と同様のキャリアの道筋を歩みたいとは思えなかった。インと同じように、探索をおこないたいと考えている。自分にどのような選択肢があるかを知り、自分が得意なのはどのようなことで、好きなのはどのようなことなのかを学びたいと思っているのだ。

ヒロキの父親は、3ステージの人生を生きるなかで、探索や移行に取り組む機会がほとんどなかった。学習は、もっぱら第1ステージの活動と位置づけられていた。そのステージでの学習を通じて、第2ステージで安定したキャリアを築く土台をつくるものとされていたのである。

探索は不要であるばかりか、大きな不利益をもたらす可能性すらあった。もしヒロキの父親が同僚たちと異なる行動を取ろうとすれば、上司から疑いの目で見られたに違いない。しかし、ヒロキが気づいているように、そのような固定観念は急速に崩れはじめている。人生のマルチステージ化が進んで、人々が生涯で経験する移行の回数が増えつつあるのだ。そうしたキャリアにおける移行は、ヒロキのように本人が主体的に選択するケースもあれば、インのように本人の意に反してやむなく経験せざるをえないケースもある。

探索と発見

前章で示した図3-1の考え方に基づいて、ヒロキの人生の選択がどのようなものになるかを考えてみよう。人生の進路は、さまざまな能力やスキル、人的ネットワークによって構成される足場から出発して、いくつかの「ありうる自己像」に向けて進む。そして、人生のステージごとに、進路の方向が変わる可能性があるのだ。図4-1では、ヒロキが歩むかもしれない数々の進路を示してみた。いまステージ1にいるヒロキは、そこから比較的新しい生き方（＝P1）を選ぶこともできるし、父親と同じような生き方（＝P2）を選ぶこともできる。

図4-1　ヒロキの人生のストーリー

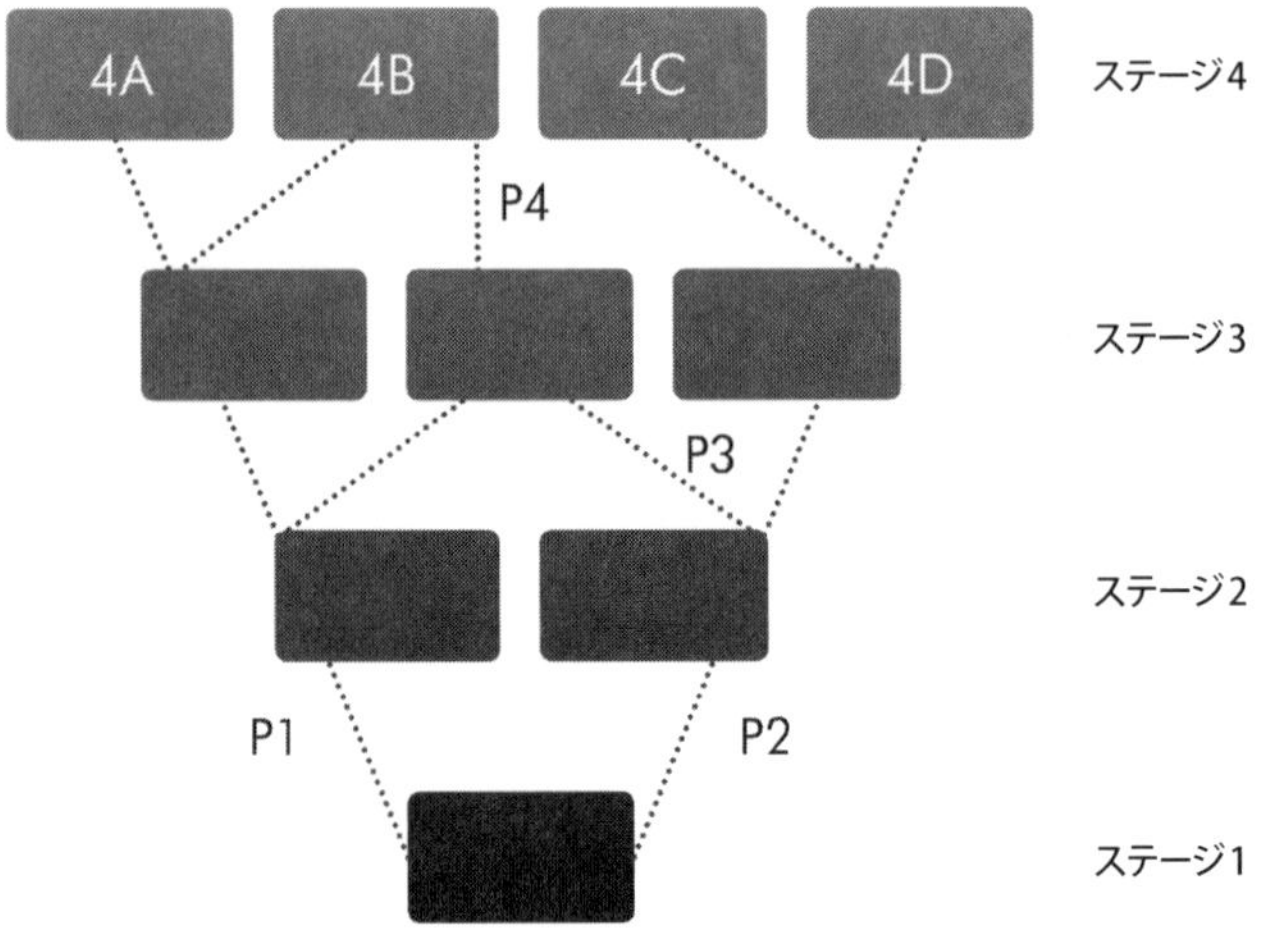

選択肢をもつことの重要性

ヒロキの父親は、息子に自分と同じ道を歩んでほしいと思っている。自分が勤めている会社に就職して、マネジメント研修を受けて出世コースに乗ること、つまりP2の進路に進むことを期待しているのだ。ヒロキの思いは違う。P1の進路に心惹かれているのである。旅をしたいという思いが強い。生活費は、たとえばフリーランスの仕事をして稼ぐつもりだ。食と健康への関心を生かして、小さなビジネスを始めるアイデアも温めている。

そうした道を歩んだ場合、どこに行き着くのかという確信はない。それでも、特定の道を選ぶ前に、もっと自分自身について知りたいと感じている。いま勇気を奮って自分の望む道に踏み出さなければ、5年先や10年先にはもう道が閉ざされてしまうのではないか。ヒロキはそんな不安を感じている。

ヒロキが「鳥の目型」の視点（図3-4参照）で時間について考えたとしよう。目の前のことだけにとらわれず、人生全体を俯瞰して見るのだ。すると、未来の人生が視野に入るので、父親と同じ会社に就職することに不安を感じずにいられなくなる。将来の「ありうる自己像」の選択肢を狭めかねないと思えるのだ。長い人生を考えれば、いま時間を割いて実験し、どのような道が自分に適しているかを知っておきたい。

同世代の若者の多くがそうであるように、自分がどのような人生を送りたいのかは、自分自身でもわかっていない。それでも、父親のような人生を歩むべきかをまず判断するべきだと強く思っている。ヒロキは、自分にどのような選択肢があるかを知り、さまざまな選択肢に投資したいと思っている。選択肢を閉ざすことはしたくないのだ。

ヒロキは、クラーク大学（マサチューセッツ州）の心理学者ジェフリー・アーネットが言うところの「成人形成期」にあると言えるかもしれない[1]。もう子どもではないが、同じくらいの年齢だった頃の父親とは異なり、まだ特定のキャリアを追求することを決めていない。20代と言えば、昔は家庭とキャリアを築く時期と位置づけられていた。しかし、いまは違う。20代は、マルチステージの長い人生に向けて、その土台となるスキルと足場を充実させる時期になっているのだ。

注目すべきなのは、ヒロキの未来に、きわめて多様な進路と選択肢が広がっていることだ。職業人生が長くなることは避けられず、同じ職にとどまる期間はおのずと短くなる。その結果として、ヒロキが検討すべき「ありうる自己像」は父親よりもはるかに多くなる。これは胸躍る未来と言えるだろう。将来にきわめて多様な選択肢をもっているヒロキは、いま慌てて特定の進路を選ぶ必要を感じていない。父親が人生で経験する移行は、教育から仕事へ、そして仕事から引退への2度だけだ。同世代の人たちと一斉行進で人生を歩み、同時期に同様の移行を経験してきたのである。ヒロキはそうした一斉行進の隊列を崩したい。新しいことをたくさん実験したいと思っている。父親との間で軋轢が生まれている原因はこの点にある。

ヒロキがP1の進路を選ぶなら、まとまった時間を取って外国語を学ぶのもいいだろう。たとえば、1年間パリに滞在し、友人が所有する日本食レストランで働きながらフランス語の習得に励む。フランス語のオンライン講座を受講したり、日本人の留学生たちと一緒に毎朝フランス語のクラスに通学したりもする。強いモチベーションをいだいて、新しいスキルの習得に努めるのだ。フランス語を学ぶことにより、次のステージ2の足場が強化される。こうして選択肢が広がって、さまざまな進路が開けてくる。

たとえば、ステージ4にいたるまでに語学力を生かしてスキルと人的ネットワークの足場を築き、それを土台に東京でフランス産のチーズとワインを輸入する会社を立ち上げてもいい（ステージ4A）。あるいは、ステージ2で別の進路を選び、語学力を武器に、国際展開を目指すパリの多国籍スポーツウェアブランドで職を得て、そのあと連続起業家になってもいいだろう（ステージ4B）。

現時点では、将来どのような人生を生きたいかは、まだ決まっていない。いま見えているのは、将来こんな人生を送るかもしれないという可能性だけだ。だからこそ、ヒロキはいま探索に重きを置いているのだ。たとえ短い期間でもさまざまな活動をおこない、選択肢を狭めずに、それぞれの進路を選んだ場合にどれくらいの喜びを感じられるかを知っておくことには、きわめて大きな価値がある。

ヒロキが父親と同じ道を選び、P２の進路に進む場合、選択肢はP１とはまったく異なるものになる。ただし、父親が勤めている会社に就職したとしても、残りの職業人生すべてで父親と同じ道を歩むと決まったわけではない。途中で別の道に進むこともできる。

まず、会社の研修プログラムで有益なスキルを身につけ、経験を積む。その後、もっと小規模の新興企業に移ってもいい（P３）。その会社でさらに経験を重ね、さまざまな知識と財務ノウハウの足場を築く。そして、それを土台に自分の会社を立ち上げる（P４）。すると、そこからステージ４で連続起業家になる道が開けるかもしれない（ステージ４B）。

長い人生を生きる時代には、同じステージに行き着くまでの道筋が幾通りもあるのだ。ただし、どこから出発するかは慎重に考えたほうがいい。最初にP１の進路を選べば、さまざまな選択肢が生まれる。ステージ４で、４Aに行き着くこともできるし、４Bに行き着くこともできる。しかし、４C（父親が勤めている日本企業でゼネラルマネジャーに昇進する）という選択肢は閉ざされる。一方、P２の進路に進めば、４Bや４Cへの道は開けるが、４Aへの道は閉ざされる。

重要なのは、それぞれの進路を選んだ場合に何が失われるのか、どのようなリスクが伴うのか、あとで進路を変えることがどのくらい難しいのかを検討することだ。しかし、そのような検討をするのは簡単でない。自分がいまどのような考え方をもっているかだけでなく、未来の自分がどのように行動するかも考慮しなくてはならないからだ。

選択肢の重要性を訴えるヒロキの主張に、父親は戸惑わずにいられない。起業したいという息子の思いは理解できるが、成功する確率が乏しく、リスクの大きな選択に思えるのだ。親戚に起業家はいないし、友人や知人のなかにもいない。そのため、息子が起業家になるために何をする必要があるのか、起業家になった場合にどのような未来が待っているのかが想像しづらいのだ。将来ほかのことをしたいと思うかもしれないので、親と同じ会社には勤めたくないとか、しばらくはその会社で働くかもしれないが、のちに別の道に進むかもしれないという息子の理屈は、とうてい理解できない。

それは、父親がキャリアで成功できた要因、すなわちひとつの会社で勤め上げようという姿勢や粘り強さとは対極にある発想だからだ。父親にとって、P2の進路の魅力は明確性と確実性にある。しかし、ヒロキにとっては、それこそが不安の種にほかならないのだ。

生涯にわたって学び続ける

いくつもの移行を繰り返しながら長い職業人生を送るためには、学び続ける必要がある。トム、イン、エステル、ヒロキは、このことに気づきつつある。自分が次に何をしたいのか、そのゴールに到達するためにどうすればいいのかを知り、そのために必要なスキルを習得しなくてはならない。3ステージの人生では、学習はもっぱら最初のステージでおこなうものと決まっていた。しかし、マルチステージの人生では、学習はみずからの選択でおこなうものになる。本人が学習の機会を活用して学ぼうとしなければ、制度上、学習を強いられる機会はほとんどないのだ。

このような世界では、学び続けることにより得られるものはきわめて大きいが、実際に学び続けることはときとしてきわめて難しい。企業や政府、教育機関がその気になれば、さまざまな新しい取り組みを通じて大人の学習を後押しできる（いくつかの例を第3部で紹介する）。しかし、あなたがどのくらい学習するかは、基本的にあなた自身にかかっている。

自分の子ども時代を思い返してみてほしい。学ぶことは、とても簡単だったのではないだろうか。その頃は、いわば学ぶために生きていたはずだ。学校に行けば学習のスケジュールが詰まっていて、自宅でも親が自分なりのやり方でいろいろなことを教えてくれたに違いない。子ども時代のあなたにとっては、学習が最優先の活動だった。学習に励むことが自然な状態だったのである。

もちろん、大人になってから子ども時代を振り返るときには、学習にてこずった経験を忘れている場合もあるだろう。社会学者のアーヴィング・ゴッフマンはこう述べている。「ある人がいま簡単にできている活動はほぼ例外なく、ある段階までは真剣に努力しないとできなかった。歩くこと、道路を渡ること、完結したセンテンスの形で言葉を発すること、長ズボンをはくこと、靴の紐を自分で結ぶこと、いくつもの数字を足し算することなど、人々が無意識におこなえる日常の行為はことごとく、習得のプロセスを経て身につけたものだ。習得の初期には、苦労して必死に取り組まなくてはならなかった[2]」

大人の学びは、こうした子どもの頃の学びとはまるで違う。インとヒロキは学習に乗り出すとき、子ども時代に新しいことを学んだときのような知的興奮を味わいたいと思うかもしれないが、置かれている状況はまったく異なる。子どものときは、大きな移行を経験しつつあったわけでもなければ、人生の進路について重要な決断を求められていたわけでもない。それに、子どもたちはフルタイムで学習に取り組んでいて、最も多くの関心とエネルギーを注ぎ込む対象が学習だった。そして、ある程度は個人の裁量の余地があったにせよ、おおむね定番の教育方法に従い、いわば踏み固められた道を歩んでいた。

大人の学習では、このような条件がそろうことはほとんどない。独学で学んでいたり、きわめて多様な人や集団と一緒に学んでいたりする場合もある。それに、学ぶことを自分自身で選択しているケースが多い。大人の場合は、学ばないという選択をしてはじめて学ばなくなるのではなく、学ぶことを選択してはじめて学ぶようになっているのだ。

また、大人の学習では、未知のことに馴染むよりも、見慣れたものを新しい視点で見ることの重要性が大きい。そして、新しいスキルと行動パターンを身につけるのと同じくらい、古い思考や行動を捨てること（「学習棄却」）が大きな比重を占めるようになる。大人は、厳しい環境で学ばなくてはならないケースもある。インのように、職を失ったり、移行を余儀なくされたりするなど、極度の重圧にさらされているなかで、学習しなくてはならない場合もある。エステルのように、ただでさえ多忙を極めている日々のなかで学習の時間を捻出しなくてはならない場合もある。このように、しばしば大人の学習は容易でなく、勇気と知的・情緒的努力が必要とされる。

何歳でも学ぶ

50代のインは、将来のことを考えた場合、会計士の仕事を続けるためにもっと高度なスキルを身につけるか、まったく異なる仕事に就く土台になるような新しいスキルを学ぶかする必要があると気づいた。この先も学び続けなくてはならないことは、明確に自覚している。しかし、学習し続けようとすれば、社会の偏見に直面することが避けられない。年齢と学習の関係について強力な固定観念をもっている人が多いからだ。そのような固定観念は、イン自身もいだいている。新しいスキルを学ぶために必要な知力と忍耐心が自分にまだあるのか自信がもてずにいるのだ。

古代ギリシャの哲学者アリストテレスは、人間の知力が衰えていく過程をありありと描き出すことを試みた。アリストテレスによれば、生まれたときの子どもの頭脳は、言ってみればまだ温かくて柔らかく、外からの刺激を受けてどんな形にも変わることができる。そうした可塑性があるため、新しいことを学習しやすい。ところが、年齢を重ねるにつれて、頭脳は冷えて硬くなり、形が変わりにくくなるというのだ。インが恐れているのはこの点だ。

しかし、このような考え方はもっともらしく見えるが、実は間違っている。最近の研究によれば、人の頭脳は年齢を重ねても、アリストテレスが考えていたよりはるかに強い可塑性を維持し続けるらしい。人は何歳になっても学ぶことができるのだ。この点は、インを勇気づける材料と言えるだろう。

神経科学者は、このような現象を「神経可塑性」という考え方で説明する。要するに、脳は柔軟な筋肉のようなもので、適切に訓練し、正しく用いれば、いったん失われた能力も取り戻せるというのだ。この考え方によれば、インは、自分で学習の目標を設定し、できるだけ頻繁に、新しい活動や手ごわい活動に挑戦するのが賢明だ。テキサス大学ダラス校の心理学者デニス・パークが指摘するように、「快適ゾーンにとどまっている人は、成長ゾーンに入れない場合がある」からだ。年齢を重ねた人が新しいことを学べないとすれば、それはその人が老いているからではなく、新しいことを学び続けてこなかったからなのだ。

インを勇気づける材料はほかにもある。人間の脳に可塑性が備わっているというだけでなく、年齢を重ねるとともに強まるタイプの知能もあるのだ。「結晶性知能」と呼ばれるものがそうだ。結晶性知能とは、時間をかけて蓄積されていく情報や知識、知恵、戦略のこと。その点で「流動性知能」(情報の処理、記憶の保持、演繹的推論をおこなう能力)と異なる。

研究によると、人がどのような知的スキルに強みをもっているかは、生涯を通して絶えず変わり続ける。[3] 高校生くらいのときは、計算したり、ものごとのパターンを見いだしたりするスピードが速いかもしれない。30代の頃には、短期記憶が最も強力な時期を迎えるだろう。一方、40代や50代になると、他者理解の能力が最も高くなる。

ハーバード大学医学大学院のローラ・ジャーミンとボストン・カレッジのジョシュア・ハーツホーンは、みずからの研究に基づいてこう述べている。「人は何歳でも、ある種のことが上手になりつつあり、ある種のことが下手になりつつあり、ある種のことに関しては伸び悩んでいる。ある年齢で、すべての、あるいはほとんどの能力が頂点に達することはないのだろう」[4]

大人はどう学ぶべきか?

2017年に高級ブランドのグッチが全世界のほとんどの広告で使用したイラストは、当時

27歳のスペイン人のアーティスト兼イラストレーター、イグナシ・モンレアルが制作したものだった。モンレアルは、コンピュータとタブレット型端末を使い、毎日14時間作品づくりに没頭して、8カ月間で150点を超す作品をグッチのために制作した。

この時点で2つの学位を取得していたが、デジタル関連のスキルは大学で学んだわけではなかった。「ユーチューブで勉強した。学習動画がたくさんアップされているから。それに、グラフィックデザインもユーチューブで学んだ」とのことだ。「写真家になりたいかはともかく、写真の撮り方は勉強したいと思っていた。そこで、いろいろ動画を見て、写真を撮れるようになった……強い忍耐心は必要。でも、辛抱強く取り組みさえすれば、無料で学習できる。（コンテンツが）体系立てて整理されているとは言えないけれど、本気で学ぼうと思えば学ぶことができる」[5]。モンレアルは、教育機関で学位を取得するタイプの学習から、テクノロジーを活用して、職につながる実用的なスキルを独学で学ぶタイプの学習へと転換したのである。

第7章で述べるように、大人を対象とする教育産業は、いま急速に成長している。次々と新しい教育コンテンツが制作され、新しいパートナーシップが確立されている。そして、オンライン教材やオンライン講座も爆発的に増加し、新しいスキルを学べる場が続々と生まれている。インは、こうした機会を最大限活用すべきだ。モンレアルのように、集中力と勇気をもって学習に取り組まなくてはならない。ラディカも毎週、インターネットを活用して、既存のスキルをアップデートしたり、興味をもてるかもしれない新しいスキルについて調べたりしている。

ヒロキは、熱心なチーズ愛好家たちのオンラインコミュニティに加わることでフランス産チーズについて学べるかもしれない。インターネットは、大人が子どもの頃のように学べる遊び場と言ってもいいだろう。

もっとも、オンライン講座にアクセスしたり、アプリをダウンロードしたりするだけで、大人の学習が実現するわけではない。探索と学習と変身を支えられる仕事環境と家庭環境を築くことも必要だ。

神経科学の研究から明らかなように、脳が健康な状態にあってはじめて学習が可能になる。脳が新しいことを吸収して学べる状態でなくてはならないのだ。脳が人間特有の複雑な活動（ものごとを学んだり、直感や創造性を発揮したりするなど）をおこなう能力は、その人がどのような感情をいだいているかに大きく左右される。[6] 強い不安やストレスを感じている人の脳は、変革と学習の能力が大きく減退する。[7] そのため、どうしても大人の学習は難しくなる。多くの職では、不安とストレスから逃れられないからだ。

たとえば、イギリスでは、年間の総欠勤日数が7000万日近くに上る。このうち病欠の最大の原因は、不安、抑鬱、ストレス関連の症状などによる精神の不調だ。[8] 世界保健機関（WHO）の予測によれば、2030年には、抑鬱が最も大きな疾病負荷を生む病気になるという。[9] 職場で不公平な扱いを受けたと感じたり、職を失うのではないかと恐れていたりするなど、仕事で不安を抱えている人は、新しいことを学ぼうとする確率が著しく低い。その結果として、人生の移行期には、ひときわ逆説的な状況が生まれやすい。人生で移行を遂げようとするとき——インのように不本意な形で移行を余儀なくされる場合はとりわけ——人は最も学習を必要としている。しかし、皮肉なことに、そのような時期には、不安と重圧が最も大きい可能性があるのだ。

この問題を克服する必要がある。そのために有効なひとつの方法は、学習の対象に強い興味と情熱をいだくことだ。やり甲斐をもつことにより、潜在的な不安の悪影響を小さくできるのだ。心理学の研究によれば、人は内発的な動機をもっているとき、最も充実した学習が可能だという。具体的には、学ぼうとする対象に心惹かれていて、好奇心をそそられていなくてはならない。インが次に学ぶ対象を決めるとき、心の底から興味をいだけるものを選べば、実際に学習に励む可能性が高まる。

ほとんどの人は、仕事を通じて学習している。その気になれば、自分の仕事の範囲を広げることにより、学習の余地を大幅に拡大することも可能だ。たとえば、別の部署や別の土地で働く機会をつかんだり、他部署への一時的な配置換えを願い出たり、日常業務とは別に特別プロジェクトに参加したりすればいい。また、仕事のあり方を見直して、いつ、どこで、どのように働くかについての裁量とコントロールを強めることもできる。ロチェスター大学のエドワード・デシとリチャード・ライアンの研究が明らかにしたように、仕事で自律性をもてることにはきわめて大きな意義がある。(10) 実際、多くの人は、給料など、仕事に関するほかの要素よりも、自律性を重んじている。自律性は、脳の健康にも好影響を及ぼす。自律性をもてている人は概して、ストレスをあまり感じず、燃え尽き状態に陥る可能性も比較的小さいのだ。

人生が長くなる時代には、余暇時間の使い方もよく考えたほうがいいかもしれない。レクリエーション（娯楽）よりも、リ・クリエーション（再創造）の比重を増やすべきなのだろう。最近のある調査によれば、回答者の半分近くは、職業上の能力開発の半分以上を業務時間外におこなっているという。[11] これからは、自分を成長させたいという意欲と決意がいっそう重要になる。その意欲と決意に突き動かされて、インターネットでTEDの講演を見たり、ユーチューブの動画で勉強したり、ポッドキャストを聴いたり、オンライン講座を受講したりすればいい。

人が何をどのように学ぶかは、その人が置かれた環境、物理的な空間、所属しているコミュニティにも影響を受ける。ラディカにとっては、その点が大きな問題だ。フリーランスで働いているため、勤務先の会社が学習の環境をつくってくれることは期待できない。会社による方向づけやサポート体制、メンタリングやスポンサーシップや手引き、そして職場の学習コミュニティに頼れないのだ。

ラディカの職は不安定だ。自分のもっているスキルの価値が大きく高まったかと思うと、次の瞬間にはそのスキルがたちまち時代遅れになっていたりする。そうしたなかで、すべてみずからの責任で学習しなくてはならない。しかも、大きな組織に属していないので、ひときわ努力して職業上の評判を確立し、メンターやロールモデルの人的ネットワークを築く必要がある。その一歩を踏み出すために、狭いアパートで孤独に働くだけでなく、コワーキングスペースを利用してもいいだろう。そうすれば、ひとりで働くこともできるし、ほかの人たちのそばで働くこともできる。今日、この目的のために利用できるサービスの選択肢は非常に多い。世界の大半の大都市では、コワーキングスペースが急増している。

2007年のアメリカでは、コワーキングスペースは国中探しても14カ所くらいしかなく、その頃のインドでは、シェアオフィスという考え方そのものがまだほとんど知られていなかった。今日の世界には3万5000カ所を超すコワーキングスペースが存在し、そのうち850カ所はインドにある。利用者の数は、世界で220万人近くに上る。

ラディカは自宅を学習の場にすることもできる。有力ビジネススクール、INSEADのジャンピエロ・ペトリグリエリらの研究によれば、フリーランスで働く人たちは、仕事用のスペースを確保していることが多い。集中力を削いだり、プレッシャーの原因になったりする要素を遠ざけること、そして、自分が根無し草のように感じるのを避けることが目的だ。[12] そうしたスペースには、いくつかの共通点があることがわかった。それは、狭い空間に閉じ込められている感覚を味わえること、仕事道具がそろっていること、そして、仕事専用の場所と位置づけられていて、その日の仕事が終わればそこから引き揚げることだ。こうした共通点がある一方で、ひとりひとりの仕事場には個性がある。立地や家具類、消耗品の類い、装飾品などに、オーナーが携わっている仕事の性格がはっきりあらわれる。

ラディカは、自宅内に仕事と学びのスペースを意識的に設けた。一方、自宅を学習に適した場にするよりも、学習に適した土地で生活することを選ぶ人たちもいる。トロント大学のリチャード・フロリダが指摘したように、学習と探索と創造をしやすい土地とそうでない土地がある。(13) フロリダはまず、特許申請件数の多い土地がどこかを調べてみた。特許の数は創造性の強さと相関関係があると考えたのだ。すると、創造性とイノベーションが花開き、知識の交換が活発におこなわれている土地、言ってみれば創造的人材の集積地（クラスター）が存在することがわかった。

そうした土地には、多くの共通点が見られた。まず、テクノロジーの基盤があること。テクノロジー関連の施設を擁していたり、手軽で効率的なコミュニケーションを可能にするテクノロジーのインフラが整備されていたりするのだ。また、多様性に寛容な風土が根づいている場合も多い。そのおかげで、生活様式や性的指向、国籍などの面で多様な人たちが快適に集える。

そして、たいてい、人々が集まりやすい環境も整っている。カフェやギャラリーやサロンなどに人々がやって来て、自分と似た人たちと出会えるようになっているのだ。ラディカのようなフリーランスにとって、誰でも参加できるオープンな場は、学習の面でも、アイデンティティの意識の面でも重要な意味をもつ可能性がある。

移行を成功させる方法を学ぶ

ヒロキの人生計画（図4-1）は、人生が長くなり、マルチステージ化して、生涯の間に移行を遂げる回数が増えることをあらわしている。そのような人生を生きるうえでは、生涯を通じて学び続けることに力を入れなくてはならない。テクノロジーが進化すれば、働くことの意味が変わり、それぞれの職種の性格も大きく変わる。その変化に対応して既存のスキルを磨いたり、新しいスキルを習得したりするためには、学び続けることが不可欠なのだ。人生における移行を成功させるスキルは、今後急速に必須のスキルになっていくだろう。

ロンドン・ビジネス・スクールのハーミニア・イバーラによれば、人々が人生で経験する移行はひとりひとり異なるが、大半に共通する特徴がたくさんある。[14] まず、容易に移行できることはめったになく、ほとんどの人は最初のうち強い不安を感じる。イバーラも指摘しているように、人生で移行を経験することは珍しくないが、その際に混乱を避ける方法は、誰も見いだせていない。

移行が難しい一因は、仕事でも私生活でも、移行を遂げればアイデンティティが変わらざるをえないという点にある。あなたが何をするか。まわりの人たちがあなたをどのように見るか。あなたが自分自身のことをどのように見るか。こうしたことがすべて変わる。インはいま、人生で移行を遂げるとはどういうことなのかを実感しはじめている。勤務先からは、6カ月以内に次の仕事を見つけるようにと言い渡された。

最初に頭に浮かんだのは、ほかの会計事務所で似たような職を見つけるか、フリーランスの会計士になるというアイデアだった。しかし、このような進路を選んだ場合、これまでのアイデンティティが大きく変わることはない。そのことは、自分でもよくわかっている。そこで、ほかの進路はないかと考えはじめた。興奮を味わえて、まったく新しいアイデンティティにつながるような道を探しているのだ。

ここ数年間のキャリアを振り返ると、自分がコーチングにとても助けられてきたことに気づいた。会計事務所のマネジャーとして問題に対処するうえで、あるコーチが力になってくれたのだ。そこで、自分もコーチに転身してはどうかと考えた。これは非常に大きな方向転換だ。コーチとして成功を収めるためには、いくつもの段階を経なくてはならない。新しいスキルを身につけて、新しいアイデンティティを確立しようと思えば、まず探索と調査をおこない、そのうえで新しい進路に本格的に踏み出す必要がある。[15]

この2つの段階には、いずれも大きな不安がついて回る。探索と調査の段階では、勝手のわからない環境に身を置き、新しい人たちと知り合わなくてはならない。新しい進路に本格的に足を踏み出す段階では、過去の専門分野や自信をもっていた分野を捨てなくてはならない。

探索と調査をおこなう

　インが最初に取った行動は、あまり強力なものではなかった。コーチング関連の雑誌を眺めていたとき、コーチングの週末講座の広告を目にとめて、応募してみたのだ。しかし、自分にどのような選択肢があるかを十分に検討せず、講座の評判もよく調べていなかったため、期待外れの結果に終わった。この経験を振り返って、インは気づいた。自分がその講座に申し込んだのは、それが特定の進路を本気で選び取ることを意味しないとわかっていたからだった。そのときのインは、コーチングを職業にすることを検討しているふりをしていただけだったのだ。本当に新しい進路を探索するのなら、もっと主体的に行動すべきだった。

　以前コーチを務めてもらった人物と話すなかで、インは、恵まれない若者へのコーチングをボランティアで買って出ようと思いつく。そこで、フルタイムで働きながら時間を捻出し、夜間に2人の若者のコーチングを始めた。すると、コーチングについてもっと勉強する必要があると思うようになった。また、ほかのコーチたちと話すことで、有益な助言をもらえた。

　そうした新しい人的ネットワークを通じて、自分の直面している問題について話したり、自分の経験をほかの人たちと比較したりする機会も得られた。その仲間のなかに、ある夜間講座で勉強した人が何人かいた。それを知って、次の学期に自分もその講座を受講した。インは、会計事務所の仕事をしながら、社会貢献活動をおこない、忙しい毎日を送るようになった。まだ以前の道を歩んでいたが、本業と並行して取り組むプロジェクトを通じて新しい道を探索しはじめたのだ。

この段階では、インはまだこの新しいキャリアのステージに本格的に踏み出してはいない。これから4カ月間、ボランティアのコーチとして経験を積み、その経験を通じて多くのことを学びながら、コーチングを職業にするかどうかをさらに深く検討していくことになる。コーチングで生計を立てるとすれば、本業と並行してコーチングに携わる場合よりも大きな覚悟が必要だ。プロのコーチに必要な資質を身につけるために、いっそう努力しなくてはならない。会計士としてのアイデンティティを捨てることにもなる。まったく新しい基準で評価されるようになるのだ。

新しい進路に本格的に踏み出す

インは、解雇通告後6カ月の期間が経過して会計事務所を去ると、コーチ養成プログラムを受講しはじめた。1年間にわたり、パートタイムの学生として学ぶプログラムだ。住宅ローンは貯金を取り崩して返済しているが、日々の生活費をまかなうために、とりあえずフリーランスの会計士として働きはじめた。ずっとフリーランス会計士として生きていくつもりはないが、人生の新しいステージに向けた足場を築くまで、2つの道の間を行き来しながら生きるつもりだ。会計事務所を退職したあと、元従業員たちがつくる緩やかなネットワークに参加したところ、すぐにいくつかの会計関連の仕事に誘ってもらえた。

インは新しい人生に胸躍らせていたが、ほどなく逆境にぶつかった。コーチングのスキルに関して、ほかのコーチから厳しい指摘を受けたのだ。思っていたほど簡単にはいかないのだと思い知らされた。慣れ親しんだ会計士の仕事と、同僚たちとの同志意識が恋しい。それに、フリーランス会計士の仕事はプレッシャーが激しく、しかも自分のスキルを存分に発揮できていないという不満もある。

つらい日々を乗り切るうえで支えになっているのは、一緒にコーチングを学ぶ人たちのグループだ。同じような思いをいだいている人も多く、互いに支え合って学習に取り組んでいる。学術的研究によれば、大人の学びには、一緒に学ぶ仲間たちで構成される「コミュニティ・オブ・プラクティス（実践共同体）」が大きな役割を果たせる場合があるとわかっている。[16]

人的ネットワークが変容する

インは次第に、コーチング・コミュニティの仲間と過ごす時間が多くなり、昔の仕事仲間たちと関わる時間が減っていった。人的ネットワークが変容しはじめたのだ。ロンドン・ビジネス・スクールのイバーラによれば、人生における移行を成功させるためには、人的ネットワークを変容させることが不可欠だ。今後は、「仕事は何をしているの？」と尋ねられたとき、「会計士をしています」ではなく、「コーチをしています」「コーチになるための勉強をしています」

と答えるようになるのだろう。

移行の過程にある人の多くがそうであるように、インは、自分にとって何が本当に大切かを改めて検討し、自分の価値観、ものごとの優先順位、情熱の対象についてよく考える必要があった。価値観の問題は、インにとって非常に重要だった。コーチに転身すれば、収入は大幅に減る。それでも、コーチングの仕事を通じて得られる充実感は、収入減を補ってあまりあると考えたのだ。

ここまでを振り返ると、インは職を失うことが決まって漠然とした不安をいだくようになり、コーチングを新しい仕事にしてはどうかと考えた。そこで、新しいキャリアへの移行に向けて実験を始めた。まず、本業と並行してコーチとしての活動を開始し、専門的なスキルを学ぶために週末講座を受講し、のちには長期間のコーチ養成プログラムも受講した。そうやって、コーチングという仕事が自分に適しているかを見極めようとしたのだ。このようにいくつもの小さなステップを経てはじめて、新しいキャリアに専念する覚悟をもつことができた。その過程では、自分のいだいている価値観と固定観念を問い直す必要があった。

新しいタイプの移行

移行の過程では、つねになんらかの探索が必要となる。そして、テクノロジーの進歩と長寿化の進展に伴い、人生で経験する移行の回数は必然的に多くなる。しかも、単に移行の回数が増えるだけではない。人生のさまざまなステージで新しいタイプの移行を経験しなくてはならないのだ。

教育から仕事へ、そして仕事から引退へという、古いタイプの移行は、どのタイミングで新しい道へ踏み出すべきかがはっきりしていた。社会規範により、いわば明確な道路標識が用意されているため、移行を遂げやすかったのだ。

しかし、マルチステージの人生における新しい移行では、そうはいかない。人生のあり方が3ステージからマルチステージに変わると、社会規範を手掛かりに移行のタイミングを判断することができなくなる。3ステージの人生を前提に形づくられていた社会がマルチステージに転換する過程では、さまざまな問題が持ち上がる。そのような問題に対処するための社会的発明がいま切実に必要とされているのだ。

ヒロキは、同年代の頃の父親のように早々と人生の進路を定めるのではなく、成人形成期の若者らしくさまざまな選択肢に投資して、新しいタイプの移行の可能性を探索している。ヒロキが新しいタイプの移行を経験する機会は、人生でこの一度だけではない。中年期にも、みずからの生産性を保つためにキャリアの根本的な見直しと再投資が必要になるだろう。さらに70代や80代になったときにも、良好な老い方をするために新しいタイプの移行を遂げることになりそうだ。

中年期の移行──みずからの生産性を維持するために

3ステージの人生では、30代と40代は脇目も振らずにひとつの道を歩み続けるのが当たり前だった。仕事は過酷だし、家庭では育児や介護に忙殺される。もちろん、そのような日々にも楽しいことは多い。しかし、この時期に人生の幸福度が最も落ち込む人が多いという研究結果が続々と報告されている。人生を通した幸福度の推移をグラフ化すると、その曲線(「ハピネス・カーブ」)はU字型を描き、中年期に最も大きく下落するとわかってきたのだ。[17] この世代は、育児と仕事と介護という3つの重荷に挟まれて身動きを取りづらい「サンドイッチ世代」と言えるだろう。

中年期にこのような重荷を抱えることは、とくに3ステージの人生を生きる場合は避け難いように思えるかもしれない。しかし、「中年の危機」という言葉は、心理学者のエリオット・ジャックが1965年にはじめて用いるまで存在しなかった。中年の危機は、「ティーンエージャー」という概念と同様、平均寿命が延びるのに伴って出現した社会的概念なのである。

今後、人生がさらに長くなれば、マルチステージの人生がもたらす機会を利用して時間を再配分し、中年期の重圧を軽減できる可能性もある。もしかすると、「中年の危機」という言葉が「中年の大転換」という言葉に取って代わられる日が来るかもしれない。具体的には、少しずつお金を貯めて、中年期に半年間なり1年間なり仕事を中断し、新しいスキルを学んだり、家族と過ごしたり、地域コミュニティの活動に携わったりする場合もあるだろう。あるいは、次のキャリアの土台になる趣味や関心テーマを見つけるための探索をおこなう場合もあるだろう。パートナーとじっくり話し合い、それまでの進路を再検討し、未来への計画を立てることにより、活力を取り戻す場合もあるだろう。

移行を成功させて新しい未来を築くことができれば、中年期に危機に陥ることはない。中高年人材を支援する非営利組織「アンコール・ドット・オーグ」のマーク・フリードマンCEOに言わせれば、中年の危機などというものは存在しない。存在するのは、「中年の溝」だという。中年期の人々が移行を成功させるのを助ける社会規範と支援体制が社会に欠如していることが問題だというのである。しかし、平均寿命が長くなれば、そのような状況も変わりはじめるだろう。すでに、変化の先頭に立っている社会的開拓者たちもいる。中年期に大転換を目指す人が増えれば、それを支援できるように教育と労働市場のあり方も変わる。そのとき、中年期は危機の時期ではなく、大転換と転身の時期に変わるのだ。

このような移行は、より高齢になるまで働いて収入を得続けなくてはならない時代に必要とされているものだ。長く仕事を続ける高齢者は増加傾向にある。２０１７年の時点で、65歳超のアメリカ人のざっと12人に1人が有給の職に就いている。１９９８年以降、アメリカでは就労者数が２２００万人増加した。このうち２０００万人近くが55歳超の人たちだ。

しかし、高齢者にとって現実は甘くない。高齢になっても働き続けている人たちもいるが、全般的傾向としては、仕事の世界がいまも高齢者にとって厳しい場であることに変わりはない。図4-2に示したように、アメリカでは、45歳を過ぎると、有給の職を退く人が増えはじめる。この傾向は、55歳を超すとさらに加速する。もちろん、自発的な選択により引退する人もいる。お金の心配がなくて、仕事が楽しくなければ、公的年金の受給開始年齢を待たずに引退する人もいるだろう。しかし、多くの人は、自発的に引退しているわけではない。健康上の理由で働けなくなる人もいる。健康な高齢者が増えているとはいっても、病気のリスクがなくなったわけではないのだ。

多くの場合、ある人が職を去ることを決めるのは、本人ではなく、勤務先の会社だ。企業はしばしば、経費の節減や経営の合理化を目指す。そのとき、まず年長の社員を減らそうとする。年長の社員はたいてい、若い社員よりも給料が高いからだ。インは身をもってそれを経験した。さらに問題を難しくしているのは、年長の労働者が職を失うと、再就職に苦労する場合が多いという点だ。

企業が高齢の働き手に対して障壁を設けていることは、年齢と採用されやすさの関係を調べた研究がくっきりと浮き彫りにしている。(18) その研究をおこなった研究チームは、さまざまな求人に対して4万点の架空の履歴書を送ってみた。職種は、事務員、管理人、販売員、警備員など。送付した履歴書は、ある一点を除いてすべて同じ内容にした。その唯一の違いとは、求職者の年齢である。すると、求職者に対する企業の反応には、年齢による差別が明確に見て取れ

図4-2　アメリカの年齢層別労働参加率（2017年）

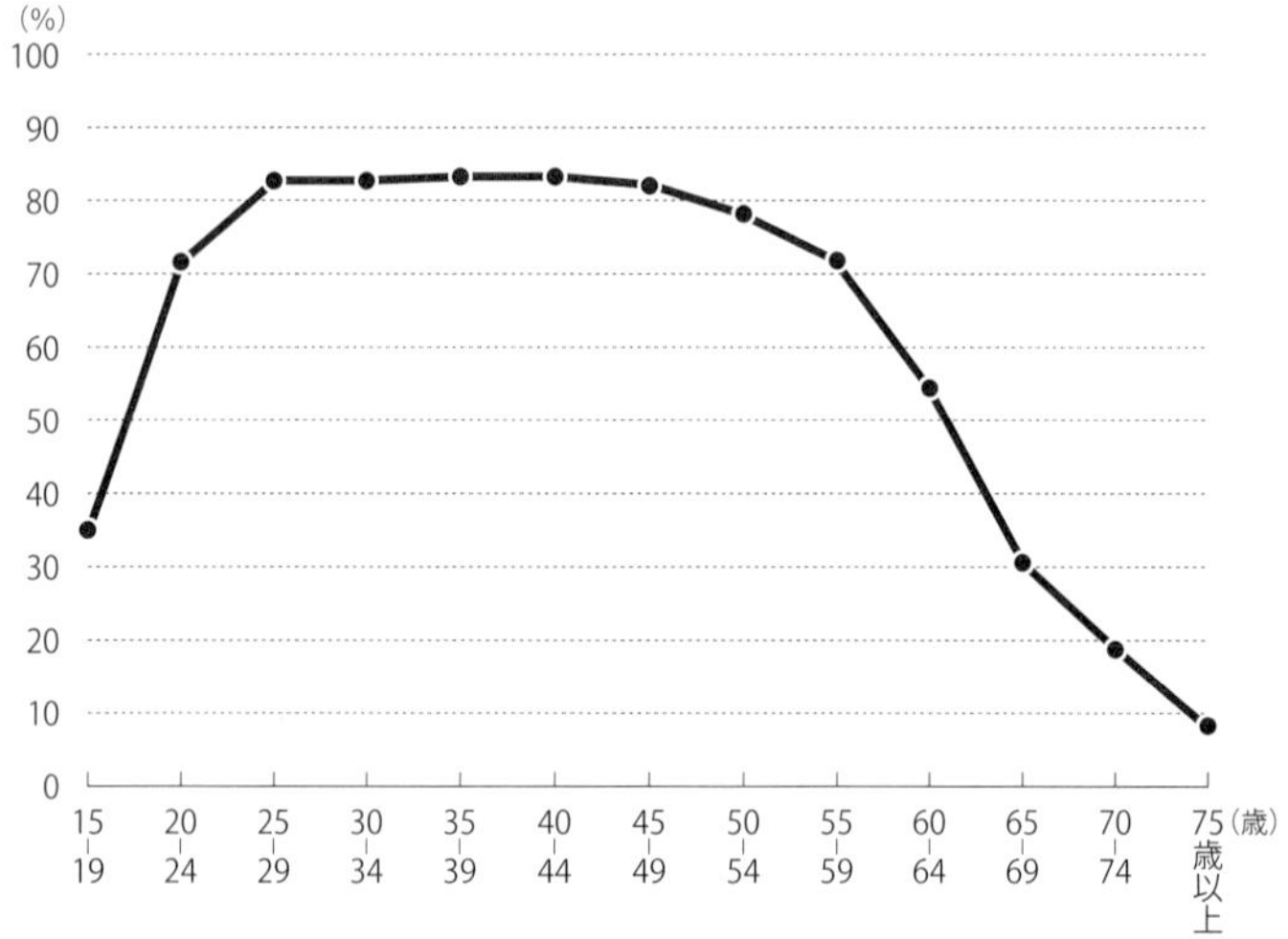

（出典）アメリカ労働省労働統計局

た。面接に呼ばれる確率は、29～31歳は19%、49～51歳は15%、64～66歳は12%だった。

　別の研究でも、同様の結果が得られている。62歳を超えている大卒者が失業して2年以内に再就職できる割合は、わずか50%。それに対し、25～39歳の大卒者の場合、その割合は80%を超す[19]。このような状況では、多くの高齢者が職探しを断念して労働市場から退出していくのも不思議ではない。2017年のアメリカのデータによれば、55歳を超えて職探しをしている人の3分の1以上は、失業状態が6カ月以上続いていた[20]。

　こうした状況を受けて、新しいタイプの移行を目指す人が出現しはじめている。昔なら、ある程度の年齢以上の人たちにとって、未来への計画と言えばもっぱら引退の計画だった。しかし、最近は、そのような年齢でみずからの生産性を高めようとする人が増えているのだ。その取り組みを成功させる土台になるのは、既存のスキルや強みに磨きをかけるために思い切った投資をすることだったり、やり甲斐を感じられる新しい分野を見つけて、その分野で必要なスキルを習得するために努力することだったりする。

その際にカギを握るのは、年齢を重ねるにつれて強化されるタイプの知能、すなわち結晶性知能を最大限活用することだ。具体的には、結晶性知能が求められるような仕事を探せばいい。流動性知能がますます人工知能（ＡＩ）に代替されやすくなることを考えると、労働市場における結晶性知能の強みは次第に大きくなるだろう。キャリア・コーチへの転身を目指すインは、まさにそのような移行を模索している。それを通じて、職に就ける可能性が高まるだけでなく、仕事を通じて得られる喜びも高まると期待しているのだ。

高齢者が雇われにくい状況に対処するために、もうひとつの新しい道を選ぶ人も増えている。それは、雇われずに働いたり、起業したりする道だ。起業は若者だけのものだという発想は、年齢差別的な先入観にすぎない。図4-3にあるように、新しい事業を始めた人の年齢別割合は、30歳未満より50歳以上のほうが大きい。それに輪をかけて特筆すべきなのは、40歳未満の起業家よりも、40歳以上の起業家によって設立された企業のほうが高い成長率を記録するケースが多いという点だ。(21)

もっと抜本的な移行を目指す人もいる。そうした人たちは、社会的な使命感を強くいだいて

図4-3　スタートアップ企業の創業者の年齢別割合

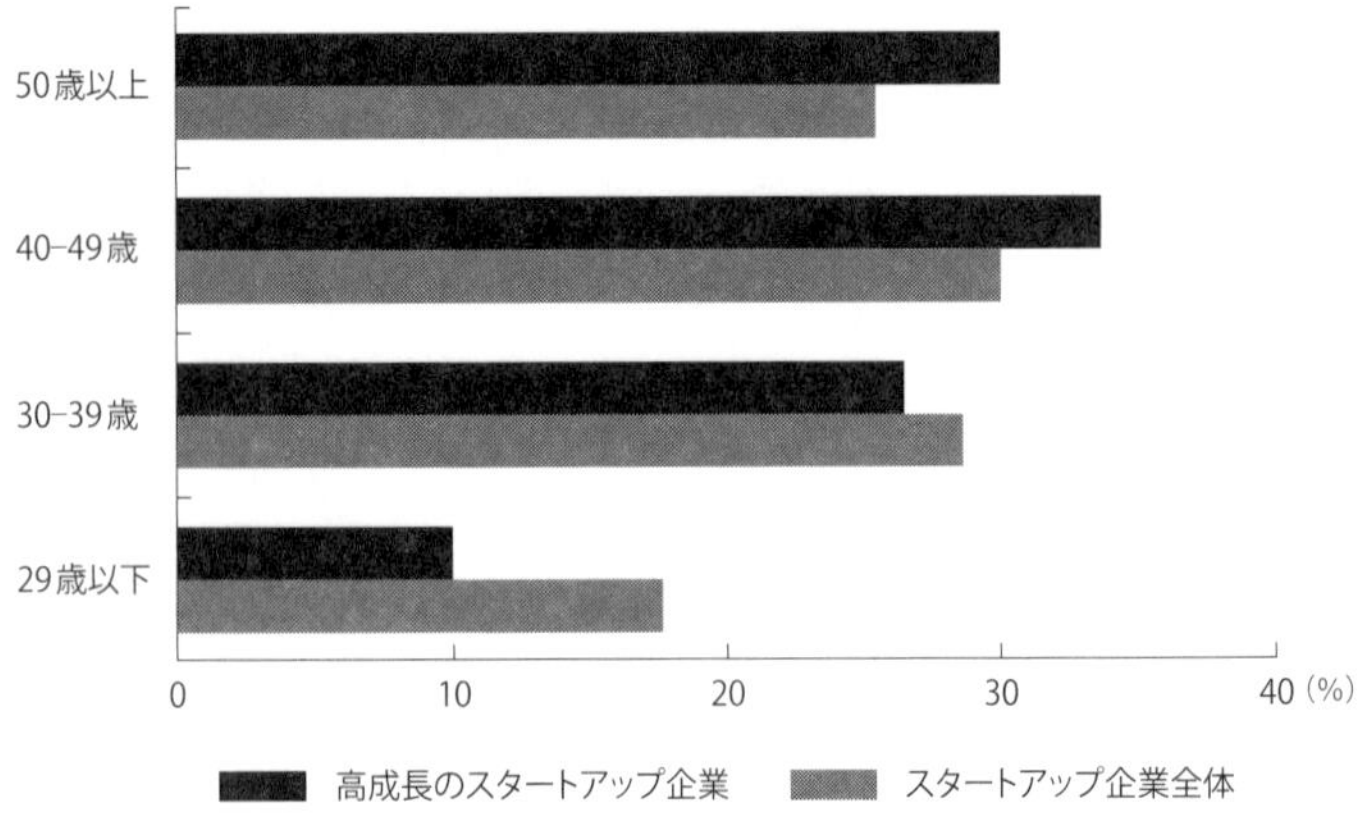

（出典）"Age and High-Growth Entrepreneurship" P. Azoulay, B. Jones, D. Kim, J. Miranda, NBER Working Paper No.24489, April 2018

いる場合が多い。ジャーナリストのルーシー・ケラウェイも、そのような選択をしたひとりだ。ケラウェイは58歳のとき、『フィナンシャル・タイムズ』紙での高い地位を捨てて、教師になるための研修を受けた。そして、「50代になってから、教師という最も尊い職業で第二のキャリアを踏み出したいと思うのは、私だけではないはず」と考えて、ナウ・ティーチという社会的企業も立ち上げた。

この団体では、ほかのキャリアで成功を収めた人が教師への転身を目指して研修を受けるのを支援している。「現状では、成功していたキャリアの幕を下ろしつつある人たちがほかの分野で有意義な活動をしたいと考えてもうまくいかず、途方もない才能の浪費が生じている」と、ケラウェイは言う。

ナウ・ティーチでは、ひとつのフルタイムの仕事から別のフルタイムの仕事に移るという大掛かりな移行を後押ししているが、社会的な使命を追求するためには、かならずしもその活動にフルタイムで携わったり、有給の仕事に就いたりする必要はない。選択肢はどんどん増えている。長く仕事を続け、ものごとに深く関わっている感覚をもつことが健康と幸福の維持につながるとすれば、引退後にいわばアンコール版のキャリアを追求することは魅力的な選択肢に思える。

移行を成功させることは簡単でないが、すでにもっているスキルを別の分野に応用すれば、いくらか負担が軽くなるかもしれない。前出の中高年人材支援組織アンコール・ドット・オーグによれば、アメリカでは、引退が近い年齢層の人の10％近くは、「情熱をもてて、やり甲斐があり、場合によっては収入も得られる」ような新しいキャリアを築こうと考えているという。

高齢期の移行――よい老い方をするために

3ステージの人生における仕事から引退への移行は、非常に大きな転換だった。平均寿命が75歳程度だった時代の人生の第3ステージと言えば、しばらく余暇の日々を過ごし、そのあと健康が悪化しはじめて、やがて人生最後の移行が訪れる、というパターンが普通だった。

しかし、状況は変わりはじめている。クライブのような最近の70代は、新しいタイプの移行が求められるようになった。しかし、それは簡単ではない。残された日々を最大限活用しなくてはならなくなったのだ。クライブに残された日々は、父親が同じ年代だった頃に比べてはるかに長い。年齢のインフレを考慮に入れて計算すると、71歳のクライブには、父親が60歳のときと同じだけの余命が残されている。

もちろん、話はそれほど単純ではない。長く生きる人が増えれば、同じ年齢でも人による違いが際立ってくる。哲学者のマーサ・ヌスバウムが老いに関する小論で賢明に指摘しているように、老いに関する議論では、健康状態や行動パターンが人によって大きく異なるという点を論じているものがあまりに少ない。(22)

新しいタイプの移行を成功させるために、それまでと同じように働き続ける人もいる。顧客と接する仕事に就いたり、自分と同年代の顧客をサポートする業務に携わったり、長年かけて積み上げてきた結晶性知能と知恵がものを言う職を選んだりする。医療、法曹、学術などの分野では、すでにそのような新しい動きの先頭に立っている社会的開拓者たちがいる。今後、同様の動きはさらに多くの業種に広がり、より幅広い層の人たちがそうした生き方を選ぶようになるだろう。

しかし、大半の人にとって、有給の仕事が生活に占める割合は縮小していく（いったん引退したあとで仕事に復帰する「脱引退」を実践する人も増えるだろうが）。平均寿命が大幅に上昇する時代には、人生の移行に関して未来志向の考え方をし、未来の「ありうる自己像」への投資を増やす覚悟をもたなくてはならない。ヌスバウムに言わせれば、そのような未来志向の考え方をすることは、人が老いる過程できわめて重要な意味をもつ。現在と未来に目を向けなくてはならないのだ。(23)

過去ばかり見ていると、慣れ切った行動をひたすら繰り返し、過去へのノスタルジアと後悔の感情だけで行動しかねないと、ヌスバウムは指摘する。クライブもいまを楽しみ、希望と期待をもって未来を見るのが賢明なのだろう。

そのような未来志向の移行を目指す高齢者にとっては、若いヒロキが乗り出そうとしている探索がお手本になるかもしれない。クライブは妻と一緒に、1年間のギャップイヤーを取って、世界を旅して親族や古い友人たちに会いに行ってもいいだろう。実際、そのような行動を取る人が増えている。近年におけるイギリスの旅行市場の成長は、大部分が65歳超の人たちの旅行需要によるものだ。ゴージャスなクルーズ船の旅だけではない。2018年、この年齢層が民泊仲介サービスのエアビーアンドビーを利用しておこなった宿泊予約の件数は66%増加した。いまの高齢者は、「拡大」の時期を生きはじめていると言えるだろう。みずからの活動を拡大させ、人的ネットワークを拡大させ、能力と友人関係を拡大させているのである。

こうした「拡大」へのニーズは、必然的に新しい社会構造と新しい機会を生み出す。ヌスバウムが述べているように、長生きする人がごく少数にとどまれば、そのような人たちは、社会のなかにまばらに存在するにすぎず、もっぱらそれぞれの家庭内で生きる可能性が高い。しかし、長く生きる人が多くなり、長寿者の数が社会で閾値を超えれば、そうした人たちは個人レベルでも集団レベルでも、これまでよりはるかに多様な選択肢を探索できるようになる。

すでにクライブは幅広い選択肢を探索しはじめている。たとえば、ウォーキング・フットボールのチームに加わった。これは、接触プレーがなく、走ることもないサッカーだ。このスポーツに魅力を感じたのは、仲間意識と競争心の両方を味わえるからだ。ジムでエクササイズに励むだけでは、孤独を感じずにいられなかったのである。

全英ウォーキング・フットボール連盟は発足してまだ数年しか経っていないが、早くも434ものクラブが加盟しており、その数はまだ増え続けている。ウォーキング・フットボール人気の高まりは、社会的開拓者たちの行動により、多様なライフスタイルを支える新たなコミュニティが形づくられる一例にすぎない。

難しいのは、こうした驚異的なまでに若々しい感覚と、やがて訪れる老化のリスクに備えようという意識の間で、適度なバランスを取ることだ。クライブは、同じ年齢だった頃の父親に比べて、自分に長い人生が残されていることを認識していて、その日々を健康に過ごしたいと願っている。しかし、その期待どおりにならない可能性があることも覚悟しなくてはならない。人生の晩年の日々に、未来志向の情熱をいだきつつも、悪い結果に見舞われた場合に備えておくという、繊細なバランスを取らなくてはならないのだ。

人生の晩年の重要性を考えるうえでは、ノーベル経済学賞受賞者のダニエル・カーネマンらの研究が参考になる。その研究では、実験参加者を2つのグループにわけ、いずれのグループにも14度の冷水のなかに60秒間、手を入れさせた。そのあと、片方のグループには、ただちに手を水の外に出させ、もう一方のグループには、さらに30秒間、手を水のなかに入れさせて、水温をゆっくり15度まで上げていった。すると、後者のグループのほうが実験参加者の満足度が高かった。不快な状態が長く継続するものの、最後に状況が改善するからだ。

カーネマンらが指摘しているように、「ある出来事に対する人の評価は、その出来事における最悪の経験と最終の経験に大きく左右される場合が多い」のである。[24] この点を考えると、よい人生を生きられたと思えるかどうかは、最晩年の経験によって決まる面もあると言えそうだ。「高齢者にとっては、いつ、何が原因で死ぬかも確かに重要だが、最大の関心事は、どこで、どのように死ぬかだ」と、老年学者のアンドリュー・エルダーは述べている。[25] 人生の終わりの日々は、きわめて重要な意味をもつのだ。

クライブは晩年に向けて金銭面の安定を確保し、みずからの元気と認知能力が衰える前に、資産の管理を託せる人物を見つけておく必要がある。人生の最後の日々をどこで過ごしたいか、どのようなコミュニティの一員でありたいか、友人や家族とどのくらい離れた場所で生きたいかも考えなくてはならない。

アメリカでは、60代後半から70代まで生きる人が増えはじめたとき、温暖なフロリダ州の海辺に引退者向けの居住地区が続々と出現した。このように同じ年齢層の人たちが集まるコミュニティで最後の「引退」のステージを生きることは、3ステージの人生では理にかなっていた。しかし、クライブの世代が高齢になり、それまでの世代より健康で活力のある老い方をするようになると、興味深い変化が起きはじめた。高齢者も都会暮らしを好むようになったのだ。若い世代と交流し、社会の実質的な一員でありたいと思っているからだ。そのため、今日の都市計画では、多くの世代が暮らしやすい町づくりが重要課題になりはじめている。

しかし、平均寿命が延びても、年齢を重ねるにつれて人が死に近づいていくという現実は変わらない。スタンフォード大学のローラ・カーステンセンは、社会情動的選択性理論でその点に光を当てた[26]。この理論によれば、人は年齢を重ねるにつれて、自分の未来に限りがあるという意識が強まり、未来志向の目標について考えるよりも、現在志向の活動に関心を向けるようになるという。このような考え方の変化は、加齢の直接的な結果というより、人生の終末が近づいてきたという認識の影響という面が大きい。

「老いのパラドックス」とでも呼ぶべき現象が見られるのは、こうした意識の変化が理由なのかもしれない。人々は肉体が衰えることを恐れるが、多くの人は高齢になっても幸福度が低下しない。むしろ、中年期よりも幸福度が高まるケースも少なくない。人生最後の移行を遂げた人たちは、情緒面で価値を見いだせる活動の比重が大きくなるからだと、カーステンセンは指摘する。高齢者は、活動量を縮小させ、減退しつつある情緒的・肉体的資源を、好ましい経験をもたらしやすい人間関係に注ぎはじめる。その結果、老いとともに肉体的・社会的に失われるものもあるが、それでも情緒的な幸福度は維持されたり向上したりするのだ。

これは、クライブが新しいタイプの移行を目指すうえで最も難しい点かもしれない。若々しい71歳であるクライブは、上の世代が同じ年頃だったときと比べて、残された人生の年数が長い。したがって、これまでの世代よりも未来志向でものを考えて、未来の自分のための投資を増やす必要がある。しかし、そんなクライブにも、やがて未来の可能性が狭まり、限られた範囲の活動に快適と喜びを見いだすときが来る。その日に備えることも忘れてはならないのだ。

この人生最後の移行は、人によって老い方が異なるせいでひときわ難しい。クライブは、同世代の人たちの行動に追従するのではなく、自分の気持ちを理解し、それに基づいて行動すべきだ。カーステンセンも指摘しているように、この人生の段階は、ある年齢を境に突然始まるようなものではない。ある程度の時間をかけて、少しずつ進行していくものだ。しかし、この段階が訪れることを恐れる必要はない。カーステンセンはこう述べている。「(老いれば) それなりにつらいこともあるし、失望を味わうこともある……しかし、そのような年齢になる頃には、人生のつらさよりも楽しさに目が向くようになっている」

あなたの探索の取り組み

探索と学習の面で、未来の「ありうる自己像」に関するあなたの考え方は妥当だろうか。この点を検討する際は、未来を予測しようとするより、みずからが目指す未来を構築して探索するうえでどのようなステップが必要かという理解を深めることを重んじるべきだ。あなたの人生計画を機能させるためには、どのようなことが必要なのか。思い描いている人生の好ましい要素を最大化するには、どうすればいいのか。

移行を成功させる

いま、あなたが念頭に置いている進路について考えてみてほしい。おそらく、その道を歩む過程では、いくつもの移行を遂げることが前提になっているだろう。新しい職種に転身したり、キャリアを全面的に転換させたり、住む地域や国を変えたりすることも考えているかもしれない。その進路について、次の問いを検討してみよう。

＊私は十分に探索をおこなっているか?

未来の移行に向けて、自分のストーリーの幅を広げ、探索をおこなう準備ができているか。未来の選択肢を狭めてはいないか。未来の可能性について幅広い助言を求めているか。現在の自己像だけでなく、未来の「ありうる自己像」の観点でも、未来を考えているか。

＊私は人生の計画を修正するのに役立つ人的ネットワークを築けているか?

いまあなたは、未来への計画をできる限り具体的に描き出しているに違いない。しかし、時間が経てば、その計画は変更や修正が避けられない。というより、変更や修正をおこなったほうがいい。そこで、いま想定している未来の人生のステージで、人的ネットワークの活力と広がりを維持し、計画の検証と修正をおこなうことが可能かを考えよう。

人生のあらゆるステージで学習の機会を設ける

人生のすべてのステージで学習に大きな投資をすれば、あなたが検討している人生の計画がうまくいく可能性が高まる。

＊私はどのように感じるか？

いま思い描いている進路とステージのひとつひとつについて、よく考えてみよう。あなたはどのように感じるだろうか。内面からモチベーションが湧き上がり、主体的に学習できそうだろうか。激しいストレスにさらされて、主体的な姿勢をいだけない状態でも、ひとつのステージだけなら乗り切れるかもしれない。しかし、複数のステージを乗り切るのは無理がある。

＊十分に学習できるか？

計画している人生のステージすべてを細かく検討し、それぞれのステージで何を学ぶことになるかを考えよう。人生のなかには、経験の幅が大きく広がり、刺激的な人たちに囲まれて過ごせる可能性が高い時期がある。このように学習量が多いステージは、人生においてきわめて重要な意味をもつ。そうしたステージを大切にしよう。

＊足場を築けるか？

未来の選択肢を支える足場を築くために、スキル、能力、人的ネットワークをはぐくむ必要がある。計画している人生のステージすべてを点検し、それぞれのステージでどのくらい足場を築けそうかを見極めよう。すべてのステージで足場を築くための活動をする必要はないが、人生全体でそのような機会があまりに少なければ、未来の選択肢が狭まってしまう。その点は肝に銘じておくべきだ。

学習できる場を確保する

どのように自分の空間をつくり、どのような土地で暮らすかによって、どのくらい学習できるかが影響を受ける。

＊学習に適した場をつくっているか？

人生のそれぞれのステージで、自分がどのように生きるかを確認しよう。学習が促進されるような場をつくれるだろうか。

＊どこに住むか？

生涯の間には、学習を促進するために人材のクラスター（集積地）で生活するべき時期があるかもしれない。一方、そうしなくても学習できる時期もあるだろう。それぞれの時期の人生のリズムを意識しよう。

第5章

関係——深い結びつきをつくり出す

歴史を通じて、人はつねに支え合いながら生きてきた。人類が成功を収めるうえでカギを握ってきた要素は、集団で行動し、協働する能力だった。(1) 人生の期間が長くなり、移行の機会が増えつつあるなかで、私たちはほかの人たちとの関係をどのように築き、維持すべきかを考え直す必要がある。マルチステージの人生は、柔軟性が高く、成長と進化を遂げるチャンスも多い。しかし、人間関係を深めるために投資しなければ、移行の回数が増える結果として人生が細切れになる危険が出てくる。自己の意識とアイデンティティを見失い、漂流状態に陥りかねないのだ。

私たちの人間関係の核を成すのは家族だ。パートナー、両親、親族との関係は、人生のいくつものステージにまたがって続く可能性がある。ほとんどの人は、親を大切にし、子どもたちに成功してほしいと願っている。わが子がせめて自分と同じくらい、できれば自分よりいい暮らしをすることを望む。一方、平均寿命が延び、子どもの数が減っている結果、家族の構造は、ピラミッド型からビーンポール（豆などのつる植物の支柱）型に変わりつつある。きょうだいの数が少なくなり、家族内に多くの世代が共存するようになっているのだ。こうした変化に伴い、新しい問いも持ち上がっている。たとえば、曾祖父や曾祖母の世話は誰がすべきか、といったことだ。

家族という核の外側には、親しい友人たちがいる。そのような友情は、しばしば何十年も続く。第3章で紹介したハーバード大学医学大学院のグラント研究が明らかにしたように、親しい友人は人の幸福度と人生への満足度を大きく左右することがある。

その外側には、それほど長期的ではない人的ネットワークが存在する。この種の人間関係は、仕事と娯楽の両面でメンターやロールモデルの供給源となり、学習のプロセスで重要な役割を果たす場合がある。頻繁に移行を経験するマルチステージの人生では、前のステージではぐくんだ人間関係を維持し、それに投資し続けるために、より多くの努力と積極的関与と目的意識が必要とされる。また、自宅で仕事をしているラディカは、仕事上のコミュニティを築こうと思えば、わざわざ時間を割かなくてはならない。その点、従来型の職場で働く友人たちは、とくに意識的に努力しなくてもそのようなコミュニティをはぐくめる。

その外側に位置するのは、地域コミュニティと隣人たちだ。地域コミュニティの一員となり、馴染みの面々と顔を合わせれば、喜びを感じられるだろう。そして、そのさらに外側には、いくつもの地域コミュニティの相互作用により形づくられる社会が存在する。私たちの行動を決める社会規範や伝統の類いは、そうした社会によって暗黙のうちにつくり出される。しかし、オンライン上の活動の比重が大きくなると、人と人の出会いの性格も大きく変わらざるをえない。インターネットは、同じような関心をもつ人たちを結びつけることに長けている。それが素晴らしい機能であることは間違いないが、それと引き換えに社会の分断に拍車がかかり、伝統的なコミュニティ活動が停滞しかねない。

こうしたすべての人間関係に関わってくるのが世代間の関係だ。長寿化により、同時にいくつもの世代が共存するようになり、人生のあり方に関する世代間の考え方の違いがいっそう際立ってくる。若い世代は、新しい生き方を見いださなくてはならない。しかし、若者たちが新しい生き方を実践しようとすれば、世代間の摩擦が強まる。それが政治的対立に発展することを避けるためには、単純な偏見と固定観念に基づいた世代観をもつのではなく、若者と高齢者の間に新しい社会的・経済的パートナーシップをはぐくむ必要がある。

家族

ある人が人生でどのくらい成功できるかは、家族との関係に影響を受ける面もある。やさしく支えてくれる家族は、世界の激変に対する緩衝材の役割を果たせる。それに、家族のメンバーが時間やその他の資源を共有できれば、誰かが病気になったり職を失ったりしたときの「保険」になるし、育児や介護をおこないやすくなる。こうした家族の機能は、平均寿命が延び、テクノロジーが激しい変化をもたらし、マルチステージの人生でキャリアの移行が増える時代に、いっそう重要性が増す。

家族の基本的な機能は多くが万国共通だが、国による文化的・社会的な違いも大きい。ラディカはフリーランスとして働いているが、インドで金銭報酬を伴う仕事に就いている女性は30%にすぎない。その点で、ラディカは社会の少数派だ。一方、マドカは恋人のヒロキとバランスの取れた夫婦関係を築こうとしているが、現状では、多くの日本人男性は育児を自分の役割と考えていない。

もっとも、国による違いは固定的なものではない。長寿化の進展やテクノロジーの進化などの要因に突き動かされた文化と社会の変化により、状況は変わりはじめている。たとえば、いま日本では、社会における女性の役割について活発な議論がなされている。ヒロキとマドカが将来どのように家庭を築き、子どもを育てるかは、この議論の行方に大きく影響されるだろう。このような議論がもつ意味は大きい。長寿化と人生のマルチステージ化が進むにつれて、家族のあり方が変わりはじめているからだ。家族を長期的な人間関係の核と位置づけ、家族のメンバーが資源を共有することにより、長い人生を生き抜くのを助け合い、いざというときに支え合えるようにしたいと思えば、家族の機能を見直すことが避けて通れない。そして、そのためには社会的発明と社会的開拓者精神が不可欠だ。

結婚の時期が遅くなる

人生が長くなるにつれて、人々は人生の重要な決断を遅らせるようになった。その傾向が最もはっきりあらわれているのが結婚だ。1890年、アメリカ人女性の結婚年齢の中央値は22歳だった。それが現在は28歳まで上昇している。[2] 日本のヒロキやマドカの友人たちのなかでも、30歳までに結婚した人はほとんどいない。最も結婚が遅いのはスウェーデンだ。結婚年齢の中央値は、男性が37歳、女性が34歳となっている(ちなみに、インドは男性が23歳、女性が19歳)。

結婚しないことを選択する人も増えている。1970年代の日本では、未婚の人はきわめて珍しい存在だった。当時、50歳を超す男性のうち、未婚の人の割合は50人に1人にすぎなかった。それがいまは4人に1人に達している。この割合は、女性も33人に1人から7人に1人に増加している。[3]

ラディカやマドカが同性の友人たちと交わす会話では、女性が結婚することのメリットとデメリットがしばしば話題に上る。ラディカはキャリアを優先させたいと考えていて、現時点で結婚相手を決めたいとは思っていない。このような選択をする女性が増えはじめた一因は、女性の経済的自立が進んだことにある。女性にとって、結婚することの経済的メリットが昔ほど魅力的に見えなくなっているのだ。また、テクノロジーの進歩も関係している。ラディカは、キャリアを追求して収入を得ながら、日々の家事の負担を軽減するために、電子レンジや冷蔵庫、食品宅配サービスなどを活用することができる。それに、所得が増えると、人はプライバシーと自立を欲するようになることも明らかになっている。

このような変化が進むなかで、独身生活を好ましい選択肢と位置づける社会的ストーリーが目立ちはじめたことは意外でない。社会心理学者のベラ・デパウロがＴＥＤ講演で指摘したように、結婚を理想化する社会規範はいまも根強いが、独身女性たちは新しい道を切り開き、古い規範と制約を跳ね返そうとしている。デパウロによれば、今日の独身者たちは、古い核家族モデルから脱却し、21世紀型の絆や親密な関係をつくり出しつつある。(4) 一般的なイメージに反し、独身者は概して友人や家族との結びつきが強い。同棲や結婚をしているカップルは、社会と切り離されたり、人的ネットワークが狭まったりする場合があるという研究もあるが、独身者はそのような状態に陥っていないように見える。

増加しているのは、単身世帯だけではない。ひとり親世帯も増えている。実は、成人の死亡率が高かった17～18世紀には、全体の3分の1から2分の1程度の世帯がひとり親世帯だった。その後、平均寿命が延びるにつれて、両親が健在な世帯が多くなった。しかし、ひとり親世帯の割合は、再び増加しはじめている。離婚率が上昇していることに加えて、同棲を選択するカップルが増えていることも影響している。同棲カップルは、結婚しているカップルより破局のリスクが大きいのだ。アフリカと中南米・カリブ地域では、すべての世帯の30％前後がひとり親世帯だ。この割合は、ヨーロッパは20％、アメリカは28％、アジアは13％となっている。いずれの国でも、ひとり親世帯の圧倒的大多数がシングルマザー世帯だ。

エステルが身をもって経験しているように、ひとり親世帯の生活はときとして厳しい。そのような世帯の経済状態はきわめて脆弱だ。ひとり親世帯の子どもが貧困状態にある割合は、ふたり親世帯の子どもの2倍に上る。エステルは離婚して幸せになった。しかし、前夫からの養育費はスズメの涙ほどにすぎず、自分が働いて稼がなくてはならないし、ひとりで子どもの世話もしなくてはならない。そのため、とくに年長の家族や親族、友人に頼っている。

そうした支援には感謝しているが、自分が病気になったり失業したりすれば、非常に厳しい状況に追い込まれることも自覚している。自分が働いている間は、親や親族の助けを借りて生きていけるが、マルチステージの人生ではもっと大きな移行が必要になる可能性もある。そうした移行を支える余力が親や親族にあるとは言い切れない。

子どもの数が減り、高齢の家族や親族が増える

人々の結婚年齢が遅くなるのに伴い、子どもをつくる年齢も遅くなっている。第一子をつくる平均年齢は、日本では31歳、アメリカでは27歳だ。イギリスでは、20歳未満の女性の出産率よりも、40代女性の出産率のほうが高くなっている。

女性が生涯に産む子どもの数も減っている。そもそも子どもを産まない女性も増えている。1940年代には、先進国でも子どもをもたない人は少なかった。40歳超で子どもがいない人の割合は、およそ10%にすぎなかった。それがいまは15~20%に上昇している。日本では、1953年生まれの女性のうちで子どもがいない人の割合は10人に1人だが、1970年生まれの女性の場合は、4人に1人が子どもをもっていない。

インドで暮らすラディカも、子どもをつくるべきか迷っている。出産と育児の負担がいかに重いかは、友人たちの話を聞いてよく知っている。キャリアと家庭を両立するのは至難の業だ。一方、生殖医療の進歩により、子づくりの決断を40代まで延ばせるようになるのではないかとも期待している。

インドの農村部で暮らすラディカの祖父母にとって、子どもをつくることは、農作業の働き手を確保し、老後の生活を資金面で支えてくれる存在をつくるという意味できわめて重要だった。しかし、経済学者のシェリー・ランドバーグとロバート・ポラックが指摘するように、「親

にとって子づくりの狭い意味での経済的メリットが弱まるにつれて、子どもは投資商品というより、高価な耐久消費財のような性格が強まっている」[5]。

その結果、ラディカ、ヒロキ、マドカは20代の間、自分にどのような選択肢があるかを検討し、スキルや人的ネットワークの足場を築くことに時間を費やす可能性が高い。子どもをつくるなど、旧来の大人としての人生を歩みはじめることはまだなさそうだ。この世代は、新しいタイプの人生のステージを生きはじめている。そのステージでは、親の家に住み続ける人も少なくない。トムの息子はすでに成人しているが、いまも同じ家で生活している。アメリカでは、この130年間ではじめて、18～34歳の層で「実家暮らし」の割合が最も多くなっている。

子づくりの年齢が遅くなり、子どもの数も減り、しかも人生が長くなる結果、ヒロキとマドカはそれ以前の世代に比べて、人生に占める子育て期間の割合が小さくなる。その代わりに、キャリアや余暇活動に費やせる時間が増える。一方、もうひとつ見落とせないのは、家庭内でより多くの世代が同居するようになることだ。2030年までにアメリカの8歳児の70％以上が存命の曾祖父や曾祖母をもつようになるとの推計もある[6]。

この点は、ヒロキとマドカが携わるケア活動の性格に大きな影響を及ぼす。育児に費やす時間が減る半面、親や祖父母や曾祖父母の介護に費やす時間が増えていくのだ。このような多世代型の家族が増え、離婚や再婚を通じて家族のメンバーが混ざり合うケースも増えるにつれて、家族の責任に関して重要な問いが持ち上がってくる。トムの父親は晩年に再婚し、フロリダ州に移住して3年前に死去した。トムは、父親の再婚相手のことはあまりよく知らない。その女性は父親と暮らしていた家を引き払い、いまはひとりで暮らしているとのことだが、父親の葬儀以来、一度も会っていないのだ。この義理の母親に対して、トムはどのような責任を負うべきなのか。

出生率が下落する結果として、訪ねてくれたり、世話をしてくれたりする親族がほとんどいない高齢者の割合も高まるだろう。そうなれば、家族は、高齢の親族の世話をするという昔ながらの役割を果たせなくなる。そこで、社会的発明が必要になる。すでに、新しい「家族」のあり方をつくり出すことにより、新たな解決策を模索している人たちもいる。中国の広東省広州に暮らす7人の30代女性は、一緒に家を購入し、生涯にわたり共同生活を送ろうと考えている。(7) 既存の家族のあり方では、いざというときの保険と資源の共有というニーズを満たせなくなりはじめている。新しい家族のあり方が生まれることは必然なのだ。

家族の就労パターンが変わる

さまざまな家電が登場して家事労働の負担が減ったこと、そして避妊薬が進歩して、子づくりを主体的に計画しやすくなったことにより、有給の職に就く女性は昔より多くなった。1920年の時点では、アメリカの女性の3人に1人、イギリスの女性の5人に1人しか有給の職に就いていなかった。現在、この割合は5人中3人に上昇している。アイスランドでは、

5人中4人近くの女性が仕事で金銭報酬を得ている。家事の負担を軽減するテクノロジーが続々と出現し、女性の結婚年齢が高くなり、生涯に産む子どもの数が減る傾向が続いている。その一方で、マルチステージの生き方が当たり前になり、職業人生はいっそう長くなるだろう。こうした点を考えると、仕事をもつ女性の割合は、世界中でさらに増える可能性が高い。

マドカとヒロキは、2人でどのような人生を歩みたいかについて、2つの基本方針で意見が一致している。ひとつは、楽しくて充実した人生を送ること。もうひとつは、2人とも家庭生活で積極的な役割を果たすことだ。マドカは、自分がキャリアを追求しながら子どもをもつためには、ヒロキが子育てに積極的に参加することが不可欠だと考えている。一方、ヒロキにとって、家庭で積極的な役割を担うのはマドカのためだけではない。ヒロキ自身、自分の父親よりも育児に深く関わりたいと思っている。そこで、マドカとヒロキは、双方がそれぞれのキャリアを追求しやすく、しかも名実ともに共同で育児に携われるような柔軟性のある関係を築く必要がある。性別で役割が決まらない関係をはぐくみたいと、2人は思っている。

マドカは、母親とはまったく異なる人生を送ることになるだろう。マドカの母親は結婚と同時に会社を辞めて、その後も主婦として子どもたちの世話を続けた。1950年頃までは、欧米の多くの国でも、このような女性の生き方が当たり前だった。言うなれば「結婚禁止制度」が存在する職場が珍しくなく、公式・非公式のルールにより、結婚した女性は退職に追い込まれていたのである。既婚の女性は夫に養ってもらえるので働く必要がなく、もし働くとすれば、

図5-1 日本とアメリカの女性の労働参加率（年齢別・世代別）[8]

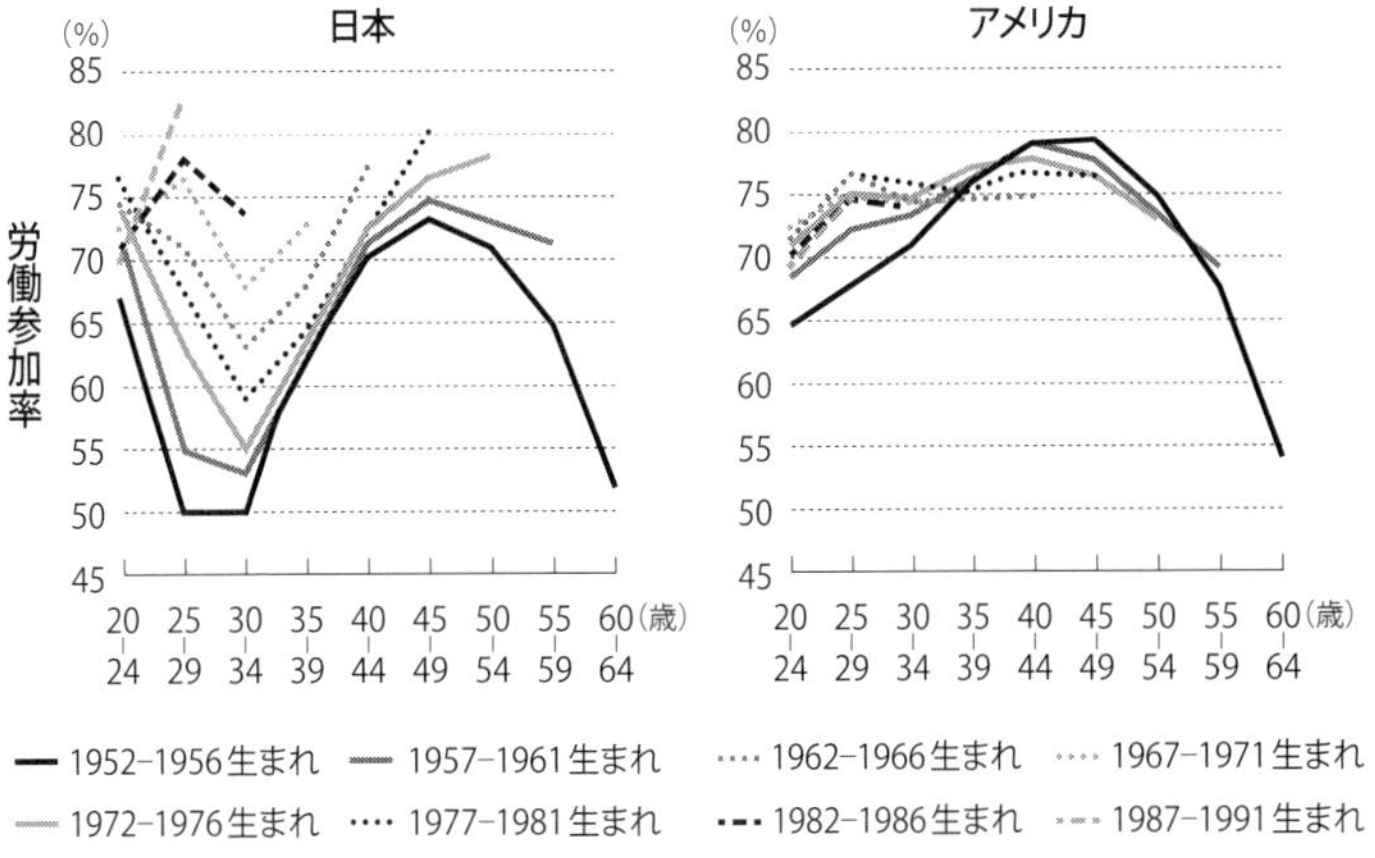

（出典）The Hamilton Project at Brookings

家族を養わなくてはならない男性の雇用を奪うことになると考えられていたのだ。

それでも、子どもが大きくなると、日本の女性たちも——マドカの母親のように、ほとんどの場合はパートタイムという形だったが——仕事を再開するケースが多かった。その結果、日本女性の年齢別労働参加率は、結婚・出産の多い年齢層で大きく落ち込み、その後再び上昇する。これをグラフ化すると、明確な「M字カーブ」になる。

しかし、状況は変わりはじめている。図5-1に示したように、最近の若い日本人女性の動向は、同世代のアメリカ人女性とよく似てきている。というより、日本の若い女性のほうがフルタイムの職に就いている割合は大きい。年齢層を問わず、これほど多くの日本人女性が職をもつことを望んだ時代は、過去になかった。マドカも、母親と違ってキャリアを追求し続けるつもりでいる。

もっとも、それは簡単ではないだろう。日本企業の勤務形態はしばしば柔軟性に欠けるし、職に就く女性が増えたとはいっても、女性たちが就いている職の性格は、いまだに男性とはかなり異なる。現在、日本では22～65歳の女性の75%が職をもっているが、4分の1はパートタイムだ（男性の場合、パートタイムで働いている人の割合は10%）。その結果、女性は所得が少なく、将来の年金受給額も少なく、昇進の機会も少ない。これは、日本だけの特殊な現象ではない。経済協力開発機構（OECD）加盟国全体で見ても、すべての働き手の半分近くを女性が占めているが、管理職に占める女性の割合は30%に満たない。日本では、この割合は10%程度にとどまっている。つまり、女性たちは、ジョブ（働き口）はもっていても、キャリアは築けていないのだ。

この状況は、労働市場のあらゆる側面に影響を及ぼしている。OECD加盟国における女性の平均所得は男性より14%少ない。パートナーの男性より高学歴の女性でも、パートナーより所得が高い人は36%しかいない。この傾向に拍車をかけているのは、男女が働く業種の違いだ。女性は男性に比べて、ヘルスケア、教育、サービス業など、低賃金の職に就いているケースが多い。一方、金融など高給の職は、男性の割合が圧倒的に大きい。

男女の賃金格差は、若いカップルが夫婦の役割分担を話し合う際に無視できない要素だ。マドカの生涯所得がヒロキより少ないと予想されるとすれば、経済的な理由により、マドカは自分のキャリアよりヒロキのキャリアを優先させるべきだと強く感じざるをえない。男女の生涯所得が同等と予想できてはじめて、夫婦が稼ぎ手の役割と家事や育児の役割を等しく分担しようと考えることが当たり前になる。

世界は、ゆっくりとではあるが、変わりつつある。ロンドン大学キングス・カレッジのアリソン・ウルフが指摘しているように、男性との賃金格差が最も小さいのは、学歴が最も高い層の女性たちだ。[9] ウルフによれば、大学卒の女性は概して子どもの数が少ないため（そもそも結婚しなかったり、子どもをつくらなかったりする人も多い）、出産後も仕事を離れる期間が短いことが理由だという。ここから明らかなように、女性が男性と同様の職場人生を生きるようになれば、男性と同等の賃金を受け取れる可能性が高まる。

一方、近年は低所得の世帯でも、稼ぎ手としての女性の役割が大きくなりはじめている。有給の職に就いている男性の割合が多くの国で下落傾向にあるからだ。オーストラリア、フランス、ドイツでは、25～64歳の男性の約10人に1人が有給の職に就いていない。この割合は、アメリカでは8人に1人に上る。近年のアメリカで失業率がきわめて低い水準にあることを考えると、奇妙な現象に思えるかもしれないが、現在、雇用されている男性の割合は大恐慌時代を下回っているのである。[10]

家族のケアに専念する男性が増えていることがその原因なのではないか、と考える人もいるかもしれない。しかし、それが大きな要因だとは考えにくい。職に就かずに子どもの世話をする男性の割合が上昇傾向にあることは事実だが、その割合はまだきわめて小さい。それよりも、高度なスキルを必要とされない「男性的」な職が少なくなったことが影響している可能性のほうが大きい。

ブルッキングス研究所のデイヴィッド・ウェッセルの言葉を借りれば、「頑丈な背骨と好ましい態度の持ち主というだけでは、よい職に就けない時代になった」のである。[11] その結果、職業人生の長期化とテクノロジーの進化が進むにつれて、教育レベルの低いカップルでは女性が主たる稼ぎ手を務めるケースが増えていくだろう。その傾向は、夫婦が年齢を重ねるほど強まっていくと思われる。

支え合いの関係

家族に関する社会規範が変われば、家族のあり方が多様化し、生き方の選択肢も増える。古い結婚観が大きく変わり、社会的開拓者たちの活躍の余地が広がるのだ。新しいパートナーシップの形態が生まれて、カップルが一緒に人生を送って子どもを育てるための新しい方法が見いだされるだろう。

それでも、人間の本質は愛することと愛されることにあるという点は変わらない。伝統的な結婚のあり方が崩れたあとも、揺るぎない絆で結ばれた関係を築きたいという人々の思いは強まりこそすれ、弱まることはないだろう。その願いを実現するためには、カップルが相互依存を強める必要がある。マルチステージの人生に対応するための調整は容易でなく、選択肢も増えるからだ。また、カップルの対話と交渉がこれまで以上に必要になる。誰もが当然に従うような社会規範が存在しなくなれば、それぞれのカップルが自分たちにとって有効な生き方を見いださなくてはならない。

選択肢と向き合う

ものごとが大きく変化し、選択肢が増えて、状況が複雑化しているため、マドカ、ヒロキ、ラディカは、いまどのような選択をすれば、将来どのような結果になりそうかを見極めることが難しくなっている。しかし、重大な選択をしなくてはならない局面はかならず訪れる。未来の「ありうる自己像」の種類が変わり、過去の経験や社会の伝統があまり参考にならない状況で、重い選択をしなくてはならないのだ。マドカ、ヒロキ、ラディカにとっては、どのように人生のパートナーを選ぶかも、そうした重要な選択のひとつだ。

いま独身のラディカは、30代まで結婚せず、それ以降はパートナーと一緒に暮らし、子どもを育て、やり甲斐を感じられる仕事を続けたいと思っている。このような「ありうる自己像」を思い描いた場合、いまラディカはどのような選択をすべきなのか。望みどおりの未来を迎えられる可能性を高めるために、どのような道を選べばいいのだろうか。

母親が送ってきた人生は、ラディカの人生とはだいぶ違う。それでも、母親の世代の経験が参考になる面もある。ニューヨーク大学のキャスリーン・ガーソンの研究では、過去の世代がどのような選択をしたかに光を当てた。この研究によれば、調査対象になったアメリカ人女性たちが１９７０年代におこなった選択は、今日にいたるまでこの女性たちの人生に影響を及ぼし続けていた[12]。

ガーソンの研究によると、調査対象の女性たちが現在置かれている状況は、１９７０年代当時におこなった選択のさまざまな要素に強く影響を受けている。そうした要素のひとつは、人生におけるタイミングだ。女性たちが何歳で結婚と出産を経験するかにより、キャリアを築くかどうかが大きく左右されていた。そして、キャリアを追求した女性は、結婚している人の割合が小さく、結婚している場合も結婚が遅かった。また、職をもっている女性の40％は子どもがいない。子どもがいるとしても、４人以上いるケースはほとんどない。

女性たちの未来に大きな影響を及ぼしたもうひとつの要素は、どのような相手と結婚するかという選択だ。パートナーの支援を受けられた女性は、仕事を続ける割合が大きかった。それに対し、職をもつことをパートナーから反対された女性は、すぐに仕事を辞めてしまったケースが多い。

このほかには、女性たちの教育レベルの影響も見られた。大学卒以上の女性は、仕事を続ける割合が大きかったのだ。また、自分ではどうすることもできない運命の影響もある。自分自身や両親などの近しい親族が長期の闘病をしている女性は、仕事を辞めるケースが多かった。

女性たちが1970年代におこなった選択は、彼女たちのその後の人生に大きな影響を及ぼしたのである。現在の20代女性にとって、結婚や出産のタイミング、パートナーの選択、教育への投資がもたらす影響は、1970年代とはかなり異なるかもしれない。実際、ラディカの選択肢はこの世代より多い。フリーランスで働く道もある。そうした働き方をすれば、柔軟性が高まり、おそらくパートナー候補の選択肢も広がるだろう。しかし、母親世代の経験を見る限り、人生の早い段階での選択は、ラディカも慎重におこなったほうが賢明だと言えそうだ。

ストーリーを共有する

ヒロキとマドカは、家庭での役割を共同で担うべく真剣に話し合っている。そうした対話を通じてはっきり見えてきたのは、2人が強く依存し合う関係にあるということだ。もちろん、2人の両親も互いに依存し合っていた。夫婦のそれぞれが特定の役割に特化し、男性が稼ぎ手の役割を、女性が家事と育児の役割を担うという形を取っていたが、夫婦の片方だけでは不完全で、どちらも相手と無関係に行動していたわけではなかったのだ。しかし、ヒロキとマドカは、より強く結びつき、より深い相互依存関係を築く必要がある。

2人は社会的開拓者として、新しいパートナー関係を切り開かなくてはならない。キャリア＋ジョブ（片方が本格的にキャリアを追求し、もう片方が単なる生計の手段としての職に就く）や、キャリア＋ケアラー（片方がキャリアを追求し、もう片方が家族のケアに専念する）ではなく、キャリア＋キャリア（両方がキャリアを追求する）を可能にする必要があるのだ。2人が両方ともキャリアの目標を達成し、しかも子育ても成功させる方法は、いくつもある。しかし、2人が意識的に相互依存関係をはぐくまなければ、選択肢と柔軟性が高まることの結果として、むしろ家族が崩壊しかねない。

マドカとヒロキが築こうとする関係は、既存の社会規範に従うのではなく、自分たちの未来を考えて関係をはぐくむという点で、社会学者のアンソニー・ギデンズが言う「純粋な関係性」の一種とみなせるかもしれない。男女の役割分業や育児上のニーズなど、社会・経済生活に関わる外的条件に制約されることがなく、いわば「自由に浮動」する関係なのだ。このような新しい関係は、社会慣習よりも当事者2人の選択によって形づくられる。

マドカとヒロキにとって、それはお手軽な道とは言えない。深く考えずに、旧来の夫婦関係で有効だったアプローチに従っても、好ましい結果は得られない。2人で突き詰めて対話し、自分たちが何を望むのかを話し合い、どのような生き方が可能なのか――そして、今後可能にしていけるのか――というストーリーを共有する必要がある。ひとことで言えば、「内省」が不可欠なのだ。(13) 自分たちにとって何が重要かをじっくり考えて話し合い、自分たちが何を望むかについて考え方をすり合わせ、どのような行動を相手に約束するかを決めなくてはならない。そのような選択は、自分たちのニーズと欲求、そして世界の状況を反映させる形でおこなうことが重要だ。

ニューヨーク大学のジュディス・ステイシーが指摘しているように、マドカとヒロキだけでなく、世界中の人たちが新しい家族のあり方を築くことに前向きになっている。[14] その変化はけっして小さなものではない。いま壮大な実験がおこなわれていて、パートナー同士の関係が大きく様変わりしつつあるのだ。その背景には、人々の欲求が急速に変化しているにもかかわらず、社会の制度的規範が追いついていないという現実がある。

このような時代に生きる人たちは、みずからが望むような家族のあり方を築きやすい。制度的規範が確立されていない状況では、自分がどうしたいかを自分で決めて、その欲求に基づいて行動できる余地が広がるからだ。[15] 自分の好奇心の対象、自分の周囲で起きている変化、未来に関する自分なりの判断に基づいて、自分で進路を選び取ることができる。

そうした新しい進路について考えるために、第4章で示したヒロキの「ありうる自己像」と人生の進路を再び見てみよう（図4-1）。ヒロキは、父親が望ましいと考える道に進んで、その道を歩き続けてもいい。あるいは、別の道に進んでさまざまな選択肢を手にし、世界を旅したり、自分のビジネスを立ち上げたりすることもできる。

しかし、そこで検討したのは、あくまでもひとりの物語でしかない。第4章でヒロキの「ありうる自己像」を検討したとき、ヒロキがマドカと一緒に暮らし、マドカも自分のキャリアを築きたいと考える可能性は考慮に入れていなかった。相互依存的ではなく、独立した人生を生きるものと想定していたと言ってもいいだろう。それは、ひとりの物語であり、2人で共有す

図5-2　マドカとヒロキの人生のストーリー

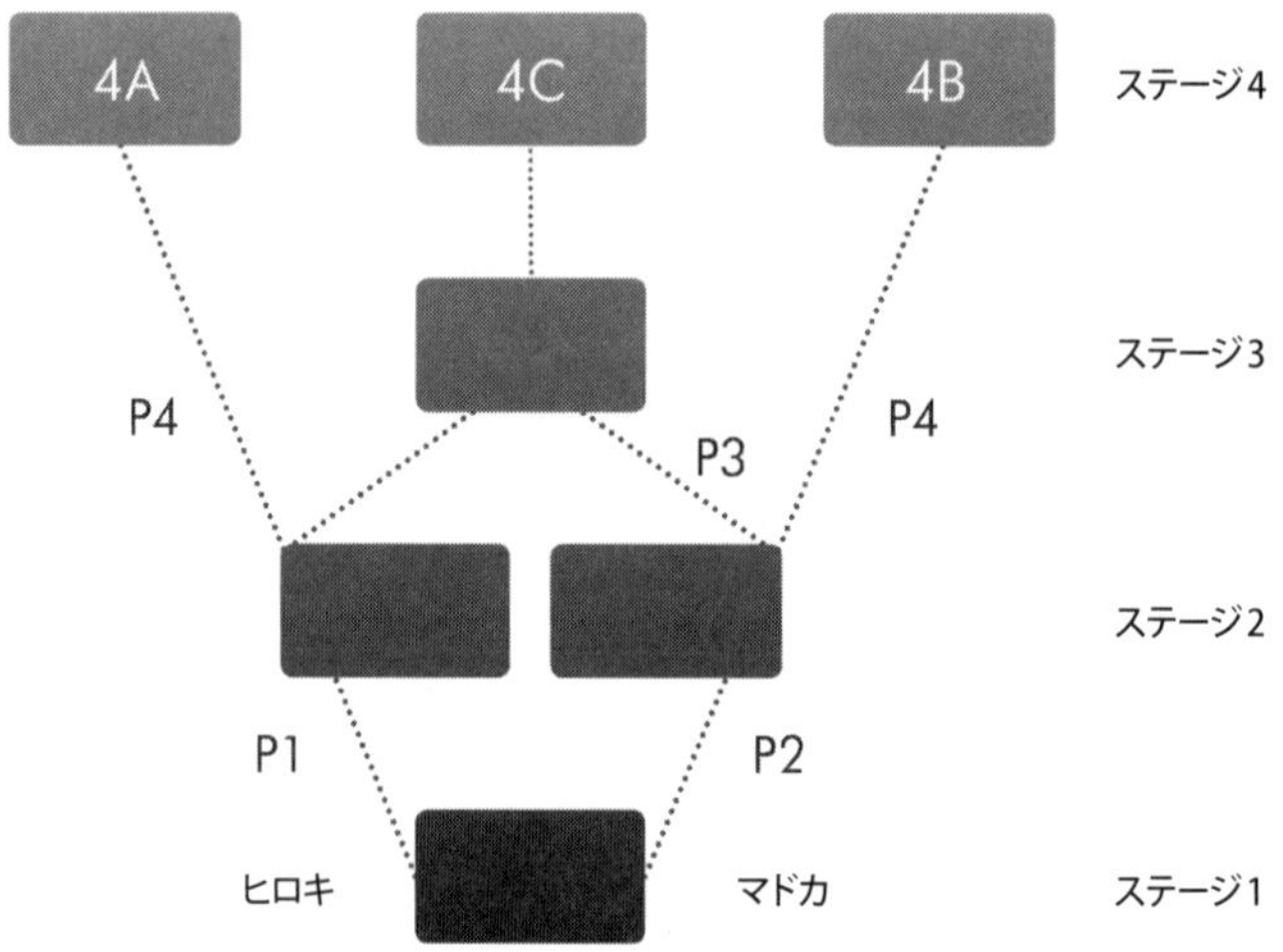

る物語ではなかった。

以下では、２人の相互依存関係を前提にした人生の進路について考えてみよう。マドカとヒロキは２人とも職をもつことを決め、地元の企業に就職する。図５-２では、この進路をＰ１とＰ２で示した。やがて、30代前半のとき、２人はフルタイムで仕事を続けることを選択する一方で、一緒に６カ月の休暇を取って旅に出るかもしれない（ステージ２）。その後、２人はＰ４の進路に進み、それぞれ別々のステージ４に到達する。そして、２人はまだ子どもをつくらないことにし、キャリアに専念することを決める。２人がこのような選択をする要因のひとつは、日本企業の変化の遅さにある。日本企業では、男性社員にも女性社員にも柔軟な働き方の導入が遅々として進まないだろうと、マドカとヒロキは予想しているのだ。日本社会のジェンダーギャップの大きさを考えると、

2人が子どもをつくり、マドカが子育てに力を入れれば、彼女のキャリアに悪影響が及ぶことは避けられないだろう。

誰が子どもの世話をするのか?

しかし、マドカとヒロキが選べる道はほかにもある。たとえば、30代でステージ2にいるとき、子どもをつくろうと決めてもいい。その場合のひとつの選択肢は、マドカが出産後すぐにフルタイムの仕事に復帰してキャリアを追求し、ヒロキが仕事をやめて、育児で中心的な役割を担うというものだ。実際、一部の国では、専業主夫が増えているというデータもある。[16] そのような選択をする男性が全体に占める割合はまだきわめて小さいが、男女の賃金格差が縮小し、教育レベルの高い女性が高い地位に就きやすくなれば、家庭で育児や介護の役割を担う男性はもっと増えるだろう。

もうひとつの選択肢は、2人とも仕事を続け、育児に関する役割も等しく分担するというものだ。ヒロキはこの選択肢に魅力を感じている。デンマークやスウェーデンでは、このような選択をするカップルが増えていて、ワーキング・ファザーたちがワーキング・マザーたちとほぼ同等に家事や育児をおこなっている。[17] しかし、一部の国以外では、こうした夫婦のあり方は一般的とは言い難い。それをもっと広げるためには、社会的発明によって社会的慣習と経済的条件を大きく変える必要がある。そのような変化を起こすことの重要性は、高齢の家族が増えて介護のニーズが増大するにつれて、いっそう高まるだろう。

ヒロキは、自分が父親と過ごしたよりも多くの時間を子どもたちと過ごしたいと考えている。同様の考え方をもっている男性は少なくない。ハーバード・ビジネス・スクールのロビン・イーリーらは、教育レベルの高い男性たちを対象に、自分が将来もっと育児を担うようになると思うかと尋ねた。すると、49～67歳の層では、そうなることを予想する人は16％にとどまったが、その割合は、33～48歳では22％、18～32歳では全体の3分の1に達した。(18)

男性たちが育児に積極的に関わるためには、企業の慣行が大きく変わらなくてはならない。マドカとヒロキが期待しているのは、日本社会における出生率の急激な低下により人手不足が深刻化する結果、若い働き手を獲得したい企業がもっと柔軟な働き方を認めるようになることだ。政府もそのような変化を後押しする必要がある。日本の安倍内閣が掲げた「日本再興戦略」でも「ウーマノミクス」が重要な柱になっている。具体的には、指導的な地位に就く女性を増やすこと、育児のための選択肢を増やすこと、男性がもっと積極的に育児に携わるよう促すこと、よりワーク・ライフ・バランスを追求しやすい働き方を可能にすることを目的に、いくつかの政策を打ち出している。問題は、そのような政府の政策がどれくらい企業文化や家庭の文化に浸透するかだ。

マドカとヒロキがこの進路を選ぶ場合は、賭けの要素がついて回る。2人はいずれ変化が起きるものと信じて、P3の進路に進むことになる。相互依存を強め、両方が仕事を続けながら、共同で育児をするために柔軟な働き方を実践するのだ。その結果、ステージ4では一緒に4Cに行き着く。しかし、このまま企業の慣行が変わらなかった場合、柔軟な働き方を選ぶ人たちは、出世の面でも給料の面でも不利になりかねない。それに、男女の賃金格差が解消されなければ、金銭面のプレッシャーにより、マドカがキャリアへの野心を捨てて、2人は「キャリア＋ジョブ」もしくは「キャリア＋ケアラー」のモデルに転換せざるをえなくなるだろう。

安定した基盤と互いに対する責任

マドカとヒロキは、「キャリア＋キャリア」のモデルを試す社会的開拓者と言える。このような生き方を選ぶ人たちについて研究しているINSEADのジェニファー・ペトリグリエリが指摘するように、2人がじっくり話し合い、互いに対する責任を引き受ける関係には、双方が自己意識とアイデンティティを広げ、深められるという利点がある。(19) 両者とも充実したキャリアをもつことができるため、2人が互いにサポートし合えるし、職業上のアイデンティティも強化される。こうして安定した基盤が築かれることにより、2人は支え合い、励まし合って生きていける。

この点は、マドカとヒロキの将来に対して非常に重要な意味をもつ可能性がある。今後はひとつの仕事が長く続かず、同じ職場で継続して働く期間も短くなると予想できる。業務もいっそう細切れになり、専門分化が進むだろう。そうなれば、職場に帰属することで形成されていたアイデンティティはどうしても弱体化する。これまで船の錨のように人々の人生に安定をもたらしていたのは、そうした組織人としてのアイデンティティだった。そのようなアイデンティティが弱体化しても、私生活でパートナーと強固な関係を築いていれば、それに代わる新しい錨を手に入れられるかもしれない。

安定した基盤をもつことの恩恵はほかにもある。カップルの両方とも、リスクを伴う行動に踏み出して、移行を遂げやすくなるのだ。2人が相互依存関係をはぐくむことにより、活用できる資源が大幅に増える。その結果として生まれるのは、片方に犠牲を強いて、もう片方が恩恵に浴する「ウィン・ルーズ」の関係ではなく、双方が恩恵に浴する「ウィン・ウィン」の関係だ。2人とも、ひとりの場合より多くのことを成し遂げ、成長することができる。このような安定した基盤は、一生ものの資産になる場合もある。変化の多いマルチステージのキャリアにつきものの時間とお金のプレッシャーを和らげられる可能性があるのだ。2人がいわば「シーソー型」のカップルになり、交互にキャリアに力を注ぐという選択もしやすくなるだろう。

このようなカップルの関係の核を成すのは、互いに対する責任だ。そうした責任を引き受けることにより、双方がリスクを負うことになる。2人が支え合いながら共通の未来に進むために、みずからの未来の選択肢をいくつか犠牲にしなくてはならないのだ。昔ながらの夫婦関係も、互いに対する責任を土台にしていなかったわけではない。マドカの母親は子どもたちの世話をする責任を担い、父親は家族を経済的に支える責任を担っていた。しかし、その種の夫婦関係は、あまり深く考えなくても実践できた。それは社会規範に沿ったものだったからだ。それに、マドカの両親の時代には、人生の選択肢が少なく、人生で経験するものごとの順序もおおむね決まっていた。

しかし、時代は変わった。よい夫婦関係の本質は変わっていないとしても、社会規範が人生の選択の指針にならなくなったのだ。そのため、マドカとヒロキは、自分たちで話し合い、お互いがどのような責任を担うかを決めるために、ひときわ多くの労力を割かなくてはならない。つねに話し合い、コミュニケーションを絶やさないことは、このタイプのカップルの大きな特徴でもある。

その話し合いを成功させるためには、相互の信頼関係が不可欠だ。信頼は、放っておいて自然に生まれるものではない。パートナー同士の関係のあらゆる側面に言えることだが、これも努力して磨いていく必要がある。相手を信頼し、同時に自分も信頼に値する人間にならなくてはならない。相手の言葉や振る舞いを信頼できると思えることが重要だ。毎日、相手の言葉に耳を傾けよう。そして、重要な問題は真剣に話し合い、問題を解決できるまで粘り強く対話を続けるべきだ。

スタンフォード大学の経済学者であるマイラ・ストロバーは、みずからの研究と人生の経験について記した自伝で次のように述べている。「2人の人間が長期にわたり互いを大切にし、しかも両者ともにやり甲斐のあるキャリアを築くことは、不可能ではない。しかし、そのためには、その道を歩むことに2人がいずれも本腰を入れる必要がある。あなたとパートナーがともに真剣な努力を払うつもりがあれば、それを成功させる方法は見いだせる」[20]

世代

平均寿命が延びると、同時期にいくつもの世代が生きている状況が生まれる。理想は、エステルと親族たちのように、人々が世代を超えて資源を共有し、互いに助け合い、大切にし合うことだ。ここまで理想的にはいかなくても、いずれの世代も自分が正しく理解されていると感じ、公正な扱いを受けていると思えるケースはある。

しかし、家庭内では世代間に良好な関係が築かれる場合もあるが、社会全体では世代間の緊張が高まっている印象がある。その緊張関係は政治にも波及している。イギリスでは、2016年のEU離脱をめぐる国民投票の投票行動に、世代間の違いが明確にあらわれた。18〜24歳男性の61％が離脱反対に投票したのに対し、50〜64歳男性の61％は離脱賛成に投票した。世代による投票行動の違いは、アメリカでも際立ちはじめている。「アメリカの政治では、世代間の分断がますます拡大している。その影響は、人種や階級による亀裂より大きいかもしれない」と、スタンフォード大学の歴史学者ニーアル・ファーガソンは述べている。[21]

世代間の良好な関係は、幸福な家庭と健全な社会を支えるひとつの土台だ。しかし、テクノロジーの進歩により雇用とキャリアのあり方が急激に変わり、長寿化の進展により若者と高齢者の人口比が大きく変わりつつあるなかで、世代間の関係が軋みはじめているように見える。

世代間の公平――若者の状況は高齢者より苦しい？

フランス革命の夜明けの時期、イギリスの詩人ウィリアム・ワーズワースは、「生きて夜明けを迎えることは大いなる喜び／だが、若くあることはまさに天国の喜び」と書いた[22]。しかし、人工知能（ＡＩ）と長寿化がもたらす革命の夜明けを迎えつつある今日、若者たちにとって人生が天国だとはとうてい言えない。

いまの若者の両親や祖父母たちは、（少なくとも先進国においては）３ステージの人生を送れば、家族の生活を支え、マイホームを手にし、老後の生活資金も確保できた。若者たちは、このような未来図を描きにくい。まず、生涯にわたって同じ仕事を続けることは考えにくい。同じ業界で働き続ける人も少ないだろう。しかも、60年という長期の職業人生を送ることを覚悟しなくてはならない。また、親の世代では、大学の卒業証書をもっていれば、いい職に就き、いい給料を受け取ることができた。しかし、今日の若い世代にとって、大学卒の学歴は安心を約束してくれない。

多くの国では、若者が職を見つけ、キャリアの最初の一歩を踏み出すことが難しくなりはじめている。若者たちは、職業人生で激変を経験する可能性が高く、人生の最初に受けた教育を頼りに職業人生を最後まで乗り切ることは難しいだろう。これまでの世代は3ステージの人生を送ることで職業面と経済面の安定を手にできたが、そのアプローチが通用しなくなりつつあるのだ。いまの若い世代は、生涯ずっと悪戦苦闘し続けなくてはならないように見える。

もうひとつ難しい問題が住宅価格の上昇だ。その影響により、とくに大都市では若い世代の住宅所有率が急激に低下している。いま30歳のイギリス人が住宅を所有している割合は、60代や70代の半分にすぎない。[23] オーストラリアやアメリカも状況は同じだ。その結果、今日の若者は、過去の世代よりもはるかに少ない資産しかもたずに40代を迎えることになる。

さらに、医療と年金の問題もある。これまでの3ステージの人生は基本的に平均寿命70歳の社会を前提に設計されていたが、いま平均寿命は80代半ばに届こうとしている。このような状況で、高齢者に約束どおりの医療と年金を提供するために、現役世代の経済的負担が増大している。ところが、いまの若者が高齢者になったときには、現在と同様の手厚い給付を期待できない。1936年、アメリカのフランクリン・ルーズベルト大統領は大統領選で民主党の候補者指名を受けた際に、こう述べた。「一部の世代には多くが与えられ、一部の世代には多くが要求されている」。若者たちにとっては、ぞっとする言葉だ。日本では、高齢者が若者に及ぼす大小さまざまな害や不利益を表現するために、「老害」という言葉がしきりに用いられている。[24]

以上のような複数の要因が相まって、一部の国では、若者たちが親の世代ほど豊かに暮らせなくなるという見方が強まっている。[25] 日本では、子どもたちの生活が自分たちより苦しくなると予想する人が38％に上る。子どもたちのほうが豊かに生活できると考える人は28％にすぎない。フランスでは、この割合はそれぞれ71％と10％となっている。ただし、すべての国でこのような現象が見られるわけではない。インドや中国など、経済が急成長している国の親たちは、わが子の未来に関してもっと楽観的だ。これらの国の経済成長率は年率5～7％程度。これは、所得が10～14年で2倍に増えることを意味する。こうした経済状況の下、子どもたちの未来が自分たちより豊かになると予想する親は、インドでは65％、中国では78％に上っている。

もっとも、若者たちの未来は暗い要素ばかりではない。性自認や性的少数者の権利をめぐる問題などの多くの面で、若い世代を取り巻く環境は昔より改善している。そして、言うまでもないことだが、いまの若者たちもやがて長寿化の恩恵に浴する。最近のある研究によれば、フランス人はアメリカ人より平均寿命が3年長いことにより、年間個人消費の16％に相当する恩恵を得ているという[26]。この考え方によれば、所得が親の世代より大幅に落ち込まない限り、平均寿命が上昇することにより、今日の若者たちの生活は、親の世代よりよくなるはずだ。

いま世代間の対立が強まっている本質的な要因は、3ステージの人生のモデルが立ち行かなくなったことにあるのだろう。技術的発明のペースに社会的発明が追いついていない状況で、若い世代は年長世代とは異なる人生の地図を描かなくてはならなくなった。これまでの3ステージのモデルによっては、経済的に豊かな生活を送り、人間として花開くための足場を築けなくなったのだ。

年齢が若い人ほど、新しい長寿時代の生き方を確立するために必要な変化は大きい。しかし、変化を迫られているという点では、どの年齢層も同じだ。いま誰もが変化に乗り出そうとしている。変化の中身は世代によって異なるだろうが、いずれの場合も変化を遂げるためにほかの世代と争う必要はない。これから必要になってくるのは、世代間対立を生み出すのではなく、異なる世代の協力を促すような政治制度だ。

日本では、「フューチャー・デザイン」と呼ばれる取り組みがおこなわれている。(27) 2015年、岩手県の矢巾《やはば》町は、町政の長期計画を立案する一環として住民参加のワークショップを開催した。2060年までの町の長期ビジョンを描くことが目的だった。このワークショップに参加した町民は、2つのグループにわけられて対話に臨んだ。片方のグループは、現在の世代の視点で考える。もう片方のグループは、2060年の現役世代の視点を想像して考える。

すると、当然のことながら、未来の世代の利害を代弁したグループは、主として現在のことを考えたグループよりも、目下の難題の解決を強硬に主張した。このような意見の違いが生じたことは、確かに興味深い。しかし、それ以上に注目すべきなのは、未来の世代の代弁者役を割り振られた町民の思考が変わったことかもしれない。気候変動のようなテーマを論じるうえでは、この種のアプローチが切実に必要とされている。

世代ごとのレッテル貼り——世代間の違いは絶対か？

世代間の対立を助長している要因のひとつは、世代にレッテルを貼る習慣だ。メディアやビジネスの世界では、それがよくおこなわれている。「5世代の社員をマネジメントする方法」「ミレニアル世代が好きなもの10選」「ミレニアル世代が嫌いなもの10選」といった具合だ。「ミレニアル世代は／ベビーブーム世代は、あまりセックスをしなくなった（あるいはセックスをたくさんするようになった）」だの、「ミレニアル世代は／ベビーブーム世代は、アボカドをたくさん食べる」だのという記事が新聞に載らない日はないように思える。

世代にレッテルを貼る習慣は、おそらく作家のガートルード・スタインが1883～1900年生まれの世代を「失われた世代」と呼んだのが最初だろう。これに続いて、1901～1924年生まれは「最も偉大な世代」（アメリカでは「GI世代」とも呼ばれる）、1925～1942年生まれは「沈黙の世代」と呼ばれた。そのあと登場したのは、1943～1964年生まれの「ベビーブーム世代」。これは、世代の呼称のなかで最も有名なものと言えるだろう。ベビーブーム世代は、これまで歩んできた人生のステージをことごとく、それ以前の時代とはまるで違うものに変貌させてきた。

1965～1979年生まれは「X世代」（作家のダグラス・クープランドが命名した）。1980～2000年生まれは「ミレニアル世代」だ（「Y世代」とも呼ばれる）。ミレニアル世代は現在アメリカで最も人口の多い年齢層で、世界でも総人口のおよそ半分をこの世代が占めている。いま最も新しいのは「Z世代」もしくは「i世代」。2001〜2013年生まれの人たちを指す言葉だ。その次はまだ呼び名が固まっていないが、現時点では「アルファ世代」が最有力に見える。

こうした呼称を用いることの問題点のひとつは、世代の区切りと命名が恣意的に思えることだ。家族のなかで「世代」という概念がもつ意味は明確だが、社会全体における「世代」の概念はかならずしも明確でない。家族内では、あなたの父親と母親があなたよりひとつ前の世代であることは明白だ。この場合、世代をわける基準は一家の家系図における位置であって、誕生年ではない。それに対し、社会全体で世代を論じる場合は、誕生年を基準に世代の区分が決まる。あなたのおじさんがベビーブーム世代で、おばさんがX世代ということもありうる。このように、社会における「世代」の概念はかなりいい加減なものなのだ。

世代の呼称を決めることのもうひとつの問題点は、それが比較的新しい考え方にすぎないということだ。19世紀後半までは、誕生年に基づく「世代」が意識されることはなかった。仮に意識されていたとしても、世代ごとの特徴を論じたり、決まった呼び名をつけたりする必要は感じられていなかった。年齢による人間の分類は、若者か高齢者かというものだけだった。イギリスの劇作家ウィリアム・シェークスピアは、人生という舞台を構成する「7つの年代」について語っているが、誕生年に基づいて世代を区分けし、それぞれに呼び名をつけようという発想はなかった。

しかし、ウィリアム・ストラウスとニール・ハウが指摘しているように、「1920年代以降、20~25歳の層はことごとく、成人するまでに少なくともひとつ以上、世代に対する呼び名を与えられてきた」[28]。興味深いのは、世代に呼称がつけられはじめたのと、3ステージのモデルが形づくられはじめたのがほぼ同時期だったということだ。社会の制度を通じて人を年齢層ごとに切り分ける発想が強まったのは、3ステージの考え方が浸透した結果だった。このモデルの下では、20歳前後よりも若い人は教育機関の一員として生き、教育を終えたあと60代半ばまでは職場の一員になる。そして、引退後は高齢者のためのコミュニティに加わる。

そうした制度的な年齢別分離がどのようなものかを浮き彫りにしたのが、1996年にアリゾナ州フェニックス近郊のヤングタウンという退職者向けコミュニティ（「若者の町《ヤングタウン》」とはなんとも皮肉な名前だ）で起きた出来事だ。16歳のチャズ・コープは、義理の父親による虐待から逃れるために、この町に住む祖父母と一緒に住むことを望んでいた。しかし、ヤングタウンの市条例では、すべての世帯に少なくともひとりは55歳以上の居住者がいることを義務づけていたほか、18歳未満の人が90日を超えて滞在することを禁じていた。チャズの扱いをめぐる問題は、市議会、州検事、地元住民、祖父母の間の裁判闘争に発展した。その争いの間、地元警察は市条例の遵守を徹底させるために、スクールバスを追跡して、途中で子どもがひとりも下車しないよう目を光らせたという。

興味深いのは、社会の年齢別分離が進むにつれて、世代に対するレッテル貼りが強まっていったことだ。人々は異世代と接する時間が少なくなり、異世代についての知識が乏しくなった結果、知識の欠落を埋め合わせるために、世代に関するステレオタイプへの依存を強めていったのかもしれない。

世代のレッテルは有益か？

良好な世代間関係をはぐくむ手段として、このようなレッテルが有益か有害かを判断するには、実際に世代間に大きな違いが存在するのかを見るべきだろう。その前提として、まず社会における「世代」とは何かを定義する必要がある。世代の古典的な定義は、歴史上の同時期に生きる同年代の人々の集団、というドイツの社会学者カール・マンハイムによるものだ。[29]言い換えれば、世代とは、時代精神に対する視点を共有している同年代の人たちのことと言える。このような意味での世代に属することの魅力については、ドイツの哲学者マルティン・ハイデッガーが的確に表現している。「人はみな、世代の一員として同世代の人たちとともに生きることが避けられない。それにより、個人が生きる人生のドラマが完結する」

マンハイムも指摘していることだが、すべての時代がひとつの世代を生み出す必要はかならずしもない。21世紀の世界が20世紀と実質的に同じだとすれば、私たちの生きる環境は変わらず、社会規範や価値観も以前のままだ。その場合、世紀の変わり目で世代を区分けする必要はない。若いか高齢かという見方だけで事足りる。

新しい世代が誕生したかどうかは、社会に変化が起きたかどうかで決まる。既存の常識に疑問を投げかけ、新たな試練に新しい方法で立ち向かい、それまでとは異なる価値観や視点を形づくっていく——そうしたことを実践する人たちが出現したときはじめて、新しい世代が生まれたとみなせる。新しい世代とは、社会的発明の最前線で奮闘する人たちと言ってもいいだろう。そう考えると、世代の区切りになる年は、変化の時代の始まりと終わりの年ということになる。その意味では、最近、新しいテクノロジーに対する姿勢に基づいて世代の呼び名がつけられるケースが多いことにも納得がいく。テクノロジーが急速に変化していれば、新しい世代が比較的短期間で次々と登場するのも不思議ではない。

とはいえ、変化が始まった時期がはっきりしていて、しかもその変化が人々の行動にきわめて大きな影響を及ぼしたのでなければ、世代ごとの呼び名を決めてもあまり意味がない。ゆっくりと長い時間をかけて変化が進む場合、誕生年を基準に世代の区切りを決めることは正しい理解を妨げる。マドカとラディカはミレニアル世代だ。クライブはもとより、トムやインとも異なるテクノロジーの世界で育ってきた。確かに、この点は年齢層ごとの行動パターンの違いを理解するうえで参考になる。しかし、世代のレッテルが本当に有効だと言うためには、それによりラディカ・マドカ世代とトム・イン世代の違いのかなりの部分を説明でき、しかもマドカとラディカ、トムとインの行動の類似性もかなりの部分説明できなくてはならない。

想像どおりと言うべきか、世代間の違いをテーマにした多くの研究結果をメタ分析した研究によれば、実は世代間に際立った違いはほとんどないという。むしろ、ミレニアル世代内の価値観や行動パターンの違いのほうが、平均的なミレニアル世代と平均的なベビーブーム世代の違いより大きい場合もある。[30] 私たちは、どの世代に属するかという以前に、同じ人間なのだ。本書の著者2人はともにアボカド・トーストが大好きだが、だからといって2人がミレニアル世代だということにはならない。

世代にレッテルを貼る習慣には、それが星占いのようなものになりかねないという落とし穴がある。恣意的な日付を基準に、個人の性格やニーズを決めつける恐れがあるのだ。このようにして、世代内で過度の一般化をおこなう一方、世代間の差違を過度に強調することには、大きな害がある。ビジネス界では、その弊害がとりわけ大きい。ビジネススクールでミレニアル世代について言及される際によく言われるのは、この世代がやり甲斐のある仕事に携わりたいと思っていて、柔軟な働き方を望んでいるということだ。でも、落ち着いて考えてみてほしい。仕事にやり甲斐と柔軟性を求めるのは、どの世代も同じなのではないか。

この点は、著者たちの前著『ライフ・シフト』のウェブサイト（英語版）に掲載した診断テストに寄せられた回答を分析した結果からも明らかだ。診断テストでは、自分の人生のさまざまな側面について自己採点し、どの側面に時間とエネルギーを注いでいるかを尋ねた。すると、驚かされたのは、回答者の年齢による違いがきわめて小さいことだった。スキルを磨くために投資していて、仕事に対して前向きな気持ちをいだき、健康を保とうと努めているという点では、若者も高齢者も変わりがなかった。[31]

ドイツの美術史家ヴィルヘルム・ピンダーの言葉を借りれば、世代ごとにレッテルを貼ることには、「同時代人の間の相違点」を誇張してしまうという問題がある。いまの時代を生きる人は、誰もがテクノロジーの進化と長寿化の進展に対応しようとしている。ところが、世代論の視点でものごとを見ると、同時代のすべての人が共有している文脈が取り除かれて、年齢だけに焦点が当たる。テクノロジーに関する議論はその典型だ。ベビーブーム世代は、まだスマートフォンやソーシャルメディアがない環境で育った。その点では、テクノロジーを自然に使いこなす孫の世代とは違う。しかし、ベビーブーム世代が新しいテクノロジーを学べないわけではない。というより、この世代もテクノロジーについて学ばないわけにはいかないのだ。

実際、ベビーブーム世代は新しいテクノロジーについて学習している。2012年の時点で、アメリカのミレニアル世代ではソーシャルメディア利用者の割合が81%に達していたのに対し、ベビーブーム世代ではその割合が40%にとどまっていた。しかし、2018年の調査では、ミレニアル世代のソーシャルメディア利用率は微増にとどまったが、ベビーブーム世代の利用率は57%まで上昇した。[32] テクノロジーは、あらゆる人の生き方とコミュニケーションの取り方を大きく様変わりさせつつある。その衝撃は、特定の年齢層だけに及ぶものではないのだ。

世代に関して慎重な実証分析をおこなうことに意味がないと言うつもりはない。世代を超えて協力し合い、人生の地図を描き直すことを通じて、クライブやトムやインの世代とマドカやヒロキやラディカの世代の両方にとって有効な新しい地図を描き上げることを目指すのであれば、そうした分析は非常に大きな価値をもつだろう。しかし、多くの場合は、世代にレッテルを貼ることが安易なステレオタイプ思考を助長している。その結果、新しい長寿時代にあらゆる年齢層の人たちが直面する課題が覆い隠されてしまっている。世代のレッテルは、世代間の共通項よりも相違点をことさらに強調し、世代間の結束ではなく、世代間の対立を生みかねないのだ。

世代間の共感をはぐくむ

世代間の共感を高めることは、世代間戦争のリスクを回避するために必要というだけではない。3ステージの人生の下で社会の年齢別分離が強まった結果、今日の私たちは昔に比べて、異世代との交流による恩恵に浴せなくなっているのだ。世代を超えた人間関係は、太古の時代から人類にきわめて大きな恩恵をもたらしてきた。大学や職場でも余暇活動の場でも、異なる年齢層の人たちが本格的に交流すれば、互いの間に絆がはぐくまれ、異世代の人をひとりの人間として見られるようになる。年齢が違えば、いま身を置いている人生のステージが異なり、人生のどの段階にあるかも異なるかもしれないが、同じ目的に向けて行動しているとわかれば、力を合わせることができるのだ。

世代間の共感をはぐくむことの利点は非常に大きい。いま社会で最も孤独を感じている層は、若者と高齢者だと言われる。[33] この両者を連帯させるための社会的発明が切実に求められている。そのような取り組みを実践しているひとりがジョージナ・ビニーだ。イギリスのリーズ大学で「ライティング・バック」と名づけた文通プログラムを立ち上げ、学生と地元の高齢者の間に絆を生み出そうとしているのだ。孤独感の解消がひとつの目的だが、世代間での知識の交換を促し、地域コミュニティで異世代がつながるための接点をつくることも意図している。

世代間の接点を生み出す試みは、かなり前からおこなわれてきた。古くは1976年に、東京で保育園と老人ホームが一体になった施設が開設されている。こうした動きは、近年ますます目立ってきている。シンガポール政府は最近、高齢者の生活を改善するための施策に30億シンガポール・ドルの拠出を約束した。この取り組みの一環として、新設する約10カ所の公共住宅に高齢者施設と託児施設を併設する計画もあるという。この種の活動のよいところは、高齢者と若者の間に本来存在するはずの支え合いの関係を土台にしていることだ。そのような関係は、進化の過程ではぐくまれてきた人類の習性のひとつと言っていい。高齢者は、相談に乗ったり、支援役になったりして、若者の力になることができる。児童心理学者のユリー・ブロンフェンブレンナーは、こんな言葉を残している。「子どもはみな、自分のことを理屈抜きで愛してくれる大人が少なくともひとりは必要だ[34]」

一方、若者は高齢者に元気を与えられる。「ナイチンゲール・ハウス」というロンドンの老人ホームで暮らす89歳のフェイ・ガルシアの場合がそうだ。ガルシアは最低でも週に1回は、老人ホームと同じ敷地にあるアップル・アンド・ハニー保育園を訪ねている。それが1週間のメインイベントなのだ。社会起業家のマーク・フリードマンも、若者たちの力になることこそが真の「若さの泉」だと考えている。フリードマンに言わせれば、永遠の命とは、科学の進歩が生み出すものではなく、若者を支援することにより未来にレガシー（遺産）を残すことを通じて生まれるものなのだ。ハーバード大学医学大学院のジョージ・ヴァイラントは、上の世代が下の世代を助けることを生物の基本的な性質と位置づけ、それを「生態は上から下へと流れる」という言葉で表現している[35]。

コミュニティ

たいていの人にとって、最も緊密な人間関係は家族や友人、職場の同僚との関係だが、日々の生活の環境をつくり出すのはコミュニティだ。それは、地域の隣人たちとの関係の場合もあれば、世界規模のオンラインネットワークのメンバーとの関係の場合もあるだろう。いずれにせよ、そうした広範な人間関係もあなたの幸福度を大きく左右する。しかし、人生の多くの側面がそうであるように、テクノロジーの進化と長寿化の進展に伴って、コミュニティのあり方も大きく変わりつつある。昔はうまくいっていたやり方が通用しなくなる一方で、社会的発明を通じてコミュニティの新しいあり方をつくり出すチャンスも生まれているのだ。

分断されたコミュニティ

コミュニティの交流は、対面ではなく、バーチャルでおこなわれることが増えている。平均的なフェイスブック利用者は、ほかの人との直接の対面に費やしている時間が1日当たり43分。それに対し、バーチャルな交流に費やしている時間は1日当たり39分まで増えてきている。[36] オンラインショッピングの利用が増えたことで、ショッピング街で買い物をする機会が減り、安価な料理を宅配で取り寄せられるようになって、外食に行くことも少なくなりつつある。ラディカは、ほぼオンラインで仕事をしていて、顧客と会うことはほとんどない。リモート環境で世界中の人たちと一緒に働くのは、胸躍る経験ではある。しかし、それと引き換えに、近くの人たちと日常的に触れ合う機会は非常に少ない。

社会的発明を通じて、新しいコミュニケーション手段が豊かな人間関係を駆逐せずに補完するようにしなくてはならない。実りある人間関係は、私たちが人として開花するための土台を成すものだからだ。コミュニティと社会で分断が加速するなかで、そのような社会的発明の必要性はいっそう強まっている。たとえば、近年はひとりで暮らす人の割合が増えている。フランスでは2030年までに、すべての世帯の半分がひとり暮らし世帯になると予測されている。この割合は、日本とイングランドでは40％、アメリカでは30％、韓国では24％に達すると見られている。

　ひとり暮らし世帯が増えている一因は、独居の高齢者が増えていることにある。85歳超のアメリカ人のうち、複数世代で構成される世帯で暮らしている人の割合は、1940年には3人に2人に達していたが、現在は4人に1人程度にすぎない。多くの場合は、息子や娘が都市に出て行ってしまったのだ。その結果として、家族との結びつきを失った高齢者は、孤独に苛まれやすく、家族によるケアを受けられずにいる。日本では、高齢者の「孤独死」が大きな問題になっている。高齢者が自宅で孤独に死を迎え、誰にも気づかれずに数週間、ことによると数カ月経つケースがあるのだ。

　この問題を解決するためには、テクノロジーが有効かもしれない。すでに、日本では高齢者の介護を支援するロボットが普及しはじめている。そうしたロボットは、一体ごとに独特の性格があり、ペットのように個性をもった存在とみなされているようだ。イギリスの高齢者支援団体「エイジUK」によれば、65歳超の人の4割以上は、テレビがいちばんの友達だと述べている。そのような高齢者が高性能のロボットと会話するようになれば、現状よりは明らかに好ましい。

　インの場合、遠方に住む母親とのコミュニケーション手段として、インターネット電話のスカイプが欠かせない。それに加えて、母親はスマートスピーカーの「アレクサ」も使っているので、インは母親が自分とつながっていると感じ、安心できている。しかし、その半面、テクノロジーにより安心感を得られるようになって、実際に会いに行く機会が減ったことは問題だと感じてもいる。

新しいテクノロジーが得意なことのひとつは、人と人のマッチングだ。マッチングのテクノロジーは大きな可能性を秘めているが、このテクノロジーが普及すれば人々の生き方は大きく変わらざるをえない。それがとりわけ顕著なのは、恋人探しの分野だ。1980年には、異性愛者カップルの約35%が「友人の紹介」で知り合っていた。そのほかに、仕事を通じて知り合ったカップルが20%、家族の紹介が18%、大学で知り合ったケースが22%を占めていた。つまり、大半の人は、現実世界の人間関係とコミュニティを通じて交際相手を見つけていたのだ。ところが、2017年の調査では、40%近くのカップルがオンラインで知り合っている。[37]しかも、この割合は年々高まり続けているように見える。

オンライン・マッチングは、いわゆる「同類婚」を促進する。自分と似たような人間を結婚相手に選ぶケースが増えるのだ。アメリカでは、その影響がはっきり見て取れる。1960年代、大卒男性が大卒女性と結婚する割合はおよそ4分の1にとどまっていた。ところが、2016年にはこの割合が全体の半分を占めるまでになっている。その結果として、カップルの両方が高学歴・高所得の世帯と、両方が低学歴・低所得の世帯に二極分化する傾向が強まっている。同類婚は、不平等の拡大をもたらすのだ。

私たちは、結婚相手を見つけるときだけ、このような自己選別をおこなっているわけではない。どこに住むかを決めるときも、自分と似たような人が多いコミュニティを好む傾向が目立っている。それに伴い、地域の性格が変わり、一部の地域の経済的な価値が高まることは避けられない。

教育レベルの高い人は、余暇活動でも仕事でも、自分と同様に教育レベルの高い人たちと一緒に行動したいと考える。また、高教育・高所得層は、通勤時間を短くするために都心に住もうとするケースが多い。その影響により都心の不動産相場が上昇して、低所得層が都心に住めなくなり、所得階層による居住地の分離にますます拍車がかかっている。現在、ロンドンなどの大都市では、住宅価格の中央値が平均年収の約15倍に達している。この値は、香港ではなんと19・4倍に上っている[38]。

こうしたプロセスを通じて、町の高級化（ジェントリフィケーション）が進む。自然食品を中心に取り扱うスーパーマーケットチェーンのホールフーズ・マーケットや、フィットネス事業を展開するペロトン、ヨガウェアのルルレモンなど、高価格帯の商品やサービスを扱う店舗が増えて、高所得層がさらに流入し、それ以外の層は町から弾き出されていく。アメリカのサンフランシスコやサンノゼなどでは、それが政治問題になっている。しかし、これはアメリカだけの問題ではない。ヨーロッパの13の大都市のうち11の都市では、２００１年以降、所得階層による居住地の分離がいっそう顕著になっている[39]。

このような所得階層による住み分けが進行する一方で、地域は「その土地に住む人たちが共有する場所」という感覚を失いつつある。ラディカは最近、ムンバイに移り住んだばかり。家族とは遠く離れて暮らしている。多くのフリーランスがそうであるように、職場に日々出勤するわけではないので、いま住んでいる土地には知り合いもあまりいない。このような人が増えるにつれて、ある人がどこに住んでいるかは、その人がどのような人物かを知るための有効な手掛かりにはならなくなりつつある。大人になってどの土地に住むかは、その人の出自よりも、ラディカのようにマルチステージの人生のさまざまな段階でおこなう選択によって決まる面が大きくなるだろう。

ここまで述べてきたような変化は避けられないのか。コミュニティのあり方を変える方法はないのか。昔ながらのコミュニティを再生できる可能性は小さいだろう。それでも、個人の積極的な選択を通じて、地元の土地とコミュニティへの意識を強化するように努めることはできる。たとえば、オンラインで買い物をする代わりに地元の商店を利用したり、古くからの友人や同僚ではなく、近所の人たちと読書会を開いたり、オフィスのそばにあるスポーツジムではなく地元のジムに通ったりしてもいい。しかし、どの行動も経済的に合理的な選択とは言えない。コミュニティづくりの前には、経済の原理が立ちはだかるのだ。

しかし、もうひとつ方法がある。それは、社会的開拓者になって斬新なアイデアを実践し、コミュニティの人々が集える新しい場をつくり出すというものだ。たとえば、ジョナサン・コリーは「コモン・ルーム」というプロジェクトを立ち上げた。(40) 重要な社会的問題について話し合ったり、みんなで一緒に活動したりするための物理的な場をつくったのだ。その場所がコモン・ルーム（みんなの部屋）である。ここには、老いも若きも、経歴や属性に関係なく誰もが集まることができる。これは一例にすぎない。人々のニーズに合わせて新しい地域コミュニティをつくり出すために、いま多くの社会的実験がおこなわれている。

生涯を通じてコミュニティに関わり続ける

3ステージの人生ではたいてい、人々のコミュニティへの関わりが最も強まるのは引退のステージだった。たとえば、イギリスの非営利・コミュニティ団体の全国組織「全国ボランタリー団体協議会（NCVO）」のデータによれば、ボランティア活動に携わる人が増えはじめるのは50代半ば以降。その後、60代になる頃に、ボランティア活動の参加者がさらに大きく増加するという。今後、人々がこれまでより良好な健康状態で引退生活に入るようになり、引退後に残された人生も長くなれば、コミュニティ活動に従事するボランティア人材の層は厚くなるだろう。前出の社会起業家マーク・フリードマンが言うように、「高齢者は、いまの世界で唯一増加している天然資源」なのだ。(41)

確かに、高齢者は貴重な資源になりうる。歴史上、変化の激しい時代にはボランティア組織が大きな役割を果たしてきた。産業革命の時代には、都市が成長し、工場が増えるのに伴い、多くのコミュニティが大きな変化に見舞われた。このとき、膨大な数の家族が工場のある都市部に移り住み、教会などの昔ながらのコミュニティによる支援を失った。それでも、やがて新しいコミュニティによる支援の仕組みが生まれた。ボランティア組織・慈善組織とそこで活動するボランティアたちが無報酬で重要な役割を担うようになったのだ。ＹＭＣＡ（キリスト教青年会、１８４４年にロンドンで発足）や救世軍（１８６５年にロンドンで発足）などの慈善組織が活動を拡大させていったのは、この時期のことだ。

こうした無報酬の活動の主たる担い手は女性だった。とくに、裕福で教育レベルが高い既婚女性の力が大きかった。当時、このような女性たちは、有給の職に就くことは期待されておらず、そもそも望んでも職には就けなかった。主になんらかのケア活動など、ボランティア活動で社会に貢献するものとされていたのだ。その好例が王立ボランティア会（ＲＶＳ）だ。この団体は、設立当時は「婦人ボランティア会」という名称で、最盛期の１９４３年には会員数が１００万人を超えていた。ＲＶＳは現在も有意義な慈善活動を続けているが、会員数は２万５０００人まで減っている。

この時代に慈善活動が急速に拡大した背景には、社会問題への認識が高まったことに加えて、問題に取り組む意欲と能力をもった人たちが大勢いたという事情があった。その後、政府が問題への対処に乗り出し、女性が有給の職に就くようになって、慈善活動は次第に衰退していった。活動へのニーズが小さくなり、活動の担い手も減ったからだ。

しかし、いま再び慈善活動が勢いを増す前提条件が整ったように見える。まず、産業革命の時代と同様、テクノロジーにより、人々は過酷な変化を強いられようとしている。そして、ボランティア活動に携わろうとする優秀な人材も大勢いる。今回は、職に就かない女性たちではなく、やり甲斐のある活動に従事し続けたいと望む高齢者たちがボランティア活動の担い手になるだろう。

中高年人材支援組織のアンコール・ドット・オーグが活用している「資源」は、エネルギッシュで活動的な高齢者たちだ。同団体の「アンコール・フェローズ」というプログラムでは、企業スポンサーなどの支援の下、引退の時期が近づいている人たちに非営利団体で働く機会を提供している。このようにいわば「アンコール」のキャリアを目指す姿勢は、3ステージ・モデルに代わる新しい生き方として自然なものに思える。それを実践することにより、マルチステージの人生を築き、「仕事」の概念を拡張することができる。

このようなコミュニティ活動はかならずしも金銭的報酬を伴うものではないが、時間とスキルを提供した人たちは計り知れない「報酬」を得られる。精神の健康と人生への満足度に関する研究によれば、ボランティア活動をおこなうことがその人にもたらす好影響はきわめて大きい。[42] コミュニティに深く関わっている人は、長生きする確率が高く、[43] 生き甲斐をもつことによりアルツハイマー病の発症リスク[44]と死亡率[45]も下がることがわかっている。

しかし、これから積極的にボランティア活動に取り組むようになるのは、高齢者だけではない。マルチステージの人生の本質は、エイジ（=年齢）と人生のステージの結びつきが弱まることにある。人生がマルチステージ化する時代には、引退したあとではじめてコミュニティの活動に携わるのではなく、生涯を通してコミュニティと関わるほうが理にかなっている。この点はきわめて重要だ。さまざまな研究によれば、ほとんどの人は引退してからボランティア活動を始めるわけではない(46)。ボランティア活動に取り組み、無報酬で働く姿勢は、人生を通してはぐくまれていく習慣と言ったほうがいい。ハーバード大学ロー・スクールのマイケル・サンデル教授の言葉を借りれば、「利他の精神、寛大な精神、連帯感、市民精神は、使用すると枯渇する資源とは違う。使うことにより発達し、強く成長する筋肉に似ている」のだ(47)。

コミュニティへの共感——「無知のベール」のなかで考える

社会の分断が進むと、必然的に他者への理解と共感が失われる危険がある。共感が弱まれば、好ましい社会的・政治的プロセスが阻害されて、さまざまな難題に対処するために必要な社会的発明の推進力が生まれにくくなる。この問題を克服するには、哲学者ジョン・ロールズの提唱した方法が有効かもしれない。

その提案とは、どのような社会で暮らしたいかを考えるとき、「無知のベール」のなかに入ったつもりで考えよ、というものだ(48)。自分がどのような人間かを知らない状態を——自分の性別、人種、年齢、健康状態、知能、スキル、教育レベル、宗教などについて情報をもっていない状態を——仮定して判断すべきだというのである。そのような前提で考えた場合、どのようなコミュニティのあり方が好ましいと、あなたは思うだろうか。

無知のベールのなかで考えると、外的な打撃と変化がほかの人たちにどのような影響を及ぼすかに目が向くようになる。人生が長くなり、その間に起きるテクノロジーの変化も多くなれば、あらゆる人にとって人生で経験する打撃とリスクが増大する。問題は、長期的に見た場合、そうした打撃がどのような影響をもたらすのかという点だ。

ある面では、人生が長くなれば、打撃から立ち直り、リスクを吸収するための時間が増える可能性がある。このような時代には、人生の出発点がどこだったかはあまり意味をもたなくなる。長い人生をどのように歩むかは、その人自身の選択に強く影響されるようになる。

その一方で、長い人生では、不運が積み重なっていく可能性もある。本書で論じてきたように、高齢になるまで働けば働くほど、家計の状態がよくなり、多くの資産を手にできる。そして、活動的な生活を長く送れば送るほど、健康状態がよくなり、モチベーションが高まり、健康寿命も長くなる。

しかし、このような好循環が生まれるケースばかりではない。高いレベルの教育を受けていない人は、たいてい所得が少なく、資産も乏しいため、テクノロジーの進化により職を失った場合や、健康が悪化した場合に対処することが難しい。こうして社会的に弱い立場に陥った人たちは、ますます不幸せな状況にはまり込みやすくなる。人生が長くなり、マルチステージ化すれば、このような積み重ねの結果として、社会の格差と不平等にいっそう拍車がかかる可能性がある。

その点、無知のベールには、社会の共感をはぐくむ効果が期待できる。しかし、無知のベールのなかで考えるべきなのは、他者が置かれている境遇だけではない。長寿化の時代には、未来の「ありうる自己像」が増える。そうした数多くの自己像のなかで、あなたが将来どのような自分になるかは、あなた自身の選択と、自分ではコントロールできない外的な出来事の相互作用によって決まる。人生が長くなり、その間に起きる労働市場の変化も大きくなれば、「ありうる自己像」の幅が広がり、人生で遭遇するリスクも増大する。

「蛇と梯子」というボードゲームがある。左下のマスから出発して、いちばん早く右上のマスに到達した人が勝ちというゲームだ。プレーヤーは、サイコロを転がして、出た目の数だけ先に進む。サイコロの目に従って進んだ先のマスが「梯子」の下に位置していた場合は、梯子のてっぺんまで一挙に進むことができる。しかし、運悪く、進んだマスが「蛇」の頭に位置していた場合は、蛇の尻尾のマスまで戻らなくてはならない。人生でも、このゲームで梯子の下に進めたときのように、前進が加速することもあれば、蛇の頭に進んでしまったときのように、後退を余儀なくされることもある。

たとえば、重い病気になれば、いくら高度な教育を受けていても、仕事に復帰できる確率は低くなる。(49) 実際、みずからの健康状態を「まずまず」「悪い」「非常に悪い」と答えた人は、そうでない人に比べて、職に就いている割合が20％も小さい。そのうえ、職をもっている人の場合も所得が20％少ないという。この影響は生涯にわたって続き、さらには引退後にも影を落とす。所得が少ない人は、受け取る年金の額も少ないからだ。

長寿化により人生が長くなれば、人生というゲームの途中で梯子を見つけて大きく前進できる機会が増える半面、蛇に出くわして大きく後退するリスクも高まる。しかも、テクノロジーの進化により、人生で遭遇する梯子と蛇がその後の人生に及ぼす影響はいっそう大きくなると予想できる。

その結果として、長寿化の時代には、みずからの未来についても「無知のベール」のなかで考える必要が高まる。これから長い人生を生きるあなたの前には、たくさんの「ありうる自己像」がある。なかなか先を見通せない時代に、あなたは、自分が未来にどのようなアイデンティティを築くのか確かなことがわからない。自分が将来どのような状況に身を置くかがわからないのである。

こうした「無知のベール」のなかのような状況では、政府や社会がどのような支援や安全装置を用意しているかに関心をもつのが自然だ。いま、あなたはエステルのように苦しい生活を送ってはいないかもしれない。しかし、将来そうならない保証はない。あなたの子どもたちがエステルのような境遇になる可能性だってある。私たちが変化に対応するためには、みずからの能力だけでなく、家族やコミュニティによる支援と安全装置も欠かせないのだ。

あなたの人間関係づくり

人間関係に関する計画を点検する

＊十分な時間を確保できているか？

未来の計画を考えるときは、パートナーや子ども、そのほかの家族や友人などとの関係を通じて得られる喜びと満足感も大切にしたいだろう。こうした「純粋」な人間関係を構築するには、長い時間がかかる。一緒に長い時間を過ごし、じっくりと相互の信頼と愛情、共感と理解をはぐくまなくてはならない。あなたは、いま思い描いている人生の進路とステージのなかで、こうしたことに費やす時間を確保できているだろうか。エネルギッシュに活動するステージばかりが続き、活動量を落とす時期がほとんど予定されていないとすれば、計画を再検討したほうがいい。ゆとりの時間をもっと増やすべきかもしれない。

＊どのような未来を望むかを明確に話し合ったか？

人生が長くなり、マルチステージ化すれば、選択肢が広がるし、さまざまな活動に携わる順序も何通りにも増える。しかし、そうした新しい機会を生かすためには、身近な人たちと慎重に調整することが必要だ。あなたの大切な人たちは、あなたとは違う計画を立てていたり、新しい選択肢に気づいていなかったりする可能性もある。あなたは、自分がどのような未来を望んでいて、その未来がまわりの人たちにどのような意味をもつかについて、多くの時間を割いて、明確に、そして自由闊達に話し合っただろうか。

＊適応力をもてるか？

本章で指摘したように、カップルのあり方は、「キャリア＋ケアラー」型から「キャリア＋キャリア」型へ変わりつつある。それに伴い、2人の関係の組み立てはいっそう複雑になり、2人がそれぞれ適応力をもつ必要が高まる。あなたが思い描いている人生のステージに到達するためには、自分自身とパートナー、そしてまわりの人たちに、どのような適応が必要なのか。

コミュニティを大切にする

＊コミュニティとの関わりに時間を費やす用意はできているか？

いま計画している人生の進路について、コミュニティとの関わりという観点から考えてみよう。あなたが加わろうと思っているコミュニティは、人生に喜びをもたらし、学習を促すようなものだろうか。人生のさまざまなステージを通じて、ほかの人たちを支援したり、持続可能性の高い地域社会を築いたりするなど、コミュニティに投資するための時間を十分に取っているか。周囲の人たちと関わる時間を増やすための習慣を生活に組み込もう。

＊さまざまな年齢層の人たちと一緒に過ごす用意はできているか？

自分より高齢の人や若い人と接する時間が多ければ、あなたの人生プランはいっそう強力で実りあるものになる可能性がある。いま計画している将来のステージや活動を具体的に思い浮かべた場合、同世代の人たちだけで集まる可能性が高くはないか。もしそうであれば、ほかの年齢層の人たちと接する機会を増やすためにどうすべきかを考えよう。年齢で人を判断すべきではない。大切なのは、それぞれの人がどのような人間なのかだ。

第3部

人間の社会

第6章

企業の課題

企業の慣行、規範、文化は、人々が光り輝けるかどうかを大きく左右する。本書では社会全体における新しい取り組みの重要性を強調してきたが、企業における新しい取り組みも同じくらい重要だ。企業は、100年生きる時代に人々がいだくニーズに対応し、60年の職業人生の間に社員が経験する人生の変化を受け入れ、新しいテクノロジーが求める柔軟性を備えた慣行を確立する必要がある。「働く」という概念の変化にも適応しなくてはならない。

社会的開拓者になって生き方と働き方を変えたいと考える人は多い。しかし、企業の慣行という支えなしでは、そのような欲求をいだく人たちは挫折と不満を味わうことになる。職業人生が比較的短かった頃なら、過酷なストレスを伴う仕事は、十分な給料を受け取るために割りの合う犠牲とみなせたかもしれないが、職業人生が長くなれば、そのような仕事をずっと続けるのは無理がある。そこで、活力を再充填することができて、多くのことを学習できる仕事に就くことが非常に重要になる。

現状では、私たちの開花とは相容れない企業方針を採用している会社があまりに多い。企業が柔軟性を欠いた慣行を改めなければ、ヒロキとマドカは、自分たちが望むような親になれないかもしれない。スキルを磨こうというトムの努力も無駄に終わり、70代まで働くというインの計画も実現不可能になってしまう。

マルチステージの生き方を可能にする

3ステージのモデルは、企業の人事制度に深く根を張っている。このモデルの下では、若者はフルタイムの教育を終えると、すぐに企業に採用される。その後、「将来性ある」若者は20代後半で昇進し、その後も出世の階段をいくつか上っていく。やがて50代後半〜60代後半で突然すべてが終わり、退職の日を迎える。このプロセスは一斉行進で進む。誰もが同じ年齢で、同じステージ（教育→仕事→引退）を経験する仕組みになっているのである。このように、「エイジ（＝年齢）」と「ステージ」を固く結びつけることにより、企業は人事制度を非常にシンプルなものにできている。ひとりひとりの夢や意欲を考慮せず、年齢だけを基準にものごとを判断してきたのだ。

しかし、マルチステージの人生を生きる人々は、一斉行進型の3ステージの人生とは異なり、自分なりのやり方で、さまざまな活動を人生のさまざまな段階に割り振ることになる。そうした活動をおこなう順序もひとつに決まっていない。このような生き方を可能にするためには、企業がエイジとステージの結びつきを断ち切る必要がある。具体的には、2つの行動を取るべきだ。ひとつは、入社年齢を多様化すること。そうすれば、人々は人生の段階によって、仕事につぎ込む時間とエネルギーを増やしたり、減らしたりしやすくなる。もうひとつは、引退と生産性に関する考え方を変えることだ。

入社年齢を多様化する

ほとんどの企業は、20代前半の人には門戸を広く開けているが、それ以降の年齢の人たちにはピシャリと扉を閉ざしている。ヒロキの父親が息子の就職を心配しているのは、この点が理由だ。父親は、ヒロキがいますぐ自分と同じ会社に就職することを望んでいる。就職を遅らせれば、二度とチャンスがなくなるのではないかと恐れているためだ。20代前半のいまこそ、ヒロキがキャリアをスタートさせる絶好機だと、父親は思っている。

人々がマルチステージの人生を選べるようになるためには、人生のあらゆる段階のあらゆる年齢の人たちに対して企業の門戸が開かれなくてはならない。ヒロキは60年続く職業人生を想像し、ひとつの会社でずっと働き続けたくないと思っている。同じような思いをいだく若者が多くなれば、新卒で採用された大勢の社員たちが出世の階段でひたすら上を目指す時代は終わりになる。その場合、企業が優秀な幹部人材を確保するためには、新卒者だけでなく、キャリアのあらゆる段階の人たちを採用する必要が出てくる。

20代半ば以上の人たちが会社から締め出されることの最も直接的な問題点は、みずからのスキルや価値観を探索することに20代を費やした人たちが暗黙のうちに排除されてしまうことだ。このような人たちは、30代になってから企業に加わるチャンスが欲しいだろう。また、20代前半以外での就職を望むのは、こうした人たちだけではない。マルチステージの時代には、あらゆる年齢層の人たちがキャリアの途中での転身を望むようになる。この点は、トム、イン、エステルのストーリーからも明らかだ。

しかし、企業にとって、入社年齢を多様化させることは簡単でない。大半の企業が得意なのは、新卒者を対象に均質的な選考プロセスで選考をおこなうことだ。年齢を重ね、さまざまな業種や職種で経験を積んできた人たちのスキルや適性を評価することは、新卒者を評価するよりも格段に難しい。適切な評価をくだすためには、学業成績だけ見るのではなく、もっと広い視野で関連のスキルを見極めなくてはならない。具体的には、データ分析をおこなったり、新しい評価指標を確立したりする必要があるだろう。

また、企業は履歴書の「空白期間」への見方も変えるべきだ。実験したり、移行を経験したりした人は、どうしてもそうした空白の時期が生じる。3ステージの人生を前提にすれば、履歴書に空白期間がある人は疑いの目で見られる。しかし、マルチステージの人生では、そのような時期があることは理解されるべきだ。というより、称賛されるべきですらある。

さまざまな年齢の人を採用する動きは、すでに一部で見られるようになっている。はじめは、子育てを終えて仕事に復帰する母親たちを受け入れることが中心だったが、次第に対象が広がっていった。イギリスの携帯通信大手「O2《オーツー》」は、最大2年間仕事を離れていた人たちの採用を開始し、フルタイムの仕事への復帰を助けるために11週間にわたり有給の研修を実施している。一方、バークレイズ銀行は見習い制度を導入した。この制度では、対象者の年齢は問わない。キャリアの中盤でリストラにあった人や、早期の退職を選択した人も参加できる。

3ステージの人生では、人々が会社に加わる「入り口」はひとつだけ。そして、入社後には、原則として直線的な職業人生が待っている。その会社で数回の昇進を重ね、やがてキャリアが頭打ちになるのだ。対照的に、マルチステージの人生では、キャリアは直線的なものではなくなる。フルタイムで働く時期もあれば、仕事を中断してリフレッシュしたり、スキルを磨いたりする時期もあるし、ワーク・ライフ・バランスを改善するために休息を取る時期もあるだろう。企業としては、新しいステージに進もうとする優秀な人材を失う危険を冒すよりも、社員が仕事につぎ込むエネルギーを時期によって増減させられる柔軟性を認めたほうが賢明だ。

そのような柔軟性を認めることは、人材を引きつけ、つなぎとめるうえで非常に有効な手段になりうる。人口減少が際立っている若い世代（マドカはそのひとりだ）はとくに、そうしたことに魅力を感じる。そこで、企業は、たとえば社員がサバティカル（長期間仕事を離れて、学校に通ったり、ボランティア活動などをしたりして過ごす期間）を取得するのを後押ししてもいい。

職業人生が長期化し、非直線的になる時代には、昇進に関する考え方も改める必要がある。直線的なキャリアを前提にして、下の職階から上の職階へ昇進していく仕組みを採用している場合、長期間にわたり役職にとどまる人が増えると、昇進が滞るようになる。これは、家族経営の企業ではとりわけ深刻な問題だ。若い世代が会社を切り回す地位に就くまでに、非常に長い期間待たなくてはならない。イギリス王室はその典型だ。90歳を超えているエリザベス女王はすでに英国君主として史上最高齢になっていて、在位期間も史上最長に達している。息子のチャールズは、皇太子のまま70歳を超えた。将来、国王になるときは、史上最高齢での即位になる。長寿化により、チャールズは非常に長い待ち時間を経験することになったのだ。

時代の変化に対応するために、企業は垂直的昇進から水平的異動へと発想を転換すべきだ。具体的には、社員がスキルを生かせる場をいくつも用意したり、同格の役職に移って活躍する機会をつくったりすればいい。そうすることで、これまでより柔軟なキャリアの梯子（というより、キャリアのネットと呼んだほうが適切かもしれない）をつくり、人々がキャリアのなかで仕事につぎ込む時間とエネルギーを増減させやすくすることができる。そうなれば、キャリアの水平的異動は、キャリアの停滞を意味するのではなく、キャリアの前進の一形態とみなされるようになるだろう。

新しい退職の形をつくり出す

長寿化に関する研究で目を見張るべき発見のひとつは、私たちの年齢の可変性がきわめて大きいということだ。人は70代になっても経済的な生産性を維持できる可能性がある。ここまで述べてきたように、高齢になっても経済活動を続けることは、その人の生計にとっても、国の財政にとっても非常に好ましい。しかし、60歳や65歳、あるいはもっと若い年齢を退職年齢と定める企業の制度により、長く働き続ける道を閉ざされている人が多い。この状況を改めなくてはならない。それも、早急に変化を起こす必要がある。

政府の規制がそのような変化を後押しできることは間違いない。年齢を基準にした強制退職制度の採用を難しくする法改正には効果があるだろう。しかし現状では、高齢の社員に雇用継続の選択肢を与えている企業はあるが、70代や80代まで働くことを支援する制度を設けている企業はほとんどない。ほとんどの企業は、社員にフルタイムの就労とフルタイムの引退の二者択一を強いているのだ。

このような状況は、人々が求めているものとは大きくかけ離れている。この問題に詳しいジョシュア・ゴットバウムとブルース・ウルフの表現を借りれば、「ほとんどの人は、温かい風呂に浸かるように引退生活に移行したいと思っている。そのプロセスがゆっくりと、少しずつ進むことを望んでいるのだ」。ところが、「いきなり冷たいシャワーを浴びせられて」いるのが現実だ。[1] 企業も社員の思いに気づいていないわけではない。最近の調査によれば、アメリカ企業の約72％は、社員が退職年齢以降も働き続けたがっていることを認識している。段階的に仕事の量を減らしていくような引退のあり方を導入しようと考えている企業も、全体の半分近くに上る。問題は、企業の言行がまだ一致していないことだ。これらの企業のうち、実際にパートタイムで働く選択肢を提供している会社は31％にすぎない。[2]

この面で社員の要望に応えるためには、たとえば引退の道筋を選択制にすればいい。フルタイムで働き続けたい人も、柔軟に少しずつ仕事を減らしていきたい人も、自分が好きな道を選べるようにするのだ。そのような選択肢は、早い段階で設計しておいて、引退の時期より前に提示する必要がある。人々が未来に向けた計画を立てるためには、正確な予測ができなくてはならないからだ。たとえば、退職の時期を遅らせたり、柔軟な働き方をしたりすることが可能なのか、そして、それらの選択をした場合に、時間的な拘束と給料の金額がどうなるのかを知っておく必要がある。

一部の企業では、こうしたプロセスはかなり早い時期に始まる。スイスおよびスウェーデンの重電大手ＡＢＢの社員は、45歳になると3日間のセミナーに招かれる。そのセミナーでは、キャリア開発と人生のさまざまな節目について学ぶ。これにより、社員は早い段階で自分にどのような選択肢があるかを知り、未来の進路を検討して、新しい足場を築きはじめることができる。そして、この10年後、社員は配偶者と一緒に、加齢と仕事の関係、積極的な人生設計、高齢期の資金と健康、世代間関係といったテーマについて説明を受ける。

やがて60歳になると、価値のあるスキルをもっている社員は、企業などの暫定的なマネジメントを引き受ける「コンセネク」というコンサルティング会社への移籍を打診される。この移籍先では、複合企業のゼネラル・エレクトリック（ＧＥ）、輸送機器大手のボンバルディア、重電大手のアンサルド・エネルギアの出身者とともに、専門家としてさまざまなプロジェクトに携わる。三菱重工などの日本企業も、定年以降の人たちのスキルを活用する仕組みを設けている。ここで紹介したような取り組みはマネジャーを対象としたものだが、ギグ・エコノミーの広がりにより、もっと幅広い層の働き手たちにも、新しい退職の形を模索する機会が生まれつつある。

職業人生を長く延ばすことの大きな妨げになっているのは、年齢《エイジ》と賃金《ウェイジ》を結びつける暗黙の常識だ。多くの業種の企業では、在職年数が長くなるにつれて給料も上がっていく。その結果として、高齢の社員は高給取りになり、景気が悪くなると真っ先に解雇されやすい。

この問題を解決するためには、真の社会的発明が必要だ。ひとつの方法としては、給与体系と勤務体系を柔軟化することが考えられる。さまざまな研究によると、60歳超の働き手の多くは仕事を続けたいと思っている半面、フルタイムで働くことはたいてい望んでいない。

最近、アメリカで55歳超の1500人を対象におこなわれた研究によると、多くの人は柔軟な勤務時間で働くことを希望しており、勤務体系の柔軟性と引き換えに給料が下がってもやむをえないと考える人たちもいる。半分近くの人は時給換算で10％減、約2割の人は20％減を受け入れてもいいと述べている。[3] 年齢と昇進と給料の関係について率直に議論すべきときが来ているようだ。

幸せで健全な家庭生活を支援する

実りある人生の土台を成すのは、家庭とコミュニティにおける深い人間関係だ。これからの時代にどのような人間関係が形成される可能性があるかは、すでに論じた。その際に指摘したように、そうした深い人間関係を築くためには、時間を要する場合が多い。柔軟性が必要とされる場合もある。問題は、企業の慣行が原因でそのような人間関係への投資が妨げられているケースが多いことだ。

では、企業はどうすれば、長寿化の進展とテクノロジーの進化に対応して、仕事と家庭を実りある形で両立させやすい状況をつくり出せるのか。どうすれば、ヒロキのような男性が子育ての喜び（と苛立ち）をもっと経験できるようにし、マドカのような女性がキャリアと家庭の二者択一を強いられずに済むようにできるのか。そして、どうすれば、高齢者人口が増加するなかで、高齢の親族の介護をしながら働きやすい環境をつくれるのか。

企業がそのような働き方を実現することは可能だ。ただし、そのためには企業のリーダーたちが強い決意をもたなくてはならない。企業の慣行と文化を大きく変える必要があるからだ。

子育て社員への金銭的ペナルティ

家庭や人間関係に対する投資の中心を成すのは、時間の投資だ。深い人間関係と、その前提となる相互の責任と信頼をはぐくもうと思えば、時間を費やさなくてはならない。幼いわが子と過ごしたり、高齢の親を介護したり、地域コミュニティを支援したりするための時間も必要だ。しかし、大半の企業では、そうした活動のために仕事時間を減らすことは難しく、金銭的ペナルティを伴う場合も多い。

これまでも、仕事に費やす時間を減らすことの代償として、厳しい状況に置かれてきた人たちがいる。それはワーキング・マザーたちだ。図6−1に示したように、イギリスでもアメリカでも、女性の賃金の対男性比は、第一子が生まれる頃に落ち込みはじめる。しかも、これはその時期だけの一時的な現象ではない。影響が長年かけて蓄積し、10年後の時点で、対男性比で見た女性の賃金水準は、イギリスでは44％、アメリカでは31％低くなっている。(4)

図6-1　子育て社員への金銭的ペナルティ（イギリスとアメリカ）

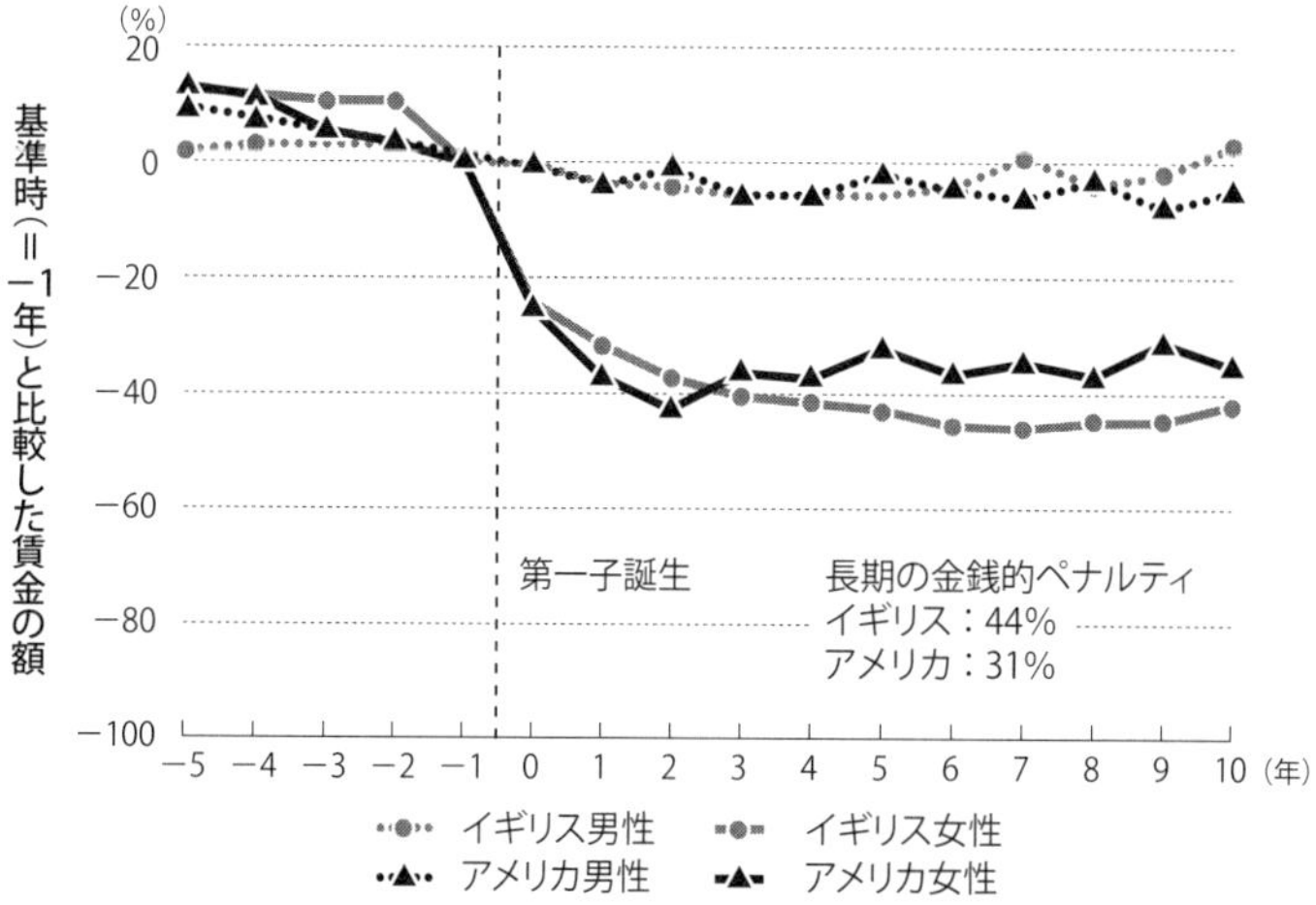

（出典）"Child Penalties Across Countries: Evidence and Explanations", Kleven, Landais, Posch, Steinhauer, Zweimüller, *AEA Papers and Proceedings*, 109, 122–126, 2019

　こうした男女間の賃金格差がすべて、子育てに対するペナルティによるものだと決めつけることはできない。そこにはさまざまな要因が関係している。それでも、柔軟な勤務体系を望んだり、長時間労働ができなかったりする社員へのペナルティが主たる要因であることは間違いなさそうだ。

　問題は給料だけではない。さまざまな研究によれば、仕事に復帰した母親たちの多くは、激しい不満を味わわされる。ときには、抑鬱状態に陥るケースすらあるという。自分たちのスキルが時代遅れであるかのように扱われたり、仕事を離れていた期間を無価値な空白期間とみなされたり、年齢を重ねていることを理由に不利な処遇を受けたりするからだ。

　元の勤務先に復帰する母親が少ないのは、この点が理由なのかもしれない。仕事を再開する際に、業種や職種を変えるケースがよく見られるのだ。営利セクターから社会セクターへ、あるいは、伝統的に男性中心の職業から伝統的に女性中心の職業へ転身する人も多い。しかし、その結果として、男女間の賃金格差がいっそう固定されてしまう。これらのセクターや職業は、概して賃金が低いからだ。(5)

言うまでもなく、企業はこのような母親たちが置かれた状況に目を向け、支援を強化する必要がある。そうした支援のための取り組みは、これまでも数多く実践されてきた。たとえば、女性社員のネットワークを発足させたり、女性社員向けの新入社員導入プログラムをつくったり、女性採用枠を設定したり、女性社員対象のメンタリング制度を導入したりといったことだ。これらは価値ある取り組みだが、大きな成果を挙げているとは言い難い。その理由は、シカゴ大学ブース・スクール・オブ・ビジネスのマリアンヌ・ベルトランによる研究が明らかにしている。(6)ベルトランの研究では、仕事の世界における不平等の本質は家庭における不平等だと結論づけている。女性たちは家族の世話に時間を費やしているために、職場で不利な扱いを受けているが、男性が家族の世話をすることへの支援はほとんどなされていない。その結果として、キャリアを追求する女性には、男性よりも重い負担がのしかかっている。

家族の関係を強化し、家族が過酷な経験を乗り越える力を高めるためには、父親が家族と過ごす時間を増やすことが有効な出発点になる。

男性の子育てを支援する

　さまざまな研究によれば、父親が家庭に深く関わると、子どもたちにとっても、父親自身にとっても、そして家族全体にとっても、好ましい結果がもたらされるという[(7)]。家事や育児への貢献が大きい父親は、離婚のリスクが比較的小さく、人生への満足度も高い傾向がある。しかし、実際に家事や育児を積極的におこなっていたり、その意思をもっていたりする父親は、ごくわずかにすぎない。

　父親の育児休業取得率（そして、男女の育児休業取得率の差）には、国によって大きな違いがある。これは、国ごとに政府の政策や企業の方針、社会規範が異なるためだ。多くの国の政府は、育児休業を取ろうとする父親を差別的に扱っていると言わざるをえない。イギリスの場合、年間所得2万7000ポンド（イギリスの平均所得）の母親は、育児休業1年目に合計7449ポンドまでの手当を国から受け取れる（週466ポンドが6週間、その後、週141ポンドが33週間）。それに対して、父親が受け取れるのは、週141ポンドを2週間だけ。合計で282ポンドにとどまる。つまり、父親が国から受け取れる金額は母親の約26分の1でしかない（パーセンテージで言えば4％）。この格差は、企業の育児休業制度によりさらに増幅されている。多くの企業は、法律で義務づけられている最低水準よりも手厚い賃金を育児休業中の母親に支給しているが、父親向けに同様の措置を導入している企業は5％に満たない[(8)]。

どうすれば、このような状況を改められるのか。ひとつのシンプルな解決策は、政策を変更するというものだ。スウェーデン、ノルウェー、カナダのケベック州など、「父親クオータ」とでも呼ぶべき制度を採用している政府も多い。子どもの両親が２人で取得できる合計の育児休業期間のうち、片方の親の取得日数が一定の基準を下回ってはならないとする制度だ。もし父親の取得期間がその最低基準に達しなければ、夫婦はその分の育児休業期間の権利を失うことになる。

このような政策には、男性の育児休業取得を促す経済的なインセンティブをつくり出す効果に加えて、もうひとつの手ごわい問題、すなわち男性が育児で担う役割についての社会規範を変える効果も期待できる。男性の育児休業を取り巻く状況は、それぞれの国の文化によって大きく異なる。イギリスでは、半分以上の父親が育児休業を取得するつもりがないと述べている。それに対し、スウェーデンでは、ほぼすべての父親が育児休業を取得する。その大きな理由は、スウェーデン政府が40年前に、父親と母親を区別しない育児休業手当制度を導入したことにある。子ども1人につき、両親に合計で最大１８０日間まで給料の90％を支給する制度だ。

１８０日間を夫婦でどのように分け合うかは、それぞれの夫婦の判断に委ねられている。制度が導入されたあとも、実際に父親たちが育児休業を取得するようになるまでには長い年数を要した。しかし、現在では、スウェーデンの父親たちが取得する育児休業期間は平均7週間に上っている。

最近は、企業の方針も変わりはじめている。アメリカの有力テクノロジー企業のなかには、男性社員が育児休業を取得できるようにする会社が増えている。動画配信サービス大手のネットフリックスは、最大で1年間の有給の育児休業制度を導入した。この期間、両親は働くことを選んでもいいし、働かないことを選んでもいい。手芸品などのオンラインショッピングサイトを運営するエッツィは、26週間の育児休業を認めている。このうち8週間は、出産および養子縁組直後の半年以内に連続して取得しなくてはならないが、それ以外の期間は2年以内の好きなときに取得できる。

介護者を支援する

昔に比べて高齢者が概して健康になったことは確かだが、社会で高齢者の割合が増えれば、高齢の親族の介護という課題が家族に重くのしかかるようになることは避けられない。中国では、長年にわたり「一人っ子政策」が実施された結果、祖父母4人に対して孫が1人という家族が多くなっている。そのような社会では、育児休業よりも介護休業の重要性が高まるだろう。その傾向はすでに見えはじめている。イギリスでは、有給の仕事と無給の介護労働を並行しておこなっている人が働き手の8人に1人に上る。(9) 介護需要の高まりは、個人だけでなく、経済全体にも負担を強いる。イギリスの場合、50~64歳の4人に1人が家族の介護を優先させて、職に就いていない。この割合は、スペインでは3人に1人に達している。(10)

今後は、高齢の親族を介護するために仕事の時間を減らしたり、柔軟な働き方をしたりすることを望む人が増えるだろう。育児休業の場合と同様、その希望に応えるためには政府と企業の行動が不可欠だ。政府は、育児休業制度にならって介護休業制度を法制化してもいい。ただし、その場合は、女性の介護負担ばかりが重くならないように配慮が必要だ。世界全体で見ると、女性は男性に比べて、無給の介護労働に携わる時間が2～8倍も多いという[11]。育児休業における「父親クオータ」のように、介護休業にもいわば「息子クオータ」を導入すべきなのかもしれない。

介護者に対する支援では、企業が果たせる役割も大きい。イギリスのエネルギー会社セントリカは、1カ月間の有給の介護休業制度と柔軟な勤務体系を提供しはじめた。すると、欠勤が減り、離職率も低下したという。つまり、介護に携わる社員を支援する制度を設けることは、会社にとっても魅力的な選択なのだ。

柔軟性を重んじる文化をつくる

企業などに雇われて働いている人の大半は、多かれ少なかれ、職場の柔軟性が足りないと感じている。柔軟性が欠如している結果、社員が人生でさまざまな出来事を経験するうちに、社員が望む勤務時間と実際に認められる勤務時間の間にどうしてもズレが生じる。研究によると、人は人生のある時期にそうしたズレを経験すると、人生の次の段階では、自分の望む働き方を

するために職を変える場合が多いという。(12)

柔軟な働き方は、勤務時間と業務プロセスを標準化させたい企業側の事情とぶつかり合うこともあって、企業になかなか受け入れられない。そのため、柔軟な働き方を実践し、働く時間を自分で決めたいと望む人は、給料が少なくなる場合が多い。ここにジレンマが生まれる。柔軟な働き方をすれば育児や介護をしやすくなるが、ほとんどの場合は収入が減ってしまう。仕事と私生活が真っ向から衝突するのだ。このように、柔軟な働き方をする人が代償を払わされるのであれば、男女の所得格差は解消されない。(13) しかし、楽観できる材料もある。将来、企業はこのジレンマの解消に取り組むようになる可能性が高いのだ。

そのひとつの要因は、需要と供給の関係だ。マルチステージの人生を生きる人が増えれば、柔軟な働き方を望む人が増える。柔軟性へのニーズは、人生のさまざまな時点で生まれる。たとえば、高齢の働き手は、引退への移行の仕方について柔軟性を欲するかもしれない。幼い子どもがいる人は、子どもと過ごす時間がもっと欲しいと思うだろう。一方、高齢の親を介護している人は、そのための時間が必要になる。職業人生のなかで時期によって仕事に費やす時間とエネルギーを増減させたい人たちも、柔軟な働き方を望む。

このように柔軟な働き方を望む人が増えれば、柔軟性の乏しい働き方をいとわない人は減りはじめる。柔軟な働き方を提供しない企業は、採用できる働き手の候補が大幅に減ることになる。働き手の多くがフルタイムの雇用を望んだ時代には、企業が柔軟な働き方を提供することには多大なコストが伴った。しかし、誰もが柔軟な働き方を望む時代には、そのような働き方に対応することが格段に容易になる。

ジレンマの解消を期待させるもうひとつの要因は、新しいテクノロジーが登場して生産性が向上することにより、やがて週休3日制が普及すると予想されることだ。1週間の勤務日が4日だけになれば、社員が家族のために時間を割き、柔軟な働き方を実践するための選択肢が大幅に拡大するだろう。

週休3日制以外の面でも、テクノロジーの影響は無視できない。人工知能（AI）とロボットは、仕事の世界を大きく様変わりさせ、柔軟な働き方に道を開くだけでなく、データを処理し、複雑な業務プロセスを計画するための新しい手立ても生み出す。そのようなテクノロジーを活用すれば、企業が働き方の柔軟性を高める際にかかるコストも抑えられるだろう。

ハーバード大学の経済学者であるクラウディア・ゴールディンとローレンス・カッツによる実証的な研究は、柔軟な働き方への移行がどのように実現し、そのプロセスをテクノロジーがどのように後押しできるのかを明らかにしている。企業にとって、柔軟な働き方を導入することが容易でないのは、多くの職種では同じ人物が長期にわたって同じ業務を担当し続ける必要があるからだ。要するに、ある働き手の仕事をほかの働き手で代替しづらいことが問題なのである。確かに、このような状況では柔軟な働き方を実現することは難しいだろう。

しかし、テクノロジーの力により、働き手の代替が可能になった職種もある。ゴールディンとカッツが着目したのは、アメリカの薬局業界だ。[14] この業界では、過去数十年ほどの間に男女の1時間当たり賃金の格差が解消された。フルタイムの人とパートタイムの人の賃金格差もなくなった。それにより、薬剤師たちは柔軟な働き方を選びやすくなり、カップルの両方がキャリアを追求する「キャリア＋キャリア」型の生き方を実践する道が広がった。

こうした変化は、政府の規制や意識的なジェンダー政策の産物ではない。それを可能にしたのは、業界の組織構造の大きな変化、テクノロジーへの投資、そして製品の標準化だった。組織構造の面では、小規模な独立系薬局が淘汰されて、大規模チェーンへの集約が進んだことが大きかった。これにより、働き手はほかの店舗に移籍しやすくなり、仕事を休む人の代役を見つけることも簡単になった。また、記録作業へのテクノロジー導入に莫大な投資がおこなわれたことも見過ごせない。データの電子化に伴い、顧客の記録を誰でも閲覧しやすくなり、ひとりの顧客にいつも同じ薬剤師が対応する必要性が小さくなったのだ。さらに、商品の標準化が進んで、どの薬局でも同じ医薬品が売られるようになったことの影響もある。この点も、薬剤師の代替を容易にする効果があった。こうした薬局の例からも明らかなように、働き方の柔軟性を高めるうえでは、組織構造と職務設計を改めることがきわめて有効なのだ。

20年以上前にイギリスの通信大手BTでおこなわれた先駆的な取り組みの経験によれば、働き方の柔軟性を高めても生産性が落ち込むとは限らない。柔軟な働き方をした社員はたいてい、そうでない人たちよりも生産性が高く、離職率も低かったのである。[15] これ以降、日用品・食品大手ユニリーバが新人事制度「WAA（＝Work from Anywhere and Anytime）」を導入して、働く場所と時間を社員が自由に選べるようにするなど、柔軟な働き方を支援する取り組みがいくつもおこなわれてきた。今後もオフィスの維持コストを削減しようとする動きが続き、在宅勤務や柔軟な勤務時間を選択できる機会はいっそう拡大するだろう。

学びを支援する

人々が新しい長寿時代に適応するためには、生涯学習が不可欠だ。そして、人々が生涯を通じて学び続けるよう後押しするために、企業が果たせる役割はきわめて大きい。しかし、話は簡単ではない。非恒久的な労働者の割合が増え、転職も盛んになっている時代に、企業は働き手の学習を奨励することに強いインセンティブをいだきにくい。人材サービス大手マンパワーグループのヨナス・プライジングCEOが言うように、「企業は人材を生み出すのではなく、労働を消費するようになった」のだ[16]。今日、イギリスの平均的な働き手が就職後1年間で受ける研修は、わずか16時間にすぎない[17]。仕事に役立つスキルをはぐくむ役割は、企業から個人に移ったのである。

それでも、企業は社員の学習を促す環境を積極的に整備すべきだ。企業にとっては、社員が充実したトレーニングを受け、新しいテクノロジーを使いこなせることが望ましい。それに、デジタルプラットフォームが新しい学習の形態を生み出せば、社員に研修を提供するコストも大幅に低下する。また、新しいテクノロジーの力により、ひとりひとりの社員に合わせた研修をおこない、その成果や進捗を監視・計測することも容易になるだろう。

ソーシャルメディアでユーザーが多様なコンテンツを自由に選べるのと同じように、企業の学習プラットフォームでも社員が学習のコンテンツを選べるようになる可能性がある。企業は、ひとりひとりの社員が能力をはぐくむために適した素材を提供し、自分のペースで学習できる環境をつくれるかもしれない。言ってみれば、企業研修の「ネットフリックス化」が起きるのである。[18] たとえば、ユニリーバでは、社員が会社の学習プラットフォームにログインすると、その人に合わせた学習素材がいくつも示されるようになっている。

学習のプロセスを真の意味で「民主化」する試みの一環として、ユニリーバの学習プラットフォームには社員たちの学びの成果が反映されている。同社では、一部の社員に最大1000ドルを支給して、社外のイベントに参加させたり、講座を受講させたりしている。それらの社員は、学んだことを基に独自の学習素材を作成し、それを学習プラットフォームに載せて、ほかの社員がアクセスできるようにする。このような活動をさせる社員は、どうやって選んでいるのか。学習プラットフォームで既存の学習素材を推薦したとき、その情報がほかの学習者たちからどの程度参考にされているかを基準にする。「最先端の人たちは、自分やほかの社員たちが何を学ぶべきかをいちばんよく知っている」と、同社のグローバル最高学習責任者を務めるティム・マンデンは述べている。[19]

ユニリーバだけではない。世界中の多くの企業が社員向けの学習プラットフォームに投資しはじめている。インドのIT大手タタ・コンサルタンシー・サービシズでは、「ノーム」という社内プラットフォームを通じて、42万人を超す社員が自分のスキル習得状況を把握したり、評価を獲得したり（スキルを習得すると、バーチャルな「バッジ」を受け取れる）できるようにしている。

安価な学習プラットフォームは社員の好奇心を刺激するうえで有効な手立てだが、もっと大々的な投資をおこなうことにより、社員が職業生活を通じて学び続けるのを後押ししている企業もある。たとえば、航空機用エンジンメーカーのプラット・アンド・ホイットニー社向けのエンジン開発などを手掛ける複合企業ユナイテッド・テクノロジーズ（UTC）もそうした企業のひとつだ。

同社は1996年、仕事をしながら学位取得を目指す社員すべてを対象に、最大1万2000ドルの学費を負担する制度を導入した。学位を取得した社員が他社に移籍してしまえば、ライバル企業のために社員教育への投資をおこなったことになる。しかし、人的資源担当のゲイル・ジャクソン副社長はこれを有意義な投資と考えている。「社員には旺盛な知的好奇心をもっていてほしい。社員が研修を受けず、そのまま会社にとどまるよりは、研修を受けて会社を出ていくほうがましだ」と、ジャクソンは言う。[20]

大激変に見舞われている業界にも、新しい人物を採用するより、既存の社員のスキルを高めるために積極的な投資をしている企業がある。30万人以上の社員を擁する通信・メディア大手AT&Tは、この10年間で自社の中核事業を旧来の通信事業からビッグデータとクラウドコンピューティングへ転換させてきた。同社がビジネス戦略の方向を変えるのと並行して取り組んできたのが、社員のスキル向上と再訓練だった。

その学習のプロセスは、まずひとりひとりの社員がみずからのキャリアの輪郭を描き出し、自分がどのようなスキルをもっていて、どのような訓練を受けてきたのかを記録することから始まる。それを基に、社員が社内のキャリア情報のデータベースにアクセスし、いまどの職に空席があり、その職に就くためにどのようなトレーニングが必要かを調べられるようになっている。同社がMOOCs《ムークス》（大規模公開オンライン講座）の有力プラットフォームである「ユダシティ」やさまざまな大学と共同で開発した「ナノ学位」のプログラムも受講できる。同社では社員の自発的な学習を重じているが、大規模な資金的支援もおこなっている（2015年は総額3000万ドル）。

生涯学習の支援対象になるのは、スキルの高い社員だけとは限らない。スターバックスは、非大卒のスタッフのみを対象に、アリゾナ州立大学のオンラインコースで学位を取得するための学費を負担している。これまでに登録した人は1万8000人、卒業して学位を取得した人は2400人に上る。狙いは、スタッフの昇進可能性を高めることにより経済面での苦境を和らげること、そしてスタッフを会社につなぎとめることにある。

年齢差別をなくす

アメリカの高齢者団体「AARP」によれば、45~74歳の働き手の3人に2人は、年齢差別を経験したことがあると述べている。年齢の高い人への差別的な扱いがとりわけ甚だしいのがシリコンバレーだ。この10年間、シリコンバレーの有力企業では、人種差別や性差別を理由に起こされた訴訟の件数よりも、年齢差別を理由に起こされた訴訟の件数のほうが多い(21)。いま社会が直面している本当の問題は、働き手が不足していることではなく、高齢者を雇用しようとする企業が不足していることなのかもしれない。

年齢のような外形的要因による差別の核にあるのは、単純な固定観念だ。企業の取締役会や人事部門にはしばしば、高齢者は生産性が低く、学習意欲が乏しいという先入観がはびこっている。フェイスブックのマーク・ザッカーバーグCEOが23歳のときに述べた言葉は、その典型だ。「要するに、(高齢者よりも)若い人のほうが賢いんだ」と、ザッカーバーグは言ってのけた。社会のほかの層について同様の発言をしたら、非難囂々《ひなんごうごう》だっただろう。このことから明らかなように、年齢差別的な発言はいまだに社会で容認されているのだ。

もっとも、高齢層の就労に関する見通しがすべて真っ暗というわけではない。1998年以降にアメリカで実現した雇用増の90％は、55歳以上の層によるものだ。企業の年齢差別的な制度が変わらないままでも、高齢層の就労者数がこれだけ増加したということは、年齢差別が解消されれば、さらに大きな前進が期待できるだろう。

高齢の働き手は生産性が低いという思い込みがまかり通り、企業で年齢差別的な慣行が根を張っている根底には、3つの時代遅れの固定観念がある。ひとつは、高齢者は残された時間が少なく、スキルの学び直しに強い関心を示さないというもの。もうひとつは、高齢者は教育レベルが低く、生産性が低いというもの。そしてもうひとつは、高齢者は肉体的制約により働くことができないというものだ。

まず、高齢者に残された時間に関して言えば、すでに述べたように、現在の77歳は、1972年当時の68歳に匹敵する余命をもっている。それに、長寿化の進展に伴い、人々は昔より長く働かなくてはならなくなった。こうした事情は、高齢の働き手が長く働き続け、新しいスキルを学ぶことを促す要因になる。

また、高齢者の教育レベルが低いという固定観念も時代遅れになってきた。1950年代のアメリカでは、70歳の人のうち、5～19歳のときに学校に通っていた人の割合は半分にすぎなかった。この時代であれば、「若い人のほうが賢い」というザッカーバーグの言葉にも説得力があっただろう。その後、1980年代の時点でも、65歳の人の圧倒的大多数は大学を卒業していなかった。この年齢層が教育を受けた1940年代には、20～24歳の7％しか大学に在籍していなかったのだ。しかし、状況は変わった。今日の60代は、大学卒以上の学位をもっている人の割合がもっと高い。高齢者の教育レベルが低いというのは、加齢によって生まれる現象ではなく、過去の教育政策の産物にすぎなかったのである。

最後に、高齢者は働くことができないという固定観念はどうか。1960年代前半のアメリカでは、確かにそのとおりだったかもしれない。当時は、民間部門の雇用の半分をそれなりに過酷な肉体労働が占めていた。[22] しかし、今日はその割合が20％を下回っており、その割合はさらに急速に低下し続けている。肉体労働の重要性は、昔より小さくなっているのだ。この潮流は今後いっそう際立ってくるだろう。ロボットが肉体労働を助け、ＡＩが認知機能を支える義肢のような役割を果たすことが予想されるからだ。

高齢の働き手の生産性を維持する

もちろん、建設やその他の肉体労働、プロスポーツなどの分野では、年齢を重ねるとともに生産性はどうしても下がる。昔に比べれば、生産性が落ち込みはじめる年齢は遅くなり、下落のペースも緩やかになるかもしれないが、この現象そのものは避けられない。本書執筆時点で、男子プロテニス選手のロジャー・フェデラーは38歳で世界ランキング3位に位置しているが、その長いキャリアもいずれは終わりを迎える。この種の職では、高齢になっても働き続けることはできず、ロボットの活用を進めることもできない。

しかし、年齢と生産性の結びつきを示す確固たるデータはそれほど多くない。少なくとも、この2つの要素の間に単純な相関関係は確認されていない。加齢の仕方は人によってまちまちだし、働き手に何が求められるかは職種によって異なる。また、働き手の生産性に対して、年齢よりも大きな影響を及ぼす要素はいくつもある。たとえば、教育レベルなどがそうだ。したがって、人々が高齢になっても生産性を維持できるかどうかを知るためには、仕事のタイプと仕事の環境について考えたほうがいい。

たとえば、認知的な要素の大きい仕事では、高齢の働き手の結晶性知能（第4章参照）が大きな強みになるかもしれない。この点は、ドイツの自動車大手BMWの工場でおこなわれた研究からも明らかだ。その研究では、高齢の働き手のほうが若い働き手よりも生産性が高かった。ミスを犯す確率全般は年齢の高い人のほうが少しだけ高かったが、大きなミスをしでかす確率は若い人のほうが格段に高かったのである。[23] 年齢を重ねた人たちは、長年の経験と結晶性知能のおかげで、問題に対処し、問題を抑え込む方法を心得ているのだろう。チーム単位での成果についても、同様のことがわかっている。いくつかの企業のデータによると、年長のメンバーが加わっているチームほど、大きな成果を得られる傾向があるという。粘り強くやり抜く力も、概して年齢とともに高まるという研究結果がある。[24]

人々が長く職業人生を送ることを妨げている要因としては、企業がそれに適した仕事の設計を採用していないことも挙げられる。昔は、ほとんどの人が60歳前に引退していたからだ。この問題への対処法としては、年齢に関する固定観念が時代遅れになっていることを認めたうえで、高齢の働き手にずっと同じ形で働き続けるよう促すという選択肢もある。この方法なら、仕事のあり方を設計し直す必要がなく、高齢者が昔より健康になったことの恩恵を利用するだけで済む。

一方、もうひとつの方法としては、高齢の人たちが働きやすいように仕事を設計し直すという選択肢もある。たとえば、年齢を重ねるにつれて、1日の体調のリズムが変わるという点に着目してもいいだろう。若いうちは夕方以降に体調のピークが来るのに対し、高齢者は午前中にピークが来る場合が多いのである。

2019年夏、ファストフードチェーン大手のマクドナルドはAARPと協力し、25万人の高齢者を採用した。人手不足のなかで朝食の時間帯に働くスタッフの確保に苦労していたマクドナルドにとって、朝に強い高齢者に目を向けるのは自然な選択だったのかもしれない。同社のアメリカ事業で最高人事責任者を務めるメリッサ・カーシーはこう述べている。「マクドナルドは、職業人生のあらゆる段階の人たちが成長して花開ける場をつくると同時に、業務を安定的に遂行し、新しい視点を取り入れて誰もがそこから学べるようにしたいと考えている」[25]

高齢の人たちが働きやすくするためには、肉体の衰えが生産性に及ぼす影響を和らげる工夫をすることも有効だ。前出のBMWの工場では、高齢の働き手が椅子に座って作業できるようにしたり、組み立てラインの作業スピードを少し遅くしたりしている。

あるいは、高齢の働き手のために新しい役割をつくってもいい。大手ホテルチェーン創業者で著述家でもあるチップ・コンリーの表現を借りれば、「現代の長老」とでも呼ぶべき役割を新たにつくり出すのだ。コンリーは、50代半ばで民泊仲介サービス大手エアビーアンドビーの幹部チームに加わったとき、平均年齢26歳の会社で大きな役割を果たすことができたという。自分の経験を生かして、チームの能力を最大限引き出し、会社が落とし穴にはまり込むのを防ぐことに心を砕いた。このような役割は、これから重要性を増していくだろう。やがて、職場における「現代の長老」が新しい職種として確立されるかもしれない。

高齢の働き手が職場に加わることにより、スキルの多様性がもたらされる可能性を検討した研究に、ロンドン・ビジネス・スクールのジュリアン・バーキンショーらがおこなったものがある。[26]この研究では、20以上の国の1万人を超すマネジャーに、みずからのマネジメントスタイルについて尋ねた。調査対象となったマネジャーの年齢は21～70歳だった。その回答を見ると、年齢を重ねているマネジャーほど、第一印象を重んじず、みずからの行動が他者に及ぼす影響を見落とさないように努める傾向が見られた。また、戦略を実行に移す際も、ビジネスモデルよりも、ほかの人たちの感情面での反応を予測することに重きを置いていた。全般的に言って、年長のマネジャーほど協働志向が強く見られた。メンバーと緊密な関係をはぐくみ、みずからの方針を支持してくれる人たちの連合体を築き、起こりうる問題とメンバーの懸念を予期することを重んじていたのだ。

注目すべきなのは、概して年長の働き手のほうが、テクノロジーの変化により労働市場で重要性を増す人間的スキルを備えているという点だ。高齢の人たちに担わせる役割を見直して、そのような働き手が強みを生かせるようにすることは、人々が長く働き続けることを可能にするだけでなく、企業の業績を高めるうえでも大きな意味をもつのだ。

なぜ、企業が変わるべきなのか?

本章で取り上げてきた課題に対処しようと思えば、企業はさまざまな面で旧来のやり方を改めなくてはならない。変革には、手間とコストがかかるし、資源も割かなくてはならない。ここまでの記述では、そうした変革が必要な主たる理由として、人々がマルチステージの人生を生き、長い職業人生を送る必要があるという点を挙げてきた。しかし、読者のなかには、疑問が頭に浮かんだ人もいるだろう。どうして、企業がわざわざそのような変革に乗り出す必要があるのか、という疑問だ。

実際、変革を拒む企業も少なくないだろう。一部の措置だけ採用することはあっても、全面的な変革にはコストがかかりすぎるとか、実現が難しいなどと考えるためだ。そのような企業に対しては、政府が法律や規制を設けることで変革を強制するほかない。しかし、企業が競争力を維持するために、このような変革が避けて通れないケースも多い。

機敏な働き手を擁することの重要性

近年のビジネス理論では、アジリティ（機敏性）の高い企業環境をつくることの重要性が一貫して強調されてきた。(27) テクノロジーの変化に伴い、これまでより柔軟な働き方を実践し、仕事の仕方を素早く変えていく必要が高まると考えられているためだ。社員がそうしたアジリティをもつためには、やる気と参加意識が欠かせない。逆に、企業の文化や慣行が原因で、社員が消耗していたり、家族のことを心配していたり、休暇が取れないことに腹を立てていたり、学習への支援が不十分なことに不満を感じていたり、十分な速さでスキルを高められるか不安をいだいていたりすれば、仕事のパフォーマンスはたちまち低下する。その点、本章で論じてきた措置の多くは、社員のアジリティを高めるための取り組み全般の土台を成すものであり、テクノロジーによる恩恵を最大限高めるために不可欠なものと言える。

新しいタイプの「企業年金」とは

昔、企業に就職してそこで働き続けることの大きな魅力のひとつは、企業年金だった。それはたいてい、退職前の最終給与の一定割合が給付される確定給付年金の形を取っていた。こうした企業年金制度は、社員への配慮というより、社員を採用して会社につなぎとめるための強力な手段という性格が強かった。新しい社員を採用するには莫大なコストがかかるし、既存の社員が退職すれば多大な損失が生じる。その点、手厚い企業年金があれば、将来の年金と引き換えに、現在の給料を抑えて社員を採用できる。しかも、長く在籍するほど受給額が増えるので、社員を会社につなぎとめる効果も期待できた。

しかし、平均寿命が延び、年金の受給期間が長くなるにつれて、企業にとって金銭的な年金を支給し続けることの負担が重くなってきた。その結果、企業年金制度を設けない企業が増えはじめている。

では、その代わりに企業が提供できるものはないのか。マルチステージの人生では、社員は老後の生活費だけでなく、健康、スキル、移行の能力など、さまざまな無形資産を築くことにも関心をもつ。そこで、企業は「年金」の概念を広げ、無形資産の構築を支援して、マルチステージの人生を生きるのに役立つキャリアの道筋を提供することも「年金」の一種と位置づけてはどうだろう。キャリアの途中で休業できるようにしたり、社外の研修を受講する費用を会社で負担したり、仕事に注ぐエネルギーを時期によって増減できるようにしたり。こうしたことも、広い意味での「年金」の一部と考えるべきなのかもしれない。

消費者と社員のマッチング

年齢差別の標的になっているのは、働き手だけではない。高齢の消費者も年齢による差別を受けている。この点は、企業がマーケティングデータをどのように整理しているかにはっきり見て取れる。21～25歳、26～30歳という具合に5歳単位で市場を区切っているケースが多いが、概して65歳超はすべて一緒くたにして扱われる。

その結果として、いま最も急拡大している成長市場である「シルバー・エコノミー」について正しく理解することが難しくなっている。AARPによれば、アメリカでは50歳超の層の購買力は約7・6兆ドル。これは、世界の国別ランキングで3位に匹敵する金額だ。こうした高齢の消費者たちは、経済のあり方を根本から変えていく。とりわけ大きな影響を受けるのは、製薬、ヘルスケア、金融、老人ホーム、介護、高齢者向け住宅、抗老化製品、旅行・レジャーなどの業種だ。[28] しかし、この変化を追い風にすることは、企業にとってかならずしも容易でない。クライブは、露骨に「高齢者向け」と位置づけられた製品には見向きもしない。同世代の多くが同様の反応を示す。雑に「65歳超」という層に押し込まれたくないのだ。それよりも、利便性や健康や衛生といった具体的な要素に魅力を感じる。

企業は、高齢の社員だけでなく、高齢の消費者に対しても悪しき固定観念をいだいているのだ。企業は高齢者の「Fファクター」を見落としている場合が多いと、マサチューセッツ工科大学（MIT）のジョセフ・カフリンは指摘している。「楽しさ（＝fun）」のことである。意外に感じるかもしれないが、恋人探しサイトの「マッチ・ドットコム」の会員は4人に1人が53～72歳。しかも、いま最も急速に会員数が増えているのがこの年齢層だ。

高齢者市場のニーズに応える体制が整っていないように見える企業が多いなかで、創意工夫により新しい取り組みを実践している人たちもいる。スティーブン・ジョンソンとケイティ・ファイクが設立した世界的なネットワーク組織「エイジング2・0」は、「高齢化がもたらす最大の課題と機会に対処するためのイノベーションを加速させる」ことを目指している。このネットワークには20を超す国から4万人以上が参加していて、高齢者が最後まで社会の一員として生き生きと生きることを助けるための商品づくりに向けて協働している。企業は、自社の人事で年齢差別を避けられれば、高齢の消費者のニーズを理解できる人材を確保できる可能性が高まる。

人手不足の時代が到来する

現在、企業の現場では55歳超の働き手が続々と引退しており、この先、熟練労働者の人手不足が深刻化すると予想される。ドイツでは、向こう10年間に労働市場に加わる15〜19歳の層は約400万人。それに対して、いま55〜59歳の人口は600万人を超す。この層の多くは、3ステージのモデルに従って近く引退することになるだろう。

要するに、これから労働市場に加わる人よりも、労働市場から出て行く人のほうが多い。豊富な経験と結晶性知能をもつ働き手がごっそりいなくなるのだ。しかも、今後は、世界で移民の移動が減りはじめる可能性が高い。そこで、企業は採用対象に関する考え方を変更し、これまでより幅広い層の働き手を採用する必要がある。そうしなければ、人手不足により人件費が上昇したり、スキルをもった人材を十分に確保できなくなったりしかねない。日本では２０１２年以降、生産年齢人口が５００万人以上減っているが、就労者数は４５０万人近く増えた。これは、女性と65歳超の雇用が増えた結果だ。このように、これまで優先順位が低かったタイプの働き手を採用し、つなぎとめられる企業は、高齢化社会でライバルと競争していくうえで大きな強みを手にできるだろう。

テクノロジーの進化は、企業の業務プロセスを大きく様変わりさせ、仕事のあり方を根本から変えようとしている。一方、長寿化の進展は、仕事と時間の関係についての考え方と、人々の仕事観を変容させつつある。この２つの要因に突き動かされて、企業の慣行はすでに大きく変わりはじめている。今後、テクノロジーと長寿化の結びつきはいっそう強力になるだろう。そのため、企業にとっては、いま新しい潮流に適応することがきわめて重要な意味をもつ。それは、人間の可能性を花開かせるだけでなく、企業が成功するためにも不可欠なことなのだ。

第7章

教育機関の課題

煎じ詰めれば、教育の目的は、人々に人生の準備をさせることにある。とりわけ、職に就く準備を整えることが次第に重視されるようになっている。これは、労働市場でテクノロジーと教育が競争関係にあるためだ。ある人の教育レベルがテクノロジーとの競争に勝てていれば、その人の雇用と所得は安泰と言える。(1)

19世紀後半から20世紀前半にかけて、世界の国々が義務教育制度を導入した主な理由もこの点にあった。テクノロジーの進歩に後れを取らないように、国民を教育する必要性を感じたのである。学校教育のあり方も、テクノロジーの進歩に強く影響を受けた。20世紀前半、工場のマネジメント手法としていわゆる「テイラー主義」が定着し、プロセスの標準化、業務効率の改善、大量生産が重視されるようになった。それと同様の発想は、学校教育の仕組みとカリキュラムが確立される土台にもなった。学校での教育方法が統一され、さまざまな教科が整備され、子どもたちの成績により教育の成功度が測られるようになったのだ。

学校教育の標準化には、学校に通う子どもの数が増えても対応しやすいことに加えて、新しい仕事の世界で求められるようになった資質を子どもたちに身につけさせやすいという利点もあった。子どもたちは学校での経験を通じて、絶えず成績を評価されたり、決められた時間におとなしく着席し続けたり、権威者からの指示に従ったりすることに慣れていったのである。

しかし、人生のあり方が変わり、仕事の世界も変わりつつある。既存の教育システムのままでは、人生と仕事への準備が十分とは言えなくなる。そこで、教育のあり方を大きく変えるべきだ。平均寿命が延び、職業人生も長くなれば、人生で必要とされる教育の量は多くなる。しかも、人生の序盤にすべての教育を済ませるのではなく、人生のさまざまな段階で学ぶことが望ましい。

また、生涯にわたって学び続けることを考えると、人生の序盤で受ける教育では、特定のスキルや知識を身につけることよりも、ずっと学び続けるための土台づくりに重点を置いたほうがいい。社会哲学者のエリック・ホッファーはこう述べている。「激しい変化の時代に未来を継

ぐのは、学び続ける者である。学び終えた者は往々にして、もはや存在しない世界で生きる術を身につけているにすぎない」(2)

人間的スキルが重要になる

現在の教育は概して、知識が不足している状態を前提にしている。そのため、知識を伝授し、生徒がそれをどの程度記憶できているかをテストすることが教員の役割になる。しかし、第1章で触れたように、インターネットでやり取りされるデータの量は、2018年の時点で推計1・8ゼタバイトに上っている。(3) これは、人類が歴史を通じて記述してきた言葉の合計を上回る量だ。世界は、知識が不足しているのではなく、知識が豊富にある時代に移行したのだ。

その結果、学習の方法と内容にも大きな変化が必要とされている。私たちは、知識の獲得を目指す「生徒」から、スキルとそれを実地に適用する能力の獲得を目指す「学習者」へと転換しなくてはならない。マイクロソフトのサティア・ナデラCEOも、「長い目で見ればつねに、すべてを学ぶことは、すべてを知っていることに勝る」と喝破している。(4) これからの教育に求められるのは、子どものうちから、必要な情報を見つけ、曖昧で不確実な状況に対処し、発見したことを分析・評価して問題を解決する力をはぐくむことだ。これらは、カーネギー・メロン大学のハンス・モラベックが「人間の能力の風景」という比喩（第1章参照）で論じた人間的スキル、すなわち機械に代替される可能性が最も小さいスキルだ。テクノロジーは急速に進歩し続けている。しかも、人々は長い職業人生を送らなくてはならない。このような時代には、学び方と発見の仕方（そして、過去に学んだことを忘れる方法）を身につけることの重要性が大きくなる。

教育を通じてはぐくむべき人間的スキルは、批判的思考と仮説設定能力だけではない。モラベックの「人間の能力の風景」で海水面が上昇し続けていることを考えると、コミュニケーション、チームワーク、対人関係スキルの持ち主ほど高給を受け取れる傾向が強まるだろう。アップルの小売り部門担当の上級副社長を務めたアンジェラ・アーレンツは、この点をよく理解しているようだ。「テクノロジーが進歩すればするほど、人と人の結びつきという基本に立ち戻ることの重要性が増す」と述べている。(5)

STEMだけでは十分でない

ある意味で、人間的スキルを重視すべきだという主張は、ＳＴＥＭ（科学、テクノロジー、エンジニアリング、数学）を重んじよという一般的なアドバイスに真っ向から反する。といっても、人工知能（ＡＩ）とロボット工学の進歩により、ＳＴＥＭ関連の雇用が増えること自体は間違いない。

イギリスでは、２０２２年までに、デジタル系の雇用数上位３つの職種だけで51万８０００人の雇用が増えると予測されている。(6) これは、過去10年にイギリスでコンピュータ科学の学位を取得した人の3倍に当たる人数だ。この点を考えると、雇用情勢が厳しくなるなかで、STEM教育を受けることが明確な強みになるように思える。しかし、実は、コンピュータ科学の学位取得者の失業率はほかの分野よりも高い。デジタルスキルだけを重んじるのは得策ではなさそうだ。

デジタルスキルだけでは十分でないとすれば、ほかのどのようなスキルが違いを生むのか。以前、グーグルが1万人のトップマネジャーたちの成果についてデータを調べたことがある。1万人の大半は、STEM関連の強力なスキルの持ち主だった。この調査では、どのような資質が昇進につながるのかを明らかにすることを目指した。[7] すると、とくに大きな成果を挙げているマネジャーは、よきコーチであること、ほかの人たちの力を引き出すのが上手なこと、チーム全体の心身の状態に関心を払えること、コミュニケーションに長け、聞き上手であること、明確なビジョンと戦略をもっていることなどの人間的スキルをもっていることがわかった。

デジタルスキルをもたず、コンピュータに詳しくない人たちが払わされる代償は、今後ますます大きくなるだろうが、その種のスキルだけを磨こうとすることが好ましい結果につながるわけではないのだ。大きな価値をもつのは、スキルの組み合わせだ。初等・中等教育や大学で「STEAM」への関心が高まっている理由はここにある。STEMだけでなく「アート（＝A）」の資質も併せ持つべきだという発想が広がりはじめているのである。

STEM教育にばかり力を注げば、実利的な知識を受動的に吸収することを強調しすぎるという落とし穴にはまりかねない。これからの時代にとりわけ重要になるのは、実験をおこなって、リスクを伴う行動に踏み出したり、経験から学習して、ほかの人たちと協働したり、独創的な問題解決策を考案したりするなど、もっと複雑なスキルだ。好奇心をもち、仮説を立てて検証し、分析と内省を実践して、ものごとの理解を深めて前へ進む姿勢――要するに、科学的探究の精神をもつ必要があるのだ。

大人の学習が不可欠になる

企業向けに生涯学習プラットフォームを提供しているディグリード社のデーヴィッド・ブレイクとケリー・パーマーが興味深いことを述べている。誰かに「いまどれくらい健康ですか」と尋ねたとき、「20年前にマラソンを完走したことがあります」と言われれば、ピントのぼけた返事だと思うだろう。ところが、教育について尋ねて、「20年前に大学で経済学を専攻しました」という返事が戻ってきても、たいていの人は納得してしまう。(8)

みずからの健康に関しては、人生のあらゆる段階でつねにチェックし、投資すべきだという認識がだいぶ浸透してきた。テクノロジーと教育の競争が新たな局面を迎えているいま、教育に関しても同様の考え方をすべき時代になっている。産業革命をきっかけに初等・中等教育が急拡大したように、今後数十年間で成人教育がかつてなく急速に拡大するだろう。

「成人教育」という概念そのものは、以前から存在した。これまでも、企業の社員研修、夜間講座、大人の大学入学、遠隔学習といった形で成人教育が実践されてきた。しかし、今後はもっと大々的に成人教育が実施されるようになり、教育機関でももっと重点が置かれるようになるだろう。求められるのは、もっと大人のニーズに対応し、柔軟性があって、年齢による区別がなく、学位取得以外のプログラムも積極的に提供するような教育だ。

大人のニーズを重視する

人間が可能性を花開かせるには、探索と学習と変身の能力が欠かせない。要するに、大人になっても学び続ける必要があるのだ。そのような大人たちの教育上のニーズに応えるためには、教育の方法、対象、内容を変えなくてはならない。

大人の学習の方法論と実践の専門家であるマルコム・ノウルズによれば、大人の教育の方法論――子どもを対象とする従来の教育方法論が「ペダゴジー」と呼ばれるのに対し、ノウルズは大人への教育の方法論を「アンドラゴジー」と呼んでいる――は、いくつかの要素を満たす必要があるという。具体的には、学習計画の設計と成果の評価に学習者自身が関わること、学習者が実践を通じて学べること、課題解決を重んじることで実生活と関連づけること、そして、学習者の仕事や私生活に直接役立つ内容であることである。

これらの要素は、どの世代の教育でも重要なものだ。しかし、成人教育の際立った特徴は、ほかの活動で多忙を極めながら学習に取り組む点にある。大人の学習者は、仕事や子育てや介護に追われている場合が多い。また、強い不安に苛まれているケースもある。学習がうまくいくのか、新しい職を得られるのかと心配せずにいられないし、大人になってから学校に通うという、社会的開拓者としての行動を取ることにはどうしても不安がついて回る。その意味で、大人の教育は子どもの教育とは性格が異なる。この点は、誰が大人の教育を担うべきかということにも関係してくる。

既存の教育機関が成人教育への需要に対応するには、教育の内容と提供方法の両方を改めなくてはならない。とくに、雇用との結びつきを重んじ、ひとりひとりのニーズや状況に配慮することが必要だ。インは、スキルを磨くためにパートタイムの講座を受講しておけばよかったと後悔している。たとえば、デジタル会計のスキルを習得していれば、会計事務所の職を失わずに済んだかもしれない。いまインが必要としているのは、ノウルズが指摘したような特徴を備えた教育だ。事実に基づく学習、実践を通じた能力構築、既存の知識の活用が重要になる。

しかし、大人の学習は、仕事のスキルを習得することだけが目的ではない。人生での移行を遂げるための支援体制を築く効果もある。新しいスキルを学んで美容師の資格を取得したいと考えるエステルにとって、その重要性はきわめて大きい。美容師という新しいアイデンティティに転換するためには、それを支えてくれる人たちが欠かせない。成人教育の学習コミュニティなら、同じような試練にぶつかっている人たちと意見や情報を交換できるだろう。

この点は、今後の成人教育が備えるべきもうひとつの特徴とも関係してくる。マルチステージの人生の核を成すのは、しっかりした自己認識をもち、みずからの価値観と目的と意欲を折に触れて見直すことだ。私たちは、子ども時代や思春期に学校や大学で人格を形成されてきた。教育の場で生涯の友人と出会い、性格や価値観が形づくられたのだ。長寿化の時代には、大人になってから再び人格形成の機会を得ることが重要な意味をもつ。

教育が20代の若者に人生の推進力と方向性を与えられるのなら、40代や50代、さらには60代の人たちにも同様の経験を提供できるのではないか。大学は、親元での生活から仕事の世界へ、そして大人としての自立した生活へ移行しようとする若者たちのために、そうした場になってきた。マルチステージの人生が当たり前になる時代には、人生での移行を遂げようとする大人たちのためにも、そのような場を築く必要がある。

柔軟性と自在性を高める

第2部で人生の進路について論じた際に述べたように、私たちはマルチステージの人生のあらゆる段階で重要な選択をおこない、「ありうる自己像」を探索しなくてはならない。その点、学び続ける人たちは、さまざまな進路を遊ぶ自由が大幅に広がる。教育機関がそれを支援するためには、将来役に立つことと明確に結びついた内容を学べるようにすればいい。3ステージの人生では、人生の序盤で受ける教育がキャリアの土台をつくっていた。それに対し、マルチステージの人生では、人生の進路と「ありうる自己像」が多様化するため、ひとりひとりが描くキャリアの道筋に柔軟に適応できる教育が必要になる。

そうしたニーズの変化は、教育機関が何に力を入れるべきかにも大きな影響を及ぼす。ジョージア工科大学上層部の委嘱によりまとめられた報告書「『次』をつくる」は、教育の未来をテーマにしている。[9] この報告書によれば、同大学は、18～24歳の層ではなく、生涯学習に取り組む人たちが学生の過半数を占める時代に備えるべきだという。実際、同大学で開講している生涯学習講座には、すでに3万3000人の「非従来型」の学生が在籍している。カリフォルニア大学アーバイン校で学生と卒業生のキャリア構築を支援する進路支援部も、生涯学習の学生を重んじてきた。大学が生涯学習のニーズに応えるという約束を果たすためには、あらゆる年齢層の、そしてキャリアのあらゆる段階の学生と卒業生に等しく支援を提供すべきだという姿勢を貫いているのだ。生涯学習が重んじられるようになれば、学生と卒業生の境界線はおのずと曖昧になる。

先駆的な大学は、学位を提供することから教育サービスを提供することへと、活動の中心を移しつつある。今後は、コーチングやカウンセリングをおこなったり、企業でニーズが高い人間的スキルの養成を支援したりすることが重んじられるようになるだろう。学習の順序を学習者自身が決められる余地を拡大することも必要になる。最初に2年間大学で学び、そのあといったん大学を離れて、残りの2年分の教育をもっとあとで受けたいと考える学生もいるかもしれない。企業への入社年齢が多様化するのと同じように、教育機関への入学年齢と卒業年齢も多様化させていくべきだ。そのように教育の柔軟性が高まれば、必然的にカリキュラム設計にも大きな影響が及ぶ。とくに、ひとつの科目だけを受講できるようにしたり、従来のような学位ではなく科目ごとの「ミニ履修証明」を発行したりするケースが増えるだろう。短期間で学べるコースが増えれば、大人の学生が学習を仕事や家庭と両立させながら、「学ぶための知的筋肉」を鈍らせず、テクノロジーの進歩に遅れないように新しいスキルを習得しやすくなる。

要するに、高等教育の多様性と柔軟性が高まると予想できる。これまでの画一的な教育では、人々が望むような柔軟性を提供できないからだ。第6章で論じた企業のあり方と同じく、教育の世界でも、3ステージの人生の土台を形づくってきた画一的で固定的な仕組みと、マルチステージの人生における柔軟性と個別化へのニーズがぶつかり合うのだ。

年齢による区別をしない

3ステージのモデルが教育の場にもたらしたのは、極端なまでの年齢による分断だった。しかし、生涯学習が一般的になれば、幅広い年齢層に教育が提供されるだけでなく、さまざまな年齢層が混ざり合って学ぶ状況が出現するだろう。

世代の融合があらゆる人に好影響を及ぼすことは、多くのデータにより裏づけられている。その点、仕事のスキルや知識を学ぶコースでは、さまざまな年齢層の人たちが自然に混ざり合う。そうした場に集まる人たちは、職に就くという目標を共有していて、年長者の職業経験が若い世代に貴重な波及効果をもたらすことが期待できる。

すでにそのようなプログラムが出現しはじめている。2015年には、スタンフォード大学医学部の学部長を務めたフィリップ・ピッツォが「スタンフォード・ディスティングイッシュト・キャリアズ・インスティテュート（DCI）」を立ち上げた。DCIは1年間のプログラムを設けて、「キャリアで傑出した成果を挙げた中年期の人たちを対象に、新しい目的意識をいだき、新しいコミュニティを築き、みずからの健康を見つめ直すことにより、社会に貢献できる役割に転身する機会を提供」している。[10] 参加者はひとりひとりの学習計画に従って学ぶ一方、若い学部学生と一緒に学部の授業にも出席する。

ピッツォによれば、こうした世代間の融合はプログラムの副産物などではない。DCIの目玉のひとつだという。異世代との交流により学習体験が充実したものになるし、それ以上に、参加者が若さを取り戻し、新しい目的をいだく機会にもなると、ピッツォは主張する。さらに、豊富なキャリアをもつプログラム参加者が学部学生のよきメンターになることも期待されている。成人学習が一般化すると、社会で年齢による分断が解消されて、異なる年齢層が互いに支え合いやすくなるのだ。

学位中心主義が揺らぐ

これまで、学位を取得するために大学に進学することは賢明な選択と言えた。1982年から2001年の間に、学士号をもっているアメリカ人の平均賃金は30%上昇したが、高卒者の平均賃金は変わっていない。それに、教育レベルが高い人ほど失業率も低い傾向がある。

しかし、近年は大卒者と高卒者の賃金の差が縮小傾向にある。[11] また、新規の大卒者の人数が高スキルの職の数を大きく上回っているため、大卒レベルのスキルが必要とされない職に就く大卒者が増えている。イギリスでは2016年、大卒者の半分以上が、以前なら大卒レベルとみなされていなかった職に就いていた。[12] このような変化に伴い、大学卒という学位が労働市場でどのくらい価値をもつかは、専攻分野、習得したスキル、大学の評判に大きく左右されるようになっている。

一方、学位の取得にかかる費用は膨らむ一方だ。アメリカでは、1988年から2018年の間に、公立の4年制大学で学ぶために必要な費用がインフレ調整済みで3倍以上に上昇した。学費の高騰により、大学生の抱える債務は大幅に増加している。現在、アメリカの教育ローン残高は総額1・5兆ドル以上。これは、クレジットカード債務の残高や自動車ローンの残高を上回る金額だ。イギリスでは1998年まで大学の学費が無料だったが、現在は年間9250ポンドに達する。今日、イギリスの教育ローン残高は総額1000億ポンドを超えており、その金額は急速に拡大し続けている。

このような状況の下では、教育ローンの債務不履行率が上昇することは避けられない。その割合は、アメリカでは約11％に達している。イギリスでも、教育ローンを完済できる学生は約17％にとどまると見られている。半分以上の人は、40代や50代になっても教育ローンの返済を続ける羽目になるだろう[13]。

その結果として、教育市場の拡大に占める非学位授与型教育の割合が高まると予想できる。アメリカの大学生が平均3万7０００ドル、イギリスの大学生が平均5万ポンドの借金を抱えて卒業することを考えると、生涯学習の費用が当初の学費に含まれてでもいない限り、大学卒業後の人たちが学習に取り組む際は必然的に、安価な短期コースを選ぶようになるだろう。それに、若いときに取得した学位が将来どれくらい価値をもつかが定かでない時代には、小規模なテーマごとの学位を取得し、あとでその土台の上に新たな教育を受けるほうが理にかなっている可能性もある。

テクノロジーの進歩により、そのようなコースが続々と誕生しはじめている。たとえば、教育テクノロジー企業のユダシティが提供している「ナノ学位」。受講生は6～12カ月にわたり週10～20時間学び、テクノロジー系の初歩レベルの職に必要なスキルを身につける。新しいスキルを学び直し、未来の選択肢を増やすために、このような短期コースで学ぶ大人が増えている。

教育界にとっては、過去１００年間続いてきた市場の拡大が今後も続く可能性が高いことは朗報と言える。しかし、明るい材料ばかりではない。これから主たる成長分野になるのは、これまで軽んじられてきた領域だからだ。ここまで述べてきたように、具体的には、成人教育、職業スキル関連の教育、短期のモジュラー型のプログラムへの需要が高まるだろう。(14) また、教育機関は、真の創意工夫を通じて、教育内容への信頼を高め、認証を獲得し、多様な学習者を受け入れ、テクノロジーの導入を加速させていかなくてはならない。

教育機関による誇大広告の罠

私たちは、知らないことを学ぶために教育を受ける。しかし、ここでひとつの問題が持ち上がる。あるテーマについてまだ知らない人は、そのテーマについて提供されている教育の質が高いかどうかの判断がつかないのだ。たとえば、トムがプログラミング講座をグーグルで検索すると、スクールの情報が大量に表示される。オンライン講座もあれば、対面式の講座もあるし、授業料もまちまちだ。トムは、どうやって講座を選べばいいのか。

トムが直面しているのは、典型的な「情報の非対称性」の問題だ。適切な選択をおこなうために必要な知識をもっていないのである。このような状況に置かれた人たちは、すでに知っている講座を選んだり、誰かが知っていると言っている講座を選んだりすることが多い。みずからの学習体験を自分で組み立てるだけのノウハウがないと感じているからだ。

この点は、教育界にとって大きな課題になる。学位授与を伴わない教育は、準拠すべき基準がはっきり定まっておらず、認可制度もあまり整っていない。しかも、新しいタイプの教育機関が次々と登場し、営利企業の参入も増えるだろう。そうなれば、コースや教育機関の評価がいっそう難しくなり、誇大広告に惑わされて金を無駄にする人が出てくる。この問題は、学習内容を自分で組み立てる人が増えるにつれて、いっそう深刻になる。

取るべき対策は明白だ。金融サービス業が厳しい規制の対象にされているのと同じように、教育ビジネスに対しても規制を強化する必要があるのだ。教育に対する投資の成果に関して不満が絶えない状況を改めるためには、そうした取り組みが不可欠だ。具体的には、教育業界が業界団体を発足させて基準をつくり、学習者が教育の質について安心できるようにすべきだろう。コース修了時の就職率に関して信頼性の高いデータを用意することは、とくに重要な意味をもつ。コースの成果に関して透明性と信頼性のある統一的な指標が存在しなければ、金融業界と同様に、教育界でも不適切な販売がまかり通りかねない。

積み上げ型で持ち運び可能なスキル証明

情報の非対称性が生み出す問題を克服するためには、信頼性の高いスキル証明の仕組みをつくり、それを雇用主と学習者の双方に浸透させなくてはならない。生涯の間に短期のコースを何度も受講することが当たり前の時代には、達成度・習熟度を明確に測定できる学習単位ごとに学習をおこない、スキルを段階的に積み上げていけるようにすること、そして、スキルがさまざまな企業や業種で価値を認められるように、言い換えれば持ち運び可能なようにすることが必要になる。

どうやってスキルを証明するかというのは、生涯学習においてきわめて重要な問題だ。これまでは、学位などの証書がスキル証明の手段になってきた。卒業証書という1枚の紙切れを獲得することにより、大きな経済的恩恵を手にできる可能性があるのだ。しかし、卒業証書は、その人物が有用なスキルを蓄えていることの証拠と言えるのだろうか。もし本当にそう言えるのなら、企業は採用活動の際、求職者が個々の科目でどのような成績を取ったかの詳細をもっと知りたがってもよさそうなものだ。

一方、経済学者のマイケル・スペンスにノーベル経済学賞をもたらした「シグナリング理論」は、教育の意義に関して異なる見方をしている。スペンスいわく、たいていの企業は高い能力の持ち主を採用したい。問題は、そのような人物をどうやって見極めればいいのかだ。この理論によれば、教育を受けるには多大なコストがかかるばかりか（学費だけでなく、教育を受けているときに仕事ができないことによる所得減もコストに含めて考えるべきだ）、教育を受けても有用なスキルが身につくわけではない。それでも、高い能力の持ち主以外はある大学の卒業証書を取得できないとすれば、その大学を卒業したという事実が採用企業にとって有効なシグナルになると、スペンスは考えた。そもそも、能力の低い人はそのような大学に進もうと思わない。そこで学んでもスキルが高まるわけではないし、卒業できない可能性が高いからだ。このような理由で、採用企業にとって、学歴は能力の低い人たちを振るい落とす役に立つのだ。

前出のケリー・パーマーとデーヴィッド・ブレイクは、専門性を高めることの大切さをテーマにした著書でこう問いかけた。「ハーバード大学で教育を受けるけれど、ハーバードの学位を授与されないのと、授業を受けずにハーバードの学位だけ受け取るのと、どちらかを選べと言われたら、あなたはどちらを選ぶだろうか[15]」。この問いにどのように答えるかによって、教育は個人の生産性を高めるのか、それとも単なるシグナルにすぎないのかという点について、あなたがどのように考えているかがよくわかる。

いずれにせよ、企業が採用活動で目指すのは、求職者のスキルを正しく把握し、優秀な人物を選抜することだ。その点、学位、紹介、面接など、現在用いられている手段は、完璧な方法にはほど遠い。今後の課題は明らかだ。教育機関で教育を受けたか、仕事の経験を通じて学んだかを問わず、個人が習得したことすべてについて、これまでよりも優れたスキル証明の仕組みをつくるべきなのだ。また、企業のニーズをスキル認定に反映させやすくする必要もある。

ビッグデータとＡＩは、これらの課題を解決するために大きな役割を果たせるかもしれない。学習の達成度と専門的スキルのレベルを客観的に測定する手段を生み出せるからだ。動画配信サービスのネットフリックスがＡＩにより個人の視聴パターンを識別・予測しているのと同様のことを、個人のスキルについてもおこなえばいい。具体的には、ＡＩによって、ひとりひとりの学習上の活動（受講歴、読書歴、職務経験など）をモニタリングして、その人のもっているスキルを多面的に評価する。そして、現在もっている知識と未来の職業上のニーズのギャップを明らかにし、コンピュータのアルゴリズムにより、そのギャップを埋めてスキルの習熟度をテストするために役立つ講座を提案するのだ。ＡＩが将来的にもたらす最も大きな教育上の恩恵は、新しい学習のプラットフォームをつくり出すことよりも、個人の行動や成果に基づいて、ひとりひとりの学習のスキルや知識を測定・監視・認定する手段を生み出せることなのかもしれない。

この点でとくに難しいのは、いわゆるソフトスキル、すなわち人間的スキルを正しく評価することだ。ソフトスキルへの需要は、テクノロジーが変化するとともに高まると予測されている。１９８０年から２０１２年の間に、高度な数学的能力を求められる職がアメリカの労働力人口に占める割合が低下したのに対し、人と人の高度なやり取りを伴う職の割合は12％近く上昇している。[16]ところが、これまでに開発されてきた短期のオンライン講座は、プログラミングなど、テクノロジー面のスキルを扱うものが中心だ。共感能力、判断力、協働の能力など、重要な人間的スキルを対象とし、しかも雇用につながりやすい講座はあまり充実していない。[17]しかし、この状況は変わっていくと予想できる。ＶＲ（仮想現実）などの新しいテクノロジーが進歩すれば、対面による人と人のやり取りをシミュレーションし、サポートできるようになるだろう。[18]

今後は、新しいタイプのスキル証明を浸透させ、発展させていくことが大きな課題になる。

企業がそうしたスキル証明を受け入れるようになるまでに、どれくらいの時間がかかるのか。そして、教育機関や民間の教育・研修会社、雇用主である企業、政府機関は、どのようにして新しいスキル証明のあり方を築いていくのか。その取り組みの核を成すのは、業界による自主基準の確立だ。それに向けて、政府機関か教育機関が強力な行動を取らなくてはならない。それができなければ、成人教育は長いキャリアの支えになりえない。

誰もが学べる仕組みをつくる

生涯学習の機会は、あらゆる人が手にできるべきだ。失業中だったり、勤務先の会社からほとんど支援を受けられなかったり、収入が乏しくて学習に金を回せなかったりする人たちも、生涯にわたって学び続けられるようにする必要がある。これは、ひとつには社会正義に関わる問題だ。変化し続ける世界において、誰もが光り輝く機会を与えられるべきなのだ。加えて、膨大な数の人が成人教育を受けられるようにすれば、その国の経済にも恩恵が及ぶ。テクノロジーの進化と長寿化の進展を追い風にして生産性を向上させるためには、生涯学習の機会を拡大することが不可欠なのだ。60年間の職業人生のうち、40年は生産的な仕事に携わるけれど、20年は失業、もしくは高性能の機械を見守る低賃金の職に就くのが当たり前という状況では、経済的な機会が失われ、社会問題が生まれるだろう。

政府は、誰もが生涯にわたって学べるようにすることを重要課題のひとつと位置づけるべきだ。それを実現できなければ、成人教育は一部の富裕層だけの贅沢になってしまう可能性が高い。現在、成人教育を最も活発に実践しているのは、すでに強力な学歴をもっている人たちだ。[19] そのため、政府が成人教育の機会を拡大させることにはきわめて大きな意義がある。とりわけ、高いスキルをもっていない人たちに、つまりテクノロジーの進化による打撃を受けやすい人たちに教育の機会を提供することが重要だ。

そのために動きはじめている国もある。シンガポールでは2016年1月以降、25歳超の国民すべてに対してスキルの向上と再訓練を奨励している。それを支援するために、500シンガポール・ドル（345米ドル相当）の「スキルズ・フューチャー」助成金を提供するものとした（この助成金は、今後追加支給される可能性もある）。国民はこの助成金を利用して、大学やMOOCs《ムークス》など、500の認定機関が提供するトレーニングをどれでも受講できる。同プログラムの初年度の予算は6億シンガポール・ドル。この金額は、3年間で10億シンガポール・ドルまで引き上げるものとされた。

ほかには、政府が個人に対して、認証済みの職業関連トレーニングを受けることを条件に、生涯の間にたとえば合計12カ月間の所得支援をおこなうという方法もありうる。このような制度があれば、エステルは望みどおり美容師の学校に通えるだろう。あるいは、現在の育児休業制度のように、政府が企業に対して、一定期間勤務した社員を対象に一定期間の教育休業を認めることを義務づけてもいい。また、アメリカやシンガポールなど一部の国は、生涯学習税額控除の仕組みを設けている。この種の制度をもっと拡充する必要があることは間違いない。

いわば「個人学習勘定」の制度を設けるべきだと主張する人も多い。将来の教育ニーズに備えてお金を積み立てた場合、一定額まで課税所得からの控除を認める制度である。税制優遇措置により老後資金の積み立てを促す個人退職勘定のような仕組みをつくろうというわけだ。政府は、企業が社員の採用時にその人物の個人学習勘定の口座に払い込むことを義務づけたり、人々が解雇手当をこの口座に積み立てた場合にいっそう手厚い税制優遇措置を設けたりしてもいいだろう。

教育機関が学習者と所得分配契約を結ぶケースも見られるようになっている。これは、簡単に言えば授業料の貸し付け制度だが、一般的な教育ローンとは性格が異なり、教育機関が学習者に対する共同出資者になるといったほうがわかりやすい。卒業後、学習者の給料が所定の水準を上回るまで、融資の返済は求められない。給料がその基準を超えると、それ以降は所定の期間、給料の所定の割合が徴収される。マルチステージの人生で教育の重要性が高まることを考えると、今後もさまざまな社会的発明がおこなわれて、生涯学習を資金面で支えるための画期的なサービスが続々と登場するだろう。

しかし、せっかく教育資金をまかなう手段をつくっても、学費があまりに高ければ、誰もが生涯学習に取り組める状況は生まれない。前出のスタンフォード大学の「ＤＣＩ」は、学費だけで約７万ドルかかる。大多数の人には、とうてい手の出ない金額だ。同様の内容をもっと安価に提供し、誰もが学べるようにできないのか。

著者たちは、この点について楽観している。その根拠は、経済学者のハル・ヴァリアンが唱えたとされる「法則」にある。[20]「手っ取り早く未来を予測したければ、いま富裕層が何を手にしているかを見ればいい。中流層はそれと同等のものを10年後に手にし、貧困層はさらにその10年後にそれを手にする」というのだ。しかし、そうは言っても、人生の重要な転機を迎えて、人生の計画と目標を見直そうとする人たちを助けるためには、活発な社会的発明を通じて、コストを抑えつつ大規模なプログラムを開発する必要がある。

一部では、そのための独創的な取り組みが始まっている。たとえば、イギリスでは2017年、政府の委嘱によってまとめられた「公的年金受給年齢に関するクリッドランド報告」がライフスタイル版の「ミッドライフ車検」を提案した。[21]自動車の車検のように、中年期にひとりひとりが自分のライフスタイルを点検し、みずからのもっているスキル、資金面の見通し、健康状態、人間関係をチェックして、未来への道筋と目標を精査しようというわけだ。

同様の趣旨の下、新しい試みを始めている団体も多い。保険会社のアビバ・リーガル&ジェネラル、イギリスの政府機関である年金アドバイザリー・サービス（TPAS）、人材マネジメント会社のマーサーなど、多くの団体が試験的なプログラムを開始している。

一方、教育界では、「年齢にやさしい大学（エイジ・フレンドリー・ユニバーシティ＝AFU）」を自称するダブリン・シティ大学（アイルランド）が「高度移行プログラム」を設置している。「人生の次の段階を生涯で最高の日々にするために必要なツール、資源、学習、内省の時間」を提供することが目的だ。同大学は、「年齢にやさしい大学」の世界的ネットワークを構成する一員にもなっている。

しかし、生涯学習の重要性が認識されはじめたにもかかわらず、多くの国では成人教育産業が苦戦を強いられている。学位を授与しないパートタイムの教育では、その傾向がとくに甚だしい。イギリスでは、大学の学部教育プログラムの数は大幅に増加したが、大学で学ぶ大人の数は2004年から2016年の間にほぼ半減した。この流れを逆転させなくてはならない。マッキンゼー・グローバル・インスティテュートの2017年の報告書は、次のようにはっきりと述べている。「そのためには、マーシャル・プラン（欧州復興計画）に匹敵する規模の取り組みが必要なのかもしれない。継続的な投資、新しい教育モデル、職業上の移行を助けるためのプログラム、所得支援制度、官民の協働などが求められる(22)」

テクノロジーを最大限活用する

誰もが教育を受けられる環境づくりに関して最も期待がもてる要素は、オンライン上のデジタル教育だ。たとえば、オンライン教育機関のコーセラは、イリノイ大学アーバナ・シャンペーン校と共同で「iMBA」というプログラムを開設している。このプログラムを受講するためにかかる費用は2万2000ドルにすぎない。これは、同じ大学がキャンパスで開講しているMBAプログラムの3分の1だ。しかし、こうしたオンライン上の学位取得プログラムは、当初こそ急速に拡大したが、その後は足踏み状態が続いている。また、この種のプログラムは主に修士レベルに限られているのが現状だ。大半の大学は、オンライン教育の拡大によりコストを削減できるどころか、従来型の教育とデジタル教育の両方に対応するために、逆にコストが大幅に増えてしまったように見える。

それでも、オンライン講座への投資は今後さらに増加するだろう。そのひとつの理由は、デジタル教育を利用することにより、教室での教育に足りない要素を提供できる点にある。具体的には、学習にゲーミフィケーション（コンピュータゲームのような体験を提供することにより、教育と習熟度評価を結びつけ、楽しく学べるようにする仕組み）を導入したり、ひとりひとりのニーズに合わせた教育の提供を強化したり、ビッグデータを活用して、どのような教育方法が有効かについて理解を深めたりできる可能性もある。

ただし、確かにテクノロジーは教育を変革する途方もない潜在能力をもっているが、アメリカの社会学者トレッシー・マクミラン・コットムの指摘も肝に銘じておくべきだ。「高等教育を悩ませている問題のすべてをテクノロジーで解決できると思っている人は、おそらくテクノロジーか高等教育のどちらかを理解できていない[23]」

実際、テクノロジーで万事うまくいくとは限らない。オンライン教育機関のユダシティは、カリフォルニア州のサンノゼ州立大学と協働して3つのコースを開講した。数学、補習レベルの統計学、入門レベルの統計学の3コースである。対象は、サンノゼ州立大学とコミュニティカレッジの学生たちだ。のちに、このユダシティの講座を受講した学生たちと、教室での対面式の講座を受講した学生たちの学習成果を比較してみた。すると、コース修了審査の合格率は、対面式の講座では80%前後だったのに対し、オンライン講座では30%に満たなかった。

といっても、オンライン講座という教育方法が致命的な欠陥を抱えているとか、将来も改善される可能性がないというわけではない。今後、現状のオンライン教育が期待に応えられていない理由が明らかにされて、教育方法が改善されていくだろう。このユダシティのケースでは明らかに、受講生の学習を妨げる障害があった。コンピュータやその他の機器を常時利用できない学生がいたり、学習とほかの活動の両立に苦しんでいる学生がいたりした。また、既存の知識を生かすことに苦労する学生もいた。

このような障害があるとすれば、単にテクノロジーを活用するだけでは、人々に生涯学習の機会を提供するという目的を果たせない。もちろん、テクノロジーは強力な道具だ。短期間のオンライン講座で学ぶという選択肢があれば、エステルはもっと柔軟な形で学習に取り組めるだろう。しかし、エステルにとって、新しいスキルを身につけるうえで障害になるのは、柔軟に学習できないことだけではないのだ。

新しい教育のあり方

教育のあり方はすでに変わりはじめているが、変化のプロセスはまだ始まったばかりだ。変革が大きく進んでいない一因は、大学が20歳前後の学生を主たる対象と位置づけてきたことにある。これからの大学は、生涯学習を支援し、年長の学生のニーズと動機をもっと重視すべきだ。そのような変革をおこなえば、大学は計り知れない恩恵に浴せる可能性がある。生涯学習市場の潜在的な規模はきわめて大きい。イギリスでは現在、20～24歳の層の人口が420万人なのに対し、25歳以上の人口は4600万人を超す。日本では、旧来の一般的な大学生の年齢層は630万人しかいないが、25～70歳の層の人口は7300万人を上回っている。

このような年齢構成の影響は、大学の現場にもすでに及んでいる。2018年、ハーバード大学の生涯学習部門であるハーバード・エクステンション・スクールが受け入れた学生の数は、ハーバード大学で同スクール以外に入学した学生数の合計を上回った。生涯学習の潜在的市場規模の大きさを考えれば、この分野に莫大な投資が流入しているのは意外でない。2010年、教育分野へのベンチャーキャピタル投資は7億ドル前後だったが、18年にはこの金額が70億ドルに増加している。しかも、資産運用会社GSVアセットマネジメントの共同創業者であるマイケル・モーによれば、教育分野の新興企業のなかには、すでに8社のユニコーン企業（企業価値が10億ドル以上）が生まれているという。

しかし、莫大な投資だけでは十分でない。社会的発明も不可欠だ。社会は、活力のある生涯学習のプロセスを確立して、幅広いコースを用意し、誰もが学習に取り組めるようにしなくてはならない。ハーバード・エクステンション・スクールのハンチントン・ランバート学長はこう述べている。「私がいま目指しているただひとつのこと、それは、知識経済に参加するために学び直しを必要とする2000万人のアメリカ人と世界の20億人のために、我々のような生涯学習機関が貢献できるようにすることである[24]」

教育界が取り組まなくてはならない課題は果てしなく大きい。

第8章

政府の課題

政府は、すべての人が花開ける社会を目指す先頭に立たなくてはならない。誰もが社会的開拓者になれる環境をつくり、人生での移行により苦境に立たされている人たちの保護・支援体制を整えるために、政府はいますぐ行動すべきだ。

この点で政府に求められる役割はきわめて大きい。政府は、税金、補助金や給付制度、法律、規制、調整などに関連して、ほかの機関にはない権限をもっていて、変革を力強く推進できる存在だからだ。政府が取り組むべき課題は多岐にわたるが、以下では、本書でここまで取り上げてきたテーマ、すなわち仕事、教育、人間関係に関わる課題を中心に論じたい。

仕事、教育、人間関係に関していま採用されている政策は、明らかに時代遅れの考え方に基づいている。3ステージの人生と70年間の人生を前提にした制度があまりに多い。「企業の主たる資産は、機械や不動産などの物的資産である」「人々は職業人生の大半の期間、特定の企業でフルタイムで働く」という発想から脱却できていないのだ。政府は発想を変えて、マルチステージの人生と100年ライフの時代に即した政策を実行する必要がある。企業の価値が有形資産よりも無形資産によって決まり、人々が職業人生のかなりの期間、柔軟な働き方をする時代には、既存の組織や政策や規制を見直し、悪い結果を最小限に抑え、好ましい結果を最大限拡大しなくてはならない。

悪い結果を最小限に抑えるためには、未来への準備と投資の大切さをすべての国民に理解させる必要がある。しかし、人々が未来に備えることは容易でない。この数十年間、リスクのかなりの割合が政府や企業から個人に移されてきたからだ。

長寿化によるリスクもそのひとつだ。ほとんどの国では、昔ほど手厚い公的年金が支給されなくなっており、確定給付型の企業年金を提供する企業も減っている。その結果、人々は自分で老後資金を蓄えて、きわめて長く続く可能性のある引退生活を支えなくてはならなくなった。テクノロジーの変化がもたらすリスクについても同様だ。職業人生で多くの移行が避けられない時代に、移行に必要なトレーニングをおこなう責任は、政府および企業から個人に移りつつある。その結果として、みずからのスキルを高めるために投資しない人は、職を失う確率が高くなった。また、以前は安定したフルタイムの職を通じてある程度の所得が保証されていたが、近年のギグ・エコノミーにおいては、職と所得の安定を期待できない。このように、政府から個人へリスクが移されたことで、政府が国民に準備の必要性を理解させることがきわめて重要になっている。

悪い結果を減らすことだけでなく、好ましい結果を拡大することも政府の重要な役割だ。政府がその役割を果たすためには、未来のストーリーを描いて、エステル、トム、インのような人たちが職業人生の進路を選び取るのを助けなくてはならない。未来の労働市場とスキルに関する見通しが明らかになれば、人々はキャリアの次のステップを計画し、適切な学習をおこないやすくなる。みずからの生産性を高めて労働市場での価値を高めるために有効な学習ができるようになるのだ。また、新しい生き方を後押しすることも政府の重要な役割だ。インのような人たちが長く仕事を続けられるようにし、エステルのような人たちが生涯学習を実践できるようにするために、適切な規制や法律をつくる必要がある。

悪い結果を避ける

私たちはみな、日々の生活のなかでさまざまなリスクに直面している。たとえば、あなたは自宅の火災について心配しているかもしれない。このリスクは、火災報知機を設置したり、火災保険に加入したりすることにより和らげることができる。

しかし、テクノロジーの進歩と長寿化の進展がもたらす未来はあまりに不透明だ。猛烈なスピードで途方もない規模の変化が起こり、予測不能な結果が生まれる可能性が高い。新しいテクノロジーが雇用にどのような影響を及ぼすか、そして長寿化によりどれくらい寿命が延びるかが見通せない以上、これらのリスクに対処することは難しい。しかも、火災とは違って、これらのリスクに対応する保険商品もない。そこで、失業、劣悪な雇用、所得の不安定、病気といったリスクから人々を守ることが政府の重要な役割になる。

「職」ではなく、「人」を守る

政府が働き手を守るためには、人々が新しいテクノロジーの影響を受けないようにするという方法もありうる。たとえば、規制を設けて、新しいテクノロジーの導入を遅らせてもいい。移動テクノロジーのケースで言えば、政府がタクシー運転手の職を守るために規制をつくったり、安全性基準を厳格化して自動運転トラックの普及を遅らせたりといった具合だ。あるいは、企業が政府の許可なしに解雇をおこなうことを禁止したり、企業が1人解雇するごとに高額の税金を課したりしてもいいだろう。

一見すると、このような措置で雇用を守ることは、リスクを減らすうえで好ましい方法に思えるかもしれない。しかし、この方法にはいくつかの問題がある。最大の問題は、新しいテクノロジーの普及を規制すると、経済の生産性向上を妨げてしまう場合が多いことだ。その結果として、消費者は、モノやサービスの価格が安くなったり、新しいモノやサービスが登場したりすることの恩恵に浴せなくなる。経済が低生産性と低賃金の悪循環にはまり込む恐れもある。問題はそれだけではない。企業が働き手を解雇することを難しくすると、企業はそもそも採用に消極的になる。そうなれば、ことによると失業率が上昇する可能性すらある。つまり、テクノロジーの変化が起きても雇用を維持したいと考えるなら、政府は雇用の破壊を阻止することよりも、雇用の創出を促すために手を尽くすべきなのだ。

このような考え方は、デンマーク政府の労働市場政策である「フレキシキュリティ」モデルでも強調されている（訳注：フレキシキュリティは、フレキシブル〔＝柔軟〕とセキュリティ〔＝安全〕を組み合わせた造語）。このモデルでは、採用も解雇も同じくらい簡単におこなえる。しかし、失業した人には、手厚い失業手当に加えて、教育の機会が用意されて再就職が後押しされるようになっている。ひとことで言えば、職ではなく人を守ろうとしているのだ。こうした政策を採用すれば、新しいテクノロジーの導入による生産性の向上と高賃金経済への移行を実現しやすくなり、しかも、その変化の過程で人々の暮らしを積極的に支えることもできる。テクノロジーの変化による雇用喪失のペースがあまりに急激な場合に限って、それを減速させるための政策を実行すればいい。

不平等を生み出さない

不平等の深刻化は、多くの国で重大な政治問題になっている。この傾向は今後も続く可能性が高い。ドイツのデータを基にした研究によると、働き手の教育レベルと自動化による失業リスクは強い逆相関の関係にあるという。高いスキルが求められない職種の半分以上は、自動化による失業のリスクが70%を上回っている。それに対し、大卒者が就く職種では、失業のリスクは15%にとどまっている。[1] 自動化によりキャリアの不本意な移行を余儀なくされる可能性が最も高いのは、エステルのように最も手元の資金が少なく、最も経済的ゆとりのない人たちなのだ。政府は、こうした人たちを助けるために何ができるのか。

近年注目を集めている政策のひとつがユニバーサル・ベーシック・インカム（ＵＢＩ）だ。アメリカ、フィンランド、ケニア、オランダ、スイスなど、多くの国でＵＢＩの小規模な実験がおこなわれている。純然たるＵＢＩは、年齢や資産の多寡、職の有無などに関係なく、すべての人に一定額を給付する制度である。給付金の用途に制約を設けず、職に就かなくても生活できるくらいの金額を給付すべきだとされる。推進派に言わせれば、ＵＢＩを導入することによって、「ロボットによる破滅」が訪れた場合にも人々の生活水準を確実に守れるという。また、さまざまな社会保障制度がつぎはぎになっている現状よりもシンプルな仕組みをつくり、人々に受給を思いとどまらせる要因を減らして、誰もが給付を受けられる状態をつくり出せる可能能性もある。

ＵＢＩを単に失業者を守る手段とみなすのではなく、人々に自由を与えて、やり甲斐のある活動に集中できるようにする手段として評価する論者もいる。一定の所得が保証されることにより、リスクを冒せる経済的ゆとりの持ち主だけでなく、起業家の資質をもったすべての人が才能を生かしやすくなるかもしれない。実際、ＵＢＩの制度があれば、エステルはいまの仕事をやめて美容師の学校に通い、美容院の開業に向けて動き出せるだろう。恩恵は地域コミュニティにも及ぶ。人々が生活費を稼がなくてもよくなれば、ボランティア活動に時間を割いたり、地域のために投資したりする人が増えると予想できる。要するに、ＵＢＩは、人々がより充実した「仕事」に従事できる環境をつくれるのだ。

もっとも、ＵＢＩには否定的な見方もある。批判論者は、人間の行動パターンの負の側面に着目する。所得が保証されれば、人は（有給にせよ無給にせよ）仕事をしたがらなくなるのではないか、と心配しているのだ。もちろん、テクノロジーの進化によりすべての雇用が消滅するのであれば、人々が仕事への意欲を失っても問題ではない。しかし、雇用がまだ存在するのであれば、ＵＢＩが人々の仕事への意欲を弱めるのかという問題は無視できない。

財源に関する懸念も指摘されている。ＵＢＩは、とりわけ貧しい人だけでなく、すべての人に給付される。そのため、莫大な予算が必要になるのだ。そこで、最も純然たるＵＢＩは、既存の社会保障制度（失業給付、低所得者向け給付、公的年金、税控除など）をすべて廃止して予算を浮かせるのと引き換えに導入するものとされている。その結果、既存の社会保障が充実している国では、UBIを導入するための新たな財源が比較的少なくて済むが、そうでない国では、比較的多くの財源が新たに必要になる。[2] なかには、UBIを導入すれば莫大なコストがかかると予測される国もある。[3] イギリスでは440億ポンド、フランスでは27億ユーロの歳出増になる見通しだ。それに対し、イタリアでは410億ユーロ、フィンランドでは15億ユーロの歳出減が予想される。

もっと重要な問題は、UBIを導入することにより、新しい職へ移行しようとしている人を助けられるのかという点だ。試験プロジェクトの結果は、好材料と悪材料が入り交じっている。2019年、フィンランド政府は、2000人の失業者を対象にした2年間の試験プロジェクトを完了した。給付対象者たちはプロジェクト終了時に、自分が当初より健康になり、自信が強まり、不安が和らいだと述べ、必要な手続きが少なく、私生活にあまり介入しないベーシックインカムの仕組みを好ましく感じていると答えた。しかし、受給者が職に就く確率には違いが生まれなかった。ほかの社会保障制度に比べて、人々の仕事への意欲を高めることもなければ、意欲を低下させることもなかったのだ。

社会保障制度は、新しい職に移行しようとする人を支援すると同時に、新たな雇用の創出を後押しするものでなくてはならない。そのためには、失業中の人に教育と訓練の機会を用意する一方で、失業者が再就職した場合に、それまでの給付がいきなりすべて打ち切られないようにする必要がある。また、政府が雇用創出を促すうえでは、仕事の概念が拡大していることを認識し、正式な雇用以外の形態も対象に含めて考えるべきだろう。具体的には、自営業を始めた場合も支援を受けられるようにすべきだ。失業率の高い地域では、地域コミュニティでの活動や社会起業を奨励することも重要な意義がある。

雇用を生み出すために政府ができることはほかにもある。人々が職に就きやすいようにするうえで教育と研修が大きなカギを握ることは確かだが、いま労働力需要が高まっている職種に就くには、高いスキルが必要とされる。ところが、そうした高度なスキルを習得することは、多くの人にとってきわめて難しい。そこで、自動化の影響を比較的受けにくく、人間的スキルが重んじられる中小企業の雇用を守ることが必要になる。政府の産業政策においては、巨大テクノロジー企業だけでなく、小規模な起業家も支援すべきだ。エステルが美容院を開業するのを支援するような政策は、移行を遂げようとしている人たちの雇用を守るうえで重要な手段になりうるのだ。

「劣悪な雇用」から人々を守る

これからの時代には、非恒久的な仕事に就く人がもっと増える可能性がある。ギグ・エコノミーの領域でフリーランスとして働く人たちはその典型だ。もちろん、この種の職のなかには良質なものもある。実際、ラディカは、フリーランスという働き方の自由と自主性が気に入っている。しかし、「ゼロ時間契約」（訳注：週当たりの最低労働時間を定めず、雇用主が必要なときだけ働き手を働かせて、実際に働いた時間分しか賃金を支払わずに済ませる契約）で働く大勢の人たちは、多大なリスクとストレスにさらされる可能性がある。不確実な状況に置かれていて、企業による支援も得られないからだ。ラディカもやがてこのような働き方をすることにならないとも限らない。こうした人たちは、雇用主による研修もなければ、企業年金の制度もないし、有給休暇や病気休暇も取得できない。その結果、不安がますます高まり、未来への対応能力もいっそう低下してしまう。

政府は、税制優遇措置を導入して、非恒久的労働者たちが老後の生活費や将来の教育・研修費や医療費を蓄えるよう促すべきなのか。それとも、新しい雇用法制を制定して、企業がこれまでより幅広いタイプの働き手に対して責任をもつよう義務づけるべきなのか。裁判所は、このような問題について判断を示しはじめている。２０１８年12月、イギリスの裁判所で画期的な判決がくだされた。裁判所は英国独立労働組合（ＩＷＧＢ）の主張を支持し、配車サービス大手のウーバーがドライバーを従業員ではなく、自営業者と扱っていることを違法と判断したのだ。これまでウーバーのドライバーたちは、自営業者と扱われることにより、法定最低賃金や有給休暇などの基本的な権利を否定されていた。このような法的申し立ては、今後さらに増えるだろう。

本書では一貫して、柔軟な働き方の重要性を強調してきた。職業人生が長くなる時代に、育児、介護、学び直し、休息などの活動とバランスを取りながら働くためには、柔軟な働き方が不可欠だからだ。そうしたニーズを受けて、柔軟な働き方を提供して優秀な人材を集めようとする企業も出てくるだろう。しかし、そのような企業ばかりではない。そこで、政府がたとえば育児休業や介護休業などの「請求権」を認める法律をつくるべきかも議論になりそうだ。

良質な雇用をどれくらい確保できるかは、テクノロジーの状況だけですべてが決まるわけではない。政府は、テクノロジーの変化によって影響を受ける人たちがスキルを高めたり、新しいスキルを学んだりするのを支援すべきだ。そうすることにより、人間の労働者を代替するテクノロジーではなく、補完するテクノロジーに投資するように、企業に促すことができる。働き手のスキルのレベルが低く、設備投資の税控除を気前よく認める政策が採用されている状況では、企業は低レベルの人工知能（AI）を導入して、人間の働き手を代替しようとする。それは、そのテクノロジーが優れているからではなく、人間を雇うよりコストが安いからにすぎない。こうしたことが起きると、消費者にとって不満足な状況が生まれ、雇用の面でも好ましくない結果がもたらされる。

政府が法定最低賃金制度や職場の安全規制などの労働者保護制度を設けることも、良質な雇用を増やすうえで有効だ。マサチューセッツ工科大学（MIT）のダロン・アセモグル教授はこう述べている。「このような政策は雇用を大幅に減らすと言われることが多いが、実際には成長の好循環を生み出せる可能性がある。労働コストの引き下げに限界があれば、企業は生産プロセスの合理化と改善への意欲をいだく。その結果として、生産性が向上し、需要が増加する。また、政府は、製品やサービスの市場で競争が失われないように手を打つことにより、独占企業が独占力を武器に価格をつり上げる可能性を封じ、雇用を増やさなければ利益を増やせないようにすることができる」[4]

悪い経済的結果を防ぐ

長寿化の時代には、未来に向けて十分に準備しなかった人はやがて深刻なリスクに直面する。死ぬ前に貯蓄を使い果たすリスクが増大するのだ。保険業界はすでに、このリスクを和らげるための保険商品を売り出している。ある時点で加入者がまとまった金額の保険料を払い込むと、ある年齢以降は、所定の金額の保険金を終身で——つまり、その人が何歳まで生きたとしても、死ぬまでずっと——受け取れるという年金保険だ。言うまでもなく、この種の保険は、払い込める一時金がなければ加入できない。

問題はそれだけではない。逆選択の問題もある。簡単に言うと、長生きする自信がある人ほど、この種の年金保険に加入しようと考える可能性が高い。そこで、保険会社はそれを前提に、加入者が平均より長生きするものと想定して保険料の金額を設定する。その結果、こうした年金保険は、多くの人にとって魅力の乏しい保険商品になってしまう。[5]

確定給付型の企業年金制度を設ける企業が減っていることも、長寿化によるリスクを増大させる一因になっている。確定給付年金とは、在職時の給与額と勤続年数に応じて、一定額の年金を生涯にわたり受け取れるタイプの企業年金だ。平均寿命が上昇して年金の平均受給期間が長くなるにつれて、この種の年金の支払いによる経済的負担が企業に重くのしかかるようになった。そのため、確定給付年金を廃止して、確定拠出年金に転換する企業が増えているのである。確定拠出年金の場合、ひとりひとりが受け取る年金の総額は、加入者と雇用主が拠出した金額と、その資金の投資運用成績によって決まる。要するに、個人の行動がいっそう重みをもつようになるのだ。確定給付年金から確定拠出年金への移行に伴い、人々はこれまで以上に、長寿化のリスクにさらされることになる。

政府が提供する公的年金により、このリスクをある程度までは和らげられる。しかし、現役時代の所得が多かった人ほど、引退後に公的年金で埋め合わせられる所得の割合は小さくなる。そこで、政府が税制優遇措置を拡大させて、人々が企業年金や個人年金の受け取り金額を増やすよう促す必要がありそうだ。

政府は、国民に貯蓄を奨励する必要もある。全米老後生活保障研究所（ＮＩＲＳ）の推計によると、55～64歳のアメリカ人の老後資金用貯蓄の中央値はゼロだ。老後資金用の口座をもっている人も、平均残高は8万8０００ドルにすぎない。現在の金利水準では、この貯蓄により得られる利回りは年間２０００ドルに満たない。

人々の老後の蓄えを増やすために有益な方策のひとつに、年金への自動加入制度がある。たとえば、オーストラリア政府は1992年にそのような仕組みを導入し、雇用主がひとりひとりの社員の年金ファンド（「スーパー・アニュエーション」、略称「スーパー」）に賃金の最低3％を拠出することを義務づけた（その後、この割合は段階的に引き上げられてきた）。この種の制度の利点は、行動経済学で言う「ナッジ」（強制せずに、人々が自発的に好ましい行動を取るよう促すアプローチ）の効用を活用している点にある。

人々に老後のための貯蓄や年金の払い込みをするよう説得することは難しいが、自動加入の仕組みを採用すれば、オプト・イン（参加の意思表示をしない人は全員不参加）ではなく、オプト・アウト（不参加の意思表示をしない人は全員参加）の状態になる。人は参加の意思決定をなかなかおこなわないだけでなく、不参加の意思決定もなかなかおこなわない傾向がある。そのため、自動加入方式を採用することにより、加入者が増えることが期待できるのだ。

しかし、この方式も完全ではない。労働市場の変化がここでも難しい問題を生み出している。企業に雇われて働いている人を対象にこうした仕組みを導入することはそれほど難しくないが、より大きなリスクにさらされている非恒久的労働者に制度を広げることは容易でない。

また、長寿化の時代には、まだ比較的若い時期に障がいを負ったり、重い病気を患ったりして、その後、長く生き続けることもありうる。たとえば、60歳で認知症と診断されて、その後90歳まで生きるとしたら？　本人と家族の経済的・心理的負担は計り知れない。こうしたリスクに対処するコストは、誰が負担すべきなのか。ある程度の資金は各自が蓄えておくべきかもしれないが、長期にわたり手厚いケアを受けるための資金を蓄えることまで期待するのは果たして理にかなっているのか。

この点は、政府にとってますます大きな問題になりつつある。2011年、イギリス政府の委嘱で作成された「ディルノット報告書」は、個人が生涯の間に負担する介護費用に3万5000ポンドの上限を設けるべきだと提案した。また、同報告書では、資力に応じて介護費用の自己負担額を決めるようにして、低所得層が自己負担なしで介護を受けられるようにすることも求めた。公的な制度によって、こうしたテールリスク（発生確率は低いが、現実化した場合の損害がきわめて大きなリスク）に対処できるようにすることの意義はきわめて大きい。どのように老いるかは、人によって違いが大きいからだ。

健康面での悪い結果を抑制する

現在70代のクライブは、将来の健康について不安を感じている。人生の終盤に、長期にわたって病気に苦しめられるのではないかと心配でならない。おそらく自分は父親より長く生きるだろうが、長生きできるようになった期間すべてを健康に生きられる保証はないと理解している。この点に関して、クライブにとって心強いニュースもある。1990〜2015年の期間に195カ国を対象におこなわれた研究によると、「人生全体に占める不健康期間の割合は、1990年以降あまり変わっていない」という(6)。たいていの人は人生のほとんどの期間を健康に生きているので、このデータによれば、人々は長寿化により増えた人生の日々の多くを健康に過ごしていると考えられる。しかし、人生全体に占める不健康期間の割合は上昇していなくても、不健康な状態で生きなくてはならない年数は増加している。人生の70％の期間を健康に生きられるとすれば、平均寿命が10年延びた場合、健康に生きられる年数が7年増え、健康をそこなった状態で生きる年数が3年増える計算になる。

人生における不健康期間を減らし、[7] 人生の終盤に不健康な状態で生きる年数を短縮することは、政府が優先的に取り組むべき課題のひとつだ。これは、クライブのような人たちにとって大きな意味をもつだけではない。第1章の図1-3で示したような医療費の急激な増加に対処するうえでも重要なことだ。そこで、人生の終盤に虚弱と病気に苛まれて生きる日々——イリノイ大学シカゴ校のジェイ・オルシャンスキーはこの期間を「レッド・ゾーン」と呼んでいる——に目を向けることが必要になる。[8]

その際には、老化のプロセスが人によって異なるという前提に立つことが有益かもしれない。図1-3のようなデータを見ると、社会が高齢化すれば医療費支出の増大が避けられないと考えがちだ。しかし、そのような考え方は、誤った要素に惑わされていると言わざるをえない。[9] この種の発想は、人の健康状態が主として暦年齢によって決まると思い込んでいる。その結果として、本当に重要な要素、すなわち生物学的年齢に目が行かなくなっていることが問題だ。政府がいま力を入れるべきなのは、老化のプロセスを改善して、社会の高齢化が医療費支出と国家財政に及ぼす影響を和らげることなのだ。

では、どうすれば老化のプロセスを改善できるのか。テクノロジーの側面では、老化研究を支援して、資金を拠出すべきだろう。グーグル傘下のバイオテクノロジー企業キャリコなどがすでに1400億ドルを投資しているが、この分野への投資をいっそう増やす必要がある。オルシャンスキーはこう述べている。「生物学的な老化のプロセスを遅らせることができれば、それがごくわずかな減速にすぎないとしても、虚弱や障がい、死亡のほぼあらゆる面で好ましい効果があらわれる」[10]。老化研究を推進して、生物学的な老化のプロセスを解明することには、大きな意味があると言えそうだ。

しかし、差し当たり最も効果が期待できる対策は、医療システムの主眼を治療から予防へ転換し、人々の健康寿命を延ばすというものだ。これは簡単なことではない。これまで医療システムは、患者の病気を治療することを主な目的としてきた。人々が病気になった場合に、(しばしば集中的な入院治療という形で)医療的介入をおこなってきたのだ。このような医療のあり方は、若い層が多い社会では理にかなっている。しかし、高齢化が進行し、社会の疾病負荷をもたらす主たる要因が非感染性疾患になると、このやり方は非効率でコストがかさむ。

そこで、イギリスのマット・ハンコック保健相の表現を借りれば、病院を核としたシステムから、健康を核としたシステムへ移行する必要が出てくる。具体的には、国民が自立した生活を長く続けられるようにし、併存症の発症を遅らせ、もし病気になってもそれと共存して生きていけるようにすることが重要だ。要するに、病気《イルネス》の治療よりも健康《ウェルネス》の維持に力を入れるべきなのである。

予防重視への転換を実現させるためには、年齢差別的な固定観念を捨てることも必要だ。データによれば、病気の予防に関しては、高齢者にはあまり医療資源が費やされない傾向がある。しかし、逆説的に聞こえるかもしれないが、社会の高齢化に伴う医療コストの増大を抑制したいのであれば、医療資源の提供で年齢差別をおこなうべきではない。高齢者への医療に否定的な考え方は、年齢の可変性を見落としている。加齢とともに医療コストが増加していくペースは、変えることができるのだ。高齢期も含めて、あらゆる年齢で医療的介入をおこなうことにより、そのペースを緩やかにできる余地はある。

すでに、技術的発明により病気の予防法を改善する取り組みが始まっている。政府の医療システムに蓄えられている膨大な量のデータを利用してアルゴリズムに学習させれば、アルゴリズムによる予測の精度が高まるだろう。これをバイオマーカー（個人の健康状態を映し出す生理学的指標）と組み合わせることにより、特定の健康上の問題に焦点を当てた予防医療が可能になるかもしれない。また、ＡＩを活用することで、患者が自宅で専門家の診断を受けられるようになれば、健康状態を頻繁にチェックできるようになるだろう。

もっとも、テクノロジーの進歩に大きな期待がかかることは確かだが、少なくとも現時点で病気の予防に最も有効な方法はもっと素朴なものだ。その方法は、新しいテクノロジーを開発することに負けず劣らず大きな効果がある。「適切なエクササイズと栄養摂取は、今後も長い間、(老化対策の)最善の方法であり続けるだろう」と、バック加齢研究所の社長兼CEOで、抗老化の専門家でもあるエリック・ヴァーディンは指摘している。[11]

すでに、多くの国の政府がタバコとアルコールの消費を減らすために税金を課している。最近は、砂糖も標的にされはじめた。2011年にハンガリーが世界ではじめて砂糖税を導入したのを皮切りに、フランス、イギリス、サウジアラビア、タイ、そしてメキシコが後に続いている(メキシコでは、人口の70%が肥満と推定されている)。

政府にとって、人々が健康を維持し、活動的であり続けるよう促すことの重要性はますます高まっていくだろう。ヨーロッパ人のおよそ3人に1人は、十分に体を動かしていないのが実情だ。運動不足は心臓病と糖尿病と大腸癌の原因になり、ヨーロッパの年間死者数の10%に関係していると推定されている。[12] 地域によっては、自治体が運動不足対策に乗り出しているケースもある。たとえば、歩行者や自転車利用者にとって魅力的な町をつくるために、都市計画専門家の協力を得て、公共スペースを増やしたり、安全な歩行ルートや自転車ルートを設置したりしている都市もある。

好ましい結果を促進する

長寿化による好ましい結果を促進するために政府が取り組むべき課題は、主に3つある。人々が将来必要となるスキルを身につける道筋を提供すること、人々が健康に年を重ねるのを支援すること、そして、長寿経済を築くことである。

将来必要となるスキルを身につけるのを助ける

政府は、人々が自力で職業人生を生き抜くことを期待しはじめている。人々がその期待に応えるためには、いま就いている職が将来どうなるかを理解し、どのような職が今後有望なのかを知る必要がある。この点で教育機関と企業の役割が重要なのは間違いないが、教育機関や企業の視点にはどうしても偏りがある。

そこで、政府の役割が重要になる。政府が役割を果たすためには、学校や大学、研修会社、人材仲介会社、採用企業、職業安定所などの利害関係者からデータを集めて、さまざまな職種やスキルに対する現在と未来の需要を示せばいい。そうした情報は、重要な公共財と言えるだろう。たとえば、ドイツの連邦労働・社会省は、2030年の仕事のあり方について、多くの利害関係者を集めて2年間にわたる対話をおこなった。

もっとも、本当に難しいのは、そのような情報を最も必要としている人たちに届けることだ。ドイツの連邦労働・社会省は、この点にも力を入れている。まず、今後どのようなスキルの重要性が高まるかというデータを研修会社に提供し、研修会社が未来のニーズに合わせてカリキュラムを作成できるようにした。また、全国規模の職業安定所のネットワークを通じてこの情報を国民に提供し、相談者の将来の見通しを示して、変化に適応する方法を助言しはじめた。企業とそれぞれの会社の従業員代表委員会と緊密に協力して、革新的な学び方と働き方を試みるようにも促している。

イギリスでは、政府の資金拠出で設立されたイノベーション財団「NESTA」(旧・英国国立科学技術芸術基金)が「オープン・ジョブズ」というプロジェクトを実施している。これは、特定の都市や業種の求職者に地元の求人情報をリアルタイムで紹介することに加えて、2030年の時点でのさまざまなスキルと職の見通しを検討する取り組みである。同財団が目指すのは、企業と教育機関が未来の職に関する情報を得て、それに基づいてスキル向上プログラムを設計・提供するよう促すことだ。このような支援体制が整っていれば、エステルは、自動化によりレジ係の職が脅かされるのではないかという不安が本当に正しいのかを知ることができる。それを通じて、美容師になるための勉強を始めるきっかけを得られるかもしれない。

この種の取り組みでは、国と地方のバランスが重要だ。国がすべきことは多いが、今後は地域レベルのイノベーションや社会起業的な活動がさらに活発になるだろう。新しいテクノロジーと長寿化による影響が地域によって大きく異なり、国単位の対策では十分に対応できないという事情もあるが、理由はそれだけではない。ローカルな取り組みのほうが、社会的開拓者たちが実験をおこない、その地域でどのような試みが有効かを把握しやすい面もある。

健康的に年齢を重ねることを後押しする

このテーマで政府ができることは多い。とくに、医療・保健面では多くのことが可能だ。本書で強調してきたように、ある人がどのような老い方をするかは、その人の過去の行動に大きく左右される。いまの若者が高齢者になったとき、どのように老いるかは、いま取っている行動に影響されるのだ。高齢者個人による健康状態の違いを生む要因の約4分の1は遺伝的なものだが、それを別にすれば、その人がそれまでの人生で取ってきた行動や経験してきた不平等の積み重ねによる影響が大きい[13]。政府がこの面で対策を講じる必要があることは明らかだ。関係してくる要因は、医療、保健、運動だけではない。大気汚染、仕事のストレス、経済面の不安、孤独、劣悪な人間関係といった要因が現在と未来の健康に及ぼす影響にも目を向けなくてはならない。

また、政府がさまざまな面で主導的な行動を取り、高齢化社会の到来をめぐる悲観論を和らげることの意義も大きい。たとえば、日本の安倍晋三首相（当時）は2017年、首相官邸に「人生100年時代構想会議」を設置した。主要な利害関係者（閣僚、労働組合幹部、教育関係者）の対話を促し、長くなる人生にどのように投資すべきかについて国民の意識を高めることが目的だった。この構想会議では、好ましい変化を促すためのさまざまな政策も提案した。

　もうひとつ重要なのは、国民の寿命に関して政府がもっと現実的な見方をすることだ。現在、世界の国々の政府が平均寿命のデータについて国民に伝えている内容は、概して今後の平均寿命の延びを過小評価している。それが国民の準備不足を助長していることは否めない。政府が平均寿命の予測を示す際は、たいてい「ピリオド平均寿命」を用いる。たとえば、イギリス政府はこの手法に基づいて予測をおこない、現時点での出生時平均余命を男性は79・2歳、女性は82・9歳としている。

　こうした政府予測の数字がもつ影響力は大きい。しばしばメディアで話題になるし、政府の報告書などでも大きく取り上げられる。大半の国民が意識するのもこの数字だ。しかし、最も妥当な予測は、これとは別にある。「コーホート平均寿命」のほうがはるかに有益なのだ。コーホート平均寿命を見ると、イギリス人の出生時平均余命は、男性が89・6歳、女性が92・2歳となる。つまり、ピリオド平均寿命で予測した場合に比べて、人々が準備しなくてはならない人生の年数が10年延びるのだ。

　この2つの算出方法の間にどうしてこのような違いが生まれるのか。ピリオド平均寿命は、2019年に生まれた子どもが2019年の医療水準の下で生涯を生きると仮定する。つまり、この子どもたちが2084年に65歳になったとき、この年に死なずに66歳まで生きる確率は、

２０１９年の65歳がこの年に死亡しない確率と同じだと考えるのである。これまでの歴史で医療が大きく進歩してきたことを考えれば、この予測はかなり控えめなものと言わざるをえない。一方、コーホート平均寿命は、時代をくだるにつれて死亡率が低下することを前提にする。２０８４年の65歳が66歳になれる確率は、２０１９年の65歳が66歳になれる確率より高いと考えるのだ。健康的な老い方を後押しするストーリーを国民に示したいなら、政府はコーホート平均寿命をもっと重視すべきだ。そうしなければ、人々は未来をしっかり見通すことができず、自分たちの未来に十分な投資をおこなわないだろう。

長寿経済を築く

政府が健康的な長寿を促すことに成功すればするほど、いわゆる「長寿経済」を築くことの重要性が高まる。長寿化により、経済が縮小するのではなく、拡大するようにする必要があるのだ。そのためには、制度や政策を抜本的に見直し、人々がただ長く生きるだけでなく、長く生産性を保ち続けられるようにしなくてはならない。しかし、それは簡単ではない。既存の政策の多くは、暦年齢重視の発想と3ステージの人生のモデルを土台にしているからだ。暦年齢を絶対視し、年齢に関して硬直的な姿勢をいだき続ければ、生物学的年齢の面で生まれている好ましい変化の経済的恩恵に浴せない。

長寿経済の創出に向けた取り組みは、適切な指標とデータを集めることから始まる。社会の高齢化の度合いを表現するために用いられてきた重要な指標のひとつは、老年従属人口指数だ。これは、16～64歳人口に対する65歳以上人口の割合である（65歳はこれまで一般的に退職年齢とされてきた年齢だ）。この指数は、年金受給者1人を何人の現役世代で支えているかを大ざっぱに映し出す数値と言える。

現在、世界の老年従属人口指数は約0・25。つまり、4人の現役世代で1人の年金受給者を支えている計算だ。2100年には、この値が0・5に上昇すると予測されている。日本など、一部の先進国にいたっては、1・0に達する見通しだ。この場合、現役世代1人で年金受給者1人を支えなくてはならない。老年従属人口指数の上昇は、これまで社会の高齢化について語られるストーリーの中核を成してきた。このデータを基に、経済成長の減速と政府債務の増大が避けられないと懸念する声が高まっている。

しかし、老年従属人口指数を経済分析の土台にすることは、もうやめにするべきだ。理由は3つある。第一に、この指数は、65歳未満は全員が働いていて、65歳以上は全員が職に就いていないという前提に立っている。これは、明らかに事実に反する。第二に、高齢者が若い世代に依存しているという考え方も正確さを欠く。今日の経済では、高齢者の支出、言ってみれば「シルバー・マネー」が雇用の創出を支えるうえで大きな役割を果たすようになっている。第三に、若い世代が高齢者を支えるのは、社会における支え合いの自然なサイクルの一部と見るべきだ。現在の高齢者が過去に納めた税金により、現在の現役世代が子どもの頃に受けた教育や医療のコストがまかなわれたことを忘れてはならない。

老年従属人口指数を強調することは、65歳以上の人たちが若い世代に依存していると決めつけ、世代間の摩擦を煽る結果になる。実際には、世代間関係はそんなに単純なものではない。

しかし、問題はほかにもある。そもそも、65歳以上を「高齢者」と位置づけることが妥当ではない。このような暦年齢重視の発想は、年齢の可変性を考慮しておらず、長寿経済の存在を認めることができない。年齢の可変性は、年齢のインフレを頭に入れてはじめて理解できる。生物学的年齢が改善してきたという事実に基づいて、暦年齢を調整して考えるべきなのだ。

「高齢者」の定義を改めて、たとえば、1950年の65歳と同等の死亡率に達する年齢より上の人を高齢者と位置づけるとしよう。そうすると、1人の高齢者を何人の現役世代で支えているかという図式は一変する。図8-1は、この点についてアメリカの状況を示したものだ。65歳以上を高齢者とみなす従来の定義に従うと、老年従属人口指数は時代とともに上昇してきている。これを見る限り、次第に働き手が少なくなり、年金と医療費のコストが増大して、経済にのしかかる重圧が強まり続けてきたように見える。しかし、年齢のインフレを考慮に入れると、老年従属人口指数は時代とともに低下してきている。人々がよりよく老いることができるようになり、潜在的な労働力人口が増加してきたという構図が見えてくるのだ。これは、経済にとって悪いニュースではなく、間違いなく好ましいニュースだ。

65歳を超えても働き続ける人の割合が増えれば、マクロ経済にもきわめて大きな影響が及ぶ。

図8-1　アメリカの老年従属人口指数

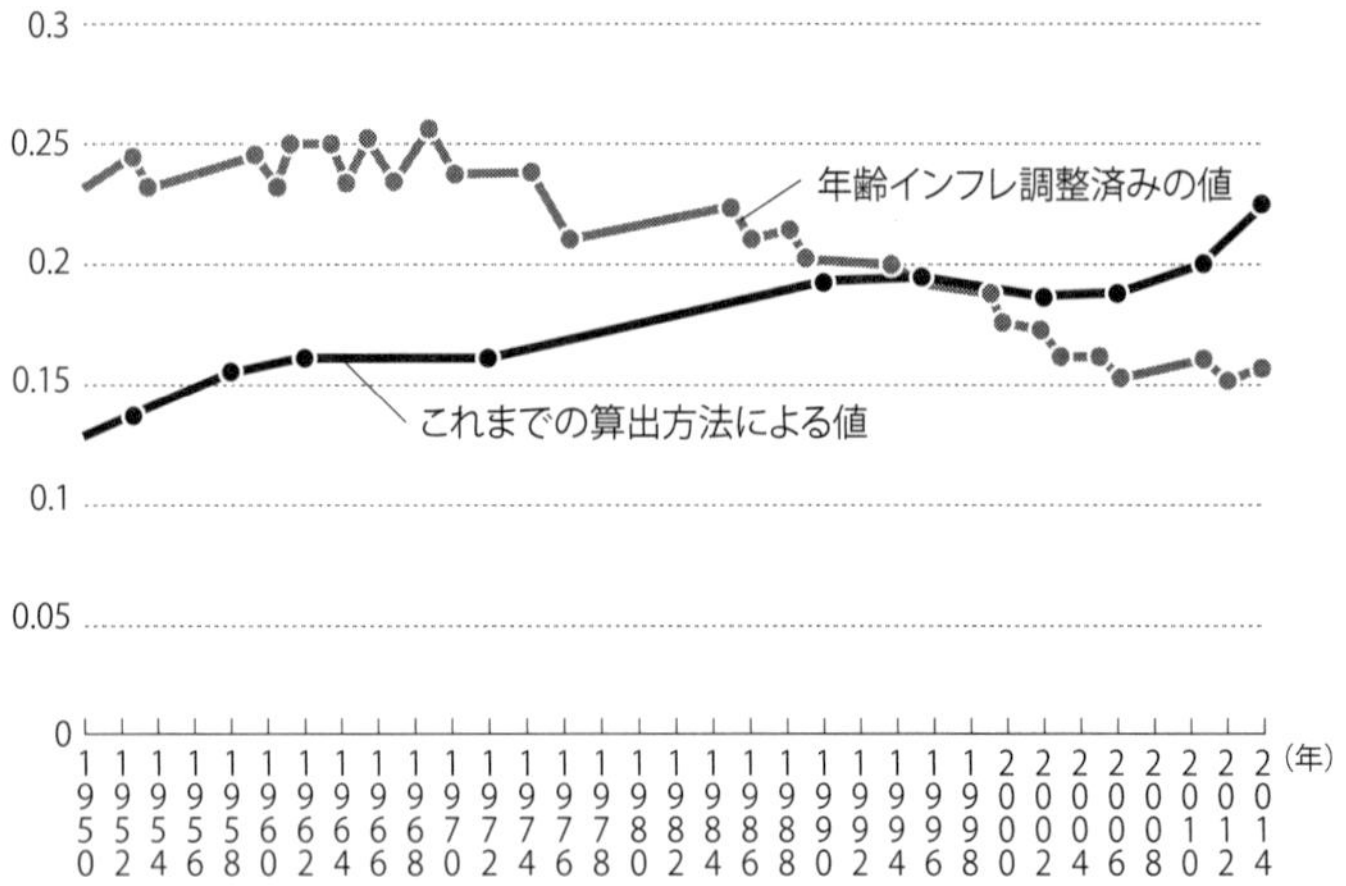

（出典）著者の計算による

イギリスの場合、人々が引退する年齢が1歳上がるごとに、GDP（国内総生産）が1％上昇すると推計されている。[14] 人々が健康と生産性を長く維持することは、経済にとっても好ましいことなのだ。適切な政策でそれを後押しした場合、その効果はとりわけ大きい。

長寿経済の恩恵に浴するためには、政府があらゆる手段を講じて、人々が高齢になるまで働くよう促し、それを支援しなくてはならない。誰もが思いつく方策は、退職年齢の引き上げだろう。実際、すでにそれを実行している国は多いが、それだけでは十分でない。年齢に関して柔軟性を欠いた考え方は、引退年齢に限らず、政府や企業の保健政策や教育などさまざまな場面で根を張っている。もし政府が引退年齢だけ引き上げて、高齢者の生産性を高めるための措置を打ち出さなければ、失業状態の高齢者が増えるだけになりかねない。引退年齢の引き上げは、ほかのさまざまな政策と併せて実施するべきだ。単に長い職業人生を送るだけでなく、長く生産性を保ち続けられるような職業人生を支援する必要がある。

政府が政策を立案するうえでは、人によって寿命に大きな差があること、そして誰もが健康に老いられるわけではないことも忘れてはならない。引退年齢を大幅に引き上げれば、一部の人は生涯現役で働き続けられるかもしれないが、それが可能な人ばかりではない。政府は税制と福祉制度をうまく設計して、働ける人たちが長く仕事を続けるよう促す一方で、健康のすぐれない人たちが合理的な金額の収入を保証されて引退生活を送れる仕組みをつくるべきだ。たとえば、日本のように、長く働いて年金の受給を遅らせれば、受給額が増える制度を導入してもいいだろう。こうした制度を設けることにより、第6章で紹介した表現を借りれば、引退生活への移行をいきなり「冷たいシャワー」を浴びせられるような経験ではなく、「温かい風呂」に浸かるような経験にできるかもしれない。

65歳以上の就労を支援する政策に対しては、若者から職を奪うのではないかという反対意見がしばしば聞かれる。一見するともっともな指摘に思えるかもしれないが、現実は違う。高齢者層の労働市場への大量流入が経済にどのような影響を及ぼすかを考えるうえでは、20世紀に女性が労働市場に参入したときの経験が参考になる。1950年のアメリカでは、15歳超の女性のうち職に就いている人は34％（1700万人）にとどまっていたが、2017年には57％

(7100万人)に増加している。しかし、それと引き換えに男性の雇用が奪われたわけではない。同じ期間に、職に就いている男性も4100万人増えている。

働く女性が増えても男性の雇用に悪影響が及ばないくらい、新たにたくさんの雇用が生まれたのだ。なぜ、そのような現象が起きたのか。職をもつ女性が増えたことで世帯所得が高まり、消費が押し上げられた結果、経済生産が増加し、労働力需要も増加したのである。65歳超で職をもつ人が増えた場合も、同様のサイクルが生まれるかもしれない。高齢者の所得が増えて消費が活発になれば、景気が刺激されるだろう。決まった数の雇用を若者と高齢者で奪い合うわけではないので、この面で世代間対立が生じることは必然ではない。

65歳超の人の多くが働くようになったとき、経済にはどのような影響が及ぶのか。アメリカでは現在、65~74歳の人の27%しか職に就いていない。55~64歳の層では、その割合は64%だ。では、2050年までに65~74歳の就労率を今日の55~64歳の水準まで引き上げるとすれば、どれだけの数の雇用を新たにつくり出す必要があるのか。

2050年には、アメリカの65~74歳人口は3900万人になると予想されている。そのうち64%が働くとすれば、2500万の職が必要だ。現在と比べた場合、この年齢層の人が就く職を1750万増やさなくてはならない。2050年までにこれだけの数の雇用を生み出すためには、毎年50万以上の雇用を創出することが求められる。

50万というのは途方もない数に思えるかもしれないが、これは、女性が労働市場に参加しはじめたときに新しく必要とされた職の数よりかなり少ない。それに、そもそも現在のアメリカでは、もっと速いペースで新規の雇用が創出されている。2000年以降、アメリカでは年平均97万5000の雇用が新たに生まれている。長寿経済に対処するといっても、労働市場で特別なことが要求されるわけではないのだ。

包摂に向けた課題

社会が新しい未来を形づくり、テクノロジーの進化と長寿化の進展がもたらす恩恵を享受するためには、多様な意見に耳を傾ける必要がある。へたをすると、新しいテクノロジーへの向き合い方がすべて企業の利益追求の論理で決まり、長寿化への対応が高齢化と国家財政への影響を恐れる政府の懸念だけに左右されることになりかねない。しかし、社会的発明を成功させるためには、私たちひとりひとりの声を反映させることが重要だ。

本書では、未来に向けて個人が自分で準備することの必要性を強調する一方で、政府と企業が人々に対して負っている責任も論じてきた。しかし、それだけでなく、コミュニティにおける個人同士の関係にも目を向けるべきだ。そこには、最も深い権利義務の関係が網の目のように張り巡らされている。産業革命の時代には、地域コミュニティと、労働者の声を代弁する存在としての労働組合や労働運動が重要な役割を果たした。慈善団体や共済組合も社会運動を強力に牽引した。そうした団体は、人々の権利擁護を訴えるだけでなく、メンバー同士が互いに支援し合い、責任を負うものとしていた。21世紀の世界でも同様の社会運動を盛り上げ、政府が新しいストーリーを紡ぎ上げることを助け、そのストーリーを強化する必要がある。

GDPだけにとらわれない思考

政府が国民に示すストーリーは、政府がどの指標を採用し、その値をどのように表現するかに影響される面がある。だからこそ、本書では、平均寿命の予測方法を改めるよう主張し（ピリオド平均寿命よりもコーホート平均寿命を用いるべきだ）、老年従属人口指数の算出方法も変更するよう訴えてきた（年齢のインフレを考慮に入れるべきだ）。

しかし、最も注目を集めている指標は、なんと言ってもＧＤＰだ。これは、１９３４年にハーバード大学の経済学者サイモン・クズネッツがはじめて正式に提唱したもので[15]、人々にとっても馴染みのある指標と言えるだろう。簡単に言えば、ＧＤＰは、一定期間内に国内で生み出されたモノとサービスの総額である。ＧＤＰの変動は、社会の成功の度合いを映し出すものとみなされてきた。しかし、この指標は広く普及している半面、多くの批判を浴び、誤解もされている。ＧＤＰに対する批判には、言ってみれば「作為の罪」（数値計測しようとしているものをうまく計測できていない）への批判と、「不作為の罪」（真に重要なものを計測していない）への批判の両方がある。

政府は、政策の指針として、国民の幸福度など、ほかの指標を用いるべきなのだろうか。アラブ首長国連邦（UAE）は、2016年に幸福大臣の役職を新設した。ニュージーランドのグラント・ロバートソン財務相は2019年に初の「幸福予算」を編成し、国民の幸福を重んじて国家予算の使い道を決めた。ロバートソンはそのとき、こう語っている。「国民の幸福を高めることを重んじようと思えば、これまでとはアプローチを変え、成功の基準も変えなくてはならない……成功という概念をもっと広くとらえて、GDPのような単純な指標だけで判断することをやめるべきだ。GDPは経済生産に関しては重要な指標だが、人々がどのくらい幸福かという全体像は映し出せない[16]」

これは非常に重要な点だ。本書で論じてきたような転換期にはとりわけ、正しい指標を用いて、正しいストーリーを描くことが重要になる。もちろん、経済・財政政策の指針としては、今後もGDPと雇用統計が重要であり続けるだろう。しかし、「エンゲルスの休止」と呼ばれる現象（第3章参照）が浮き彫りにしているように、GDPの上昇がつねに個人の生活を改善するとは限らない。政府がひとりひとりの状況を把握し、もっと正確なストーリーを描き出すためには、これまでよりも幅広い指標を用いて、さまざまな政策が人々の人生における移行をどの程度支援できているかを知る必要がある。たとえば、移行に伴う心理的・社会的コストを映し出す指標にも留意すべきだ。それらの要素に目を向けなければ、移行によって人々やコミュニティがどのような影響を被っているかが見えてこない。

具体的には、良質な仕事と劣悪な仕事がどの程度の比率で存在しているのか、非恒久的な職に移る人たちは自発的にそれを選択しているのか、それともやむを得ずそのような選択をしているのかといったことも明らかにすべきだ。また、地域コミュニティの健全性と活力も考慮に入れるべきかもしれない。要するに、政府は、経済の規模だけでなく、人々とコミュニティが経験する移行の質にも注意を払う必要があるのだ。

政治システムをつくり替える

テクノロジーの進化は、「労働」や「資本」といった概念を根本から変えつつある。それに伴い、政府は、課税、再分配、規制をおこなう新たな方法を見いだす必要に迫られている。たとえば、雇用について考えてみよう。これまでの歴史上、人々が貧困に陥る主たる要因は、職に就けないことだった。そのため、多くの国は、人々が働いているか否かを給付基準とする福祉制度を築いてきた。しかし、ギグ・エコノミーの出現により、貧困と失業の関係はもっと複雑になった。エステルは仕事をもっているけれど、給料が安くて、勤務時間も一定しないため、しばしば経済的に苦しんでいる。

問題は、ギグ・エコノミーにおいて「仕事」とは何を意味するのかということだ。「雇用」という概念にこだわることに、いまも意味があるのだろうか。

変わったのは、仕事と労働の概念だけではない。資本の概念も変わりはじめている。配車サービスのウーバーは、輸送手段を所有していないことを理由に、自社は運輸会社ではないと主張し、フェイスブックは、メディアコンテンツを制作していないことを理由に、自社はメディア企業ではないと主張する。イーベイやアリババは、巨大な小売りサイトを運営しているが、商品の在庫はもっていない。民泊仲介サービスのエアビーアンドビーは、大手ホテルチェーンのヒルトン・ワールドワイド・ホールディングスの2倍の企業価値を認められているが、不動産を保有せず、ホテルの運営もしていない。これらの企業の価値は、有形の資本（工場、機械、オフィスなど）ではなく、無形の資本（ブランド、研究開発の成果、知的財産、デザインなど）に基づいている。

このように、資本や雇用のあり方と人々の働き方が根本から変わりはじめたことで、大きな緊張が生まれようとしている。既存の税制や福祉制度が十分に機能しなくなりつつあるのだ。

こうした変化は、政治にも影響を及ぼしている。既存の政党の性格づけは、旧来の労働や資本の概念を土台にしてきた。しかし、これまでの労働や資本の概念では現実の世界をうまく説明できなくなり、既存の政党は今日的な課題に対応する能力を失いはじめている。その結果として、まったく新しいタイプの政党やリーダーが台頭し、政治に激変が起きている。

長寿化は、民主主義の制度も軋ませている。平均寿命が延び、高齢化が進むなかで、社会は誰の声に耳を傾けるべきかを再考する必要がある。社会がこれまでより長い未来に向けて準備するうえでは、高齢者の声が強まりすぎることを避けるために、若い世代の意見をもっと重視するべきなのだろうか。ケンブリッジ大学のデイヴィッド・ランシマンはそう考えている。具体的には、6歳以上の人すべてに選挙の投票権を与えるべきだというのだ。ランシマンによれば、このような制度を導入しない限り、民主主義が危機に陥り、長期的視点に立った政策を推し進めようとする政治家が不利になるという。大半の国では高齢化により人口ピラミッドが逆転しており、若者人口は高齢者人口よりはるかに少ないからだ。

高齢者は未来について考える能力が6歳児より劣っていると決めつけるのは、年齢差別的な先入観にも思える。しかし、ランシマンの主張には一理ある。テクノロジーの進化と長寿化の進展に対処するために変革が求められる時代に、世代間の公平を重んじる姿勢は間違っていない。いま必要とされている変化の恩恵を受ける期間は、高齢者よりも若者のほうが格段に長い。だから、若い世代の声に耳を傾けるべきなのだ。

いま、すべての人が人生と社会のあり方を設計し直すことが求められている。さまざまな世代が協力し合い、これまでよりも人間的な未来を形づくる必要がある。

本書では、ひとりひとりが探索と開拓に取り組むことの重要性を強調してきた。しかし、政府が探索と開拓をおこなうことも重要だ。社会による創意工夫と政府による創意工夫の両方が必要とされているのである。この両方がそろわなければ、移行を成功させ、テクノロジーの進化と長寿化の進展に適切に対処することはできない。

おわりに――未来へ向けて前進する

私たちの生き方と学び方が根本から変わるプロセスは、まだ始まったばかりだ。個人のレベルでも社会全体のレベルでも、私たちの人生の組み立て方、そして人間として開花するための学びのあり方は、これから大きく変わっていく。私たちは今後、ますます多くの画期的な発明について耳にし、さらにはそれを直接目の当たりにするだろう。人間の発明の才は、人工知能（AI）とロボット工学の分野で驚異的な進歩を実現させ、私たちの老い方も改善させるに違いない。また、社会の高齢化、そして家族とコミュニティのあり方の多様化がもたらす影響もいっそうはっきり見えてくると思われる。

未来に備えるためには、こうした動向について鋭い分析をおこない、強い好奇心をもたなくてはならない。しかし、結局のところ、すべてはひとりひとりの行動にかかっている。人生で光り輝くための方法論の妥当性をどのように検証するか。社会的開拓者になろうという勇気をどのように奮い起こすか。この未曾有の移行期がもたらすチャンスをどのようにつかむか。こうしたことがきわめて重要になる。

政府、企業、教育といった既存の制度は、私たちのニーズに応えられているとは言い難い。この事実は、やがて激しい苛立ちを生むだろう。その半面、逆説的に聞こえるかもしれないが、制度が現実に追いついていない状況は、人々の自己表現と協働の可能性を大きく広げる面もある。そこで、政府や企業や教育機関が指針を示すことを期待するのではなく、つねに社会を見渡して、革新的な取り組みを探すほうが理にかなっている。そのような新しい生き方が強く求められる時代が訪れつつある。これからは、誰もが過去の世代とは異なる思考と行動をするようになるからだ。思考と行動を変えようとしない人は、様変わりした世界、大きく変貌を遂げつつある世界に対応する準備ができない可能性が高い。

本書の主要なメッセージは、人生が長くなる半面、人生で多くの移行を経験するようになる結果として、ひとつひとつの活動の期間やステージが短期化するということだ。本書では、この新しい長寿時代がどのような時代になるかを描き出そうとしてきた。そうした変化を前提にすると、以下の5つの行動を取ることが重要になる。

先手を打つ。私たちはいま、大きな変化の時代を生きている。変化の影響を逃れられる人はいない。しかも、その変化に対処する責任は、ますます個人の肩に重くのしかかるようになっている。そこで、あなたはいますぐ行動を起こす必要がある。

将来を見据える。あなたがいま何歳だとしても、残されている人生は、過去のどの世代よりも長い。したがって、未来を重んじた選択をおこない、投資の複利効果のように先々に大きな恩恵をもたらす行動を慎重に選ぶことがいっそう重要になる。

「ありうる自己像」を意識する。人生が長くなり、多くの移行を経験するようになれば、あなたの「ありうる自己像」の選択肢は大きく広がる。その恩恵に浴するためには、それらの選択肢をじっくり検討し、選択肢を早く閉ざしすぎないことが重要だ。

可変性と再帰性を意識する。あなたがどのように年齢を重ね、どのように人生を構成し、どのように時間を割り振るかは、画一的に決まったものではなくなる。このように人生の可変性が高まることで、あなたがいま取る行動は再帰性を帯びるようになる。つまり、現在の自分の行動が将来の自分に返ってくるのだ。あなたがどのように老い、どのような将来の選択肢を手にするかは、いまあなたがどのように行動するかによって決まる。

移行を受け入れる。自発的な移行にせよ、不本意な移行にせよ、人生を大きく変えることはときとして難しい。今後、そうした移行の機会がますます多くなり、移行の経験がマルチステージの人生の節目になるだろう。

ここに挙げたのは個人の行動指針だが、人生を通してあなたがどれくらい人間として花開けるかは、ほかの人たちとの関係にも大きく左右される。人は独りぼっちでは社会的開拓者になれない。それに、人生に一貫性と安定をもたらすうえで、深く強力な人間関係が果たす役割はきわめて大きい。しかし、そうした人間関係は放っておいて生まれるものではない。互いに対して責任を負い、信頼関係を土台にしたオープンな会話を重ねる必要がある。

もっとも、それだけではまだ十分でない。家庭やさまざまなコミュニティで、世代間の良好な関係をはぐくむことが不可欠だ。そして、長くて移行の多い人生における重要な要素として、生涯にわたる人間関係を織り込む必要がある。そこで、コミュニティとの新しい関わり方を見いだすことが重要性を増す。大勢が声を合わせて訴えてはじめて、私たちの人生に大きな影響を及ぼす組織や機関に耳を傾けさせることができるからだ。政府や企業や教育機関には、社会的発明と変革が強く求められている。しかし、私たちがみんなで働きかけない限り、これらの組織や機関が私たちの期待に応えることはないだろう。

変化は容易でなく、技術的発明に社会的発明が追いついていないために、さまざまなリスクが生まれることは間違いない。しかし、その一方で、私たちは空前のチャンスを手にしてもいる。これまでになく長く生きられるようになって、自由が広がり、選択肢も増えつつある。新しい選択肢を前にすると、不安を感じるかもしれない。それでも、私たちが個人のレベルと社会のレベルで賢明な選択をすれば、より健康に、より長く、より充実した人生を送れる可能性が出てくる。既存の社会規範が崩壊しはじめたことにより、新しい長寿時代がもつ可能性を思い描くという胸躍る機会が生まれている。

著者たちは、その新しい長寿時代についての対話を促進するために本書を執筆した。本書のウェブサイト（www.thenewlonglife.com）では、本書に関する情報と、読者が自分で考えて計画を立てるための道具を提供し、読者がみずからのストーリーと発見を共有する場を用意している。著者たちは今後も、研究と執筆、教育、助言といった活動を通じて、本書のテーマに取り組んでいくつもりだ。著者たちの今後の活動については、2人のウェブサイト（www.profandrewjscott.comとwww.lyndagratton.com）とツイッターアカウント（@ProfAndrewScottと@lyndagratton）で発信していく。

社会的開拓者への道に踏み出そうとするみなさんの成功を祈りたい。みなさんの進捗状況を聞くのが楽しみだ。

原注

はじめに

(1) https://www.bbc.co.uk/news/world-us-canada-42170100
(2) https://www.bloomberg.com/graphics/2017-job-risk/
(3) https://www.newyorker.com/magazine/2019/05/20/can-we-live-longer-but-stay-younger

第1章

(1) 『銀河ヒッチハイク・ガイド』(河出文庫、2005年)の著者ダグラス・アダムスによれば、テクノロジーとは「まだ機能していないものを表現する言葉」である。https://www.azquotes.com/quote/343497
(2) ここで言う「コンピュータの処理能力」とは、具体的には集積回路に搭載できるトランジスタの数のことである。
(3) https://www.statista.com/statistics/499431/global-ip-data-traffic-forecast/
(4) ここに、冗談半分で「グラットンとスコットの法則」をつけ加えてもいいかもしれない。テクノロジーの進歩を説明するために必要な「法則」の数は、あるテーマが大げさに話題にされるたびに指数関数的に増えていく、という法則だ。
(5) R. Baldwin, *The Globotics Upheaval: globalization, robotics and the future of work*, London: Weidenfeld and Nicolson, 2019.(高遠裕子訳『GLOBOTICS――グローバル化+ロボット化がもたらす大激変』日本経済新聞出版社、2019年)
(6) McKinsey Global Institute, 'Jobs Lost, Jobs Gained: Workforce transitions in a time of automation', December 2017.
(7) もっとも、興味深いことに、全面的な自動化によっても生産目標を達成できず、マスクはこう述べている。「そうだ。テスラで過度な自動化を推し進めたのは失敗だった。正確に言えば、私の過ちだった。人間の能力を過小評価していた」。https://www.cnbc.com/2018/04/13/elonmusk-admits-humans-are-sometimes-superior-to-robots.html
(8) マスクの「エイリアンの弩級戦艦」と同様に、「変なホテル」もテクノロジーに過剰な期待をしていたのかもしれない。ロボットがすべての業務を担えるわけではなく、業務をおこない、ロボットの世話をするために、従業員の数はむしろ増えた。
(9) ただし、言うまでもなく、情緒面の「ケア」をすることは、ロボットにはできない。
(10) ニューラルネットワークとは、データを与えると形を変えて、現実世界を模倣するように(オリジナルの数的なコピーをつくるように)できている数学的形式のこと。それにより、ものごとへの理解を深めて、意思決定の質を高めることを目的にしている。

(11) D. Silver, J. Schrittwieser, K. Simonyan, I. Antonoglou, A. Huang, A. Guez, T. Hubert, L. Bakter, M. Lai, A. Bolton, Y. Chen, T. Lillicrap, F. Hui, L. Sifre, G. vanden Driessche, T. Graepel, and D. Hassabis, 'Mastering the Game of Go without Human Knowledge', *Nature*, 19 October 2017, Vol. 550, 354–359.

(12) 以下を参照。https://www.npr.org/sections/money/2017/05/17/528807590/episode-606-spreadsheets?t=1533803451907

(13) フランスの哲学者デカルトは17世紀に、この問題について著書『方法序説』でこう述べている。「このような機械は、いくつかのものごとを人間と同等に、あるいは人間以上にうまく実行できるかもしれない。しかし、そうした機械には、うまくできないこともある。そこから浮き彫りになるのは、機械がものごとを理解して行動しているわけではない、ということだ」

(14) CAPTCHAは、「コンピュータと人を区別するための完全自動化公開チューリングテスト（Completely Automated Public Turing test to tell Computers and Humans Apart）」の略。ユーザーが人間であることを確認するために、画面上に表示される写真の中の自動車（やその他の物体）をすべて識別するように求めたりする。

(15) M. Tegmark, *Life 3.0: Being human in the age of artificial intelligence*, London: Allen Lane, 2017, p. 42.（水谷淳訳『LIFE3.0――人工知能時代に人間であるということ』紀伊國屋書店、2019年）

(16) これは、「ピリオド平均寿命」の考え方を用いて予測したものだ。簡単に言えば、2018年に生まれた日本人の女の子が生涯を通じて2018年の社会環境で生き続けるものとみなす考え方である。たとえば、今後87年間、平均寿命がこれ以上延びないことを想定している。そのため、平均寿命を過小評価する可能性がある。

(17) J. Oeppen, and J. Vaupel, 'Broken Limits to Life Expectancy', *Science*, May 2002, Vol. 296, 5570, 1029–1031.

(18) A. Case, and A. Deaton, 'Rising Morbidity and Mortality in Midlife among White Non-Hispanic Americans in the 21st Century', *Proceedings of the National Academy of Sciences in the United States of America*, Vol. 112 (49), 15078–15083.

(19) N. Kassebaum, et al, 'Global, Regional and National Disability-Adjusted Life Years (DALYs) for 315 Diseases and Injuries and Healthy Life Expectancy (HALE), 1990–2015: A systematic analysis for the Global Burden of Disease Study 2015', *The Lancet*, 2016, Vol. 388, 10053, 1603–1658.

(20) A. Kingston, A. Comas-Herrera, and C. Jagger, 'Forecasting the Care Needs of the Older Population in England over the Next 20 Years: Estimates from the Population Ageing and Care Simulation (PACSim) modelling study', *The Lancet Public Health*, 2018, Vol. 3 (9), e447–455.

(21) ただし、これは、どこで生まれた子どもにも当てはまるわけではない。この点で、国の中に、そして国の間に、不平等が存在することは明らかだ。どこで生まれたか

という偶然の要素により、どれくらい長生きできそうかが大きく左右される。

(22) たとえば、以下を参照。The Academy for Health and Lifespan Research, https://www.ahlresearch.org/vision

(23) David Sinclair, with Matthew D. LaPlante, *Lifespan: Why we age and why we don't have to*, London: Thorson's, 2019.（梶山あゆみ訳『LIFESPAN――老いなき世界』東洋経済新報社、2020年）. A. Chalabi, and J. Mellon, *Juvenescence: Investing in the age of longevity*, Douglas, Isle of Man: Fruitful Publications, 2017.

(24) 長寿の科学に関心がある人は、C.エレガンスという、体長約1ミリの線虫の名前をよく聞くようになるだろう。この線虫は、遺伝学的特性と生涯の短さゆえに、研究に適しているのだ。

(25) S. Harper, *How Population Change Will Transform Our World*, Oxford: Oxford University Press, 2019.

(26) データはすべて以下による。'United Nations World Population Prospects, 2017', https://esa.un.org/unpd/wpp/DataQuery/

(27) https://fullfact.org/economy/poverty-uk-guide-facts-and-figures/

(28) D. McCarthy, J. Sefton, and M. Weale, 'Generational Accounts for the United Kingdom', National Institute of Economic and Social Research Discussion Paper 377, January 2011, http://www.niesr.ac.uk/sites/default/files/publications/150311_171852.pdf

第2章

(1) リミナリティについて詳しくは以下を参照。A. van Gennep et al, *The Rites of Passage*, Chicago: University of Chicago Press, 1960（綾部恒雄・綾部裕子訳『通過儀礼』岩波文庫、2012年）, and V. Turner, 'Betwixt and Between: The liminal period in rites de passage', in *The Forest of Symbols*, Ithaca: Cornell University Press, 1967.

(2) http://www.bradford-delong.com/2014/05/estimates-of-world-gdp-one-million-bc-present-1998-my-view-as-of-1998-the-honest-broker-for-the-week-of-may-24-2014.html

(3) M. Huberman, and C. Minns, 'The Times They Are Not Changin': Days and hours of work in Old and New Worlds, 1870-2000', *Explorations in Economic History*, Vol. 44 (200710), 538-567.

(4) W. Scheidel, *The Great Leveler: Violence and the history of inequality from the Stone Age to the twenty-first century*, Princeton: Princeton University Press, 2018.（鬼澤忍・塩原通緒訳『暴力と不平等の人類史――戦争・革命・崩壊・疫病』東洋経済新報社、2019年）

(5) R. Chetty, M. Stepner, S. Abraham, S. Lin, B. Scuderi, N. Turner, A. Bergeron,

and D. Cutler, 'The Association between Income and Life Expectancy in the US', *Journal of American Medical Association*, 2016, Vol. 315 (20160426), 1750–1766.
(6) H. Markus, and P. Nunus, 'Possible Selves', *American Psychologist*, 1986, Vol. 4(9), 954–969.
(7) J. Panksepp, *Affective Neuroscience: The foundations of human and animal emotions*, New York: Oxford University Press, 1998.
(8) D. Cable, *Alive at Work: The neuroscience of helping your people love what they do*, Boston: Harvard Business Review Press, 2018.（竹本毅訳『脳科学に基づく働き方革命 Alive at Work——社員の熱意とエンゲージメントを高める3つの魔法』日経BP、2019年）
(9) G. Vaillant, *Triumphs of Experience: The men of the Harvard Grant Study*, Boston: Harvard University Press, 2012.
(10) 発言は以下に引用されている。'Garry Kasparov: We need better humans, not less technology', Verdict, Robert Scammell, 19 February 2019. https://www.verdict.co.uk/garry-kasparov-humans-technology/

第3章

(1) K. Thomas, *Age and Authority in Early Modern England*, London: British Academy, 1976.
(2) P. Zweifel, S. Felder, and M. Meiers, 'Aging of Population and Health Care Expenditure: A red herring?', *Health Economics*, 1999, Vol. 8 (6), 485–496.
(3) M. E. Levine, and E. M. Crimmins, 'Is 60 the New 50?: Examining changes in biological age over the past two decades', *Demography*, 2018, Vol. 55 (2), 387–402.
(4) J. B. Shoven, G. S. Goda, 'Adjusting Government Policies for Age Inflation', National Bureau of Economic Research (NBER), Working Paper, No. 14231, 2008.
(5) J. Beard, and D. Bloom, 'Towards a Comprehensive Public Health Response to Population Aging', *The Lancet*, 2015, Vol. 385, 658–661.
(6) B. Levy, et al, 'Longevity Increased by Positive Self-Perceptions of Aging', *Journal of Personality and Social Psychology*, 2002, Vol. 83 (2), 261–270.
(7) https://www.aging-better.org.uk/sites/default/files/2018-11/ELSA-analysis.pdf
(8) P. Thane, *Old Age in English History: past experiences, present issues*, Oxford: Oxford University Press, 2011.
(9) https://www.youtube.com/watch?reload=9&v=lYdNjrUs4NM
(10) T. O'Donoghue, and M. Rabin, 'Doing It Now or Later', *American Economic Review*, Vol. 89, 1 March 1999, 103–124.
(11) 割引率は、ファイナンスにおける基本的な概念だ。もしあなたが今日受け取る100ドルと1年後に受け取る110ドルに同等の価値を認めているとすれば、あなたの割

引率は10%ということになる。110ドルを10%割り引くと100ドルになり、両者が等しくなるからだ。割引率が低い人ほど、辛抱強いとみなせる。割引率が0%の人は、今日の100ドルと1年後の100ドルを同等に評価する。このような人は、「鳥の目」の視点をもっていると言えるだろう。

(12) C. Mogilner, H. E. Hershfield, and J. Aaker, 'Rethinking Time: Implications for well-being', *Consumer Psychology Review*, 2018, Vol. 1, Issue 1, 41–53.

(13) D. Blanchflower, and A. Oswald, 'Is Well-being U-shaped over the Life Cycle?', *Social Science and Medicine*, 2008, Vol. 66 (8), 1733–1749. 以下も参照。J. Rauch, *The Happiness Curve*, New York: St Martin's Press, 2018. (多賀谷正子訳『ハピネス・カーブ――人生は50代で必ず好転する』CCCメディアハウス、2019年)

(14) J. Etkin, and C. Mogilner, 'Does Variety among Activities Increase Happiness?', *Journal of Consumer Research*, 2016, Vol. 43 (2), 210–229.

(15) S. Mullainathan, and E. Shafir, *Scarcity: The true cost of not having enough*, London: Penguin, 2014. (大田直子訳『いつも「時間がない」あなたに――欠乏の行動経済学』ハヤカワ・ノンフィクション文庫、2017年)

(16) D. Kamerade, S. Wang, B. Burchell, S. Balderson, and A. Coutts, 'A Shorter Working Week for Everyone: How much paid work is needed for mental health and well-being?', *Social Science and Medicine*, 2019, in press 11253.

(17) M. Aguiar, and E. Hurst, 'The Increase in Leisure Inequality', NBER Working Paper, No. 13837, 2008.

(18) H. E. Hershfield, C. Mogilner, and U. Barnea, 'People Who Choose Time over Money Are Happier', *Social Psychological and Personality Science*, 2016, Vol. 7(7), 607–706.

(19) https://www.nytimes.com/2016/09/11/opinion/sunday/what-should-you-choose-time-or-money.html

(20) McKinsey Global Institute, 'Jobs Lost, Jobs Gained: Workforce transitions in a time of automation', December 2017.

(21) https://www.nytimes.com/2013/06/14/opinion/krugman-sympathy-for-the-luddites.html

(22) 人類の歴史を通じてテクノロジーが社会と労働者にどのような影響を及ぼしてきたかという分析は、以下を参照。C. Frey, *The Technology Trap: Capital, labor, and power in the age of automation*, Princeton: Princeton University Press, 2019. (村井章子・大野一訳『テクノロジーの世界経済史――ビル・ゲイツのパラドックス』日経BP、2020年)

(23) https://www.bls.gov/news.release/archives/jolts_03152019.htm

(24) https://www.bloomberg.com/news/articles/2018-08-01/how-a-trucking-shortage-is-fueling-u-s-inflation-quicktake

(25) Chui, M., Manyika, J., and Miremadi, M., 'Where Machines Could Replace Humans–and Where They Can't (Yet)', McKinsey Digital, July 2016.
(26) http://www.pewresearch.org/wp-content/uploads/sites/9/2014/08/Future-of-AI-Robotics-and-Jobs.pdf
(27) https://economics.mit.edu/files/14641
(28) McKinsey Global Institute, 'Jobs Lost, Jobs Gained: Workforce transitions in a time of automation', December 2017.
(29) J. E. Bessen, 'How Computer Automation Affects Occupations: Technology, jobs and skills', Boston University School of Law, Law and Economics Research Paper, 2016, No. 15-49.
(30) Bessen, 'How Computer Automation Affects Occupations'.
(31) https://sloanreview.mit.edu/article/will-ai-create-as-many-jobs-as-it-eliminates/
(32) McKinsey Global Institute, 'Jobs Lost, Jobs Gained: Workforce transitions in a time of automation', December 2017.
(33) L. Gratton, and A. Scott, *The 100-Year Life: Living and working in an age of longevity,* London: Bloomsbury, 2016.（池村千秋訳『LIFE SHIFT（ライフ・シフト）——100年時代の人生戦略』東洋経済新報社、2016年）
(34) C. Wu, M. C. Odden, G. G. Fisher, and R. S. Stawski, 'Association of Retirement Age with Mortality: A population-based longitudinal study among older adults in the USA', *Journal of Epidemiology and Community Health*, September 2016, Vol. 70 (9), 917-923.
(35) https://www.manchester.ac.uk/discover/news/unretirement/
(36) 高給の人ほど多くの余暇を楽しむとは限らない。代替効果も作用するからだ。高給取りの人は、働く時間を減らすことによって儲けそこなう金額が大きいため、長い時間働こうとする場合がある。人がどれくらいの余暇時間を過ごすかは、これらの要因のバランスによって決まる。これまでのところ、所得効果（所得の増加に伴い、より多くの余暇時間を求めるようになる）の影響が強く、平均労働時間は減少してきた。
(37) Huberman and Minns, 'The Times They Are Not Changin': Days and hours of work in Old and New Worlds, 1870-2000'.
(38) https://www.bbc.co.uk/news/business-48125411
(39) https://www.bls.gov/news.release/conemp.nr0.htm
(40) McKinsey Global Institute, 'Independent Work: Choices, necessity, and the gig economy', October 2016.
(41) D. Weil, *The Fissured Workplace: Why work became so bad for so many and what can be done to improve it,* Boston: Harvard University Press, 2017.
(42) ドイツの哲学者ショーペンハウアーは、この点をもっと生き生きとした言葉で表現

している。「富は海水に似ている。海水を飲めば飲むほど、ますます喉が渇く」
(43) D. Kahneman, and A. Deaton, 'High Income Improves Evaluation of Life But Not Emotional Well-being', *Proceedings of the National Academy of Sciences of the United States of America*, 21 September 2010, Vol. 107 (38), 16489–16493.
(44) この研究に触発されたグラビティ・ペイメンツ社のダン・プライスCEOは、100万ドルの報酬を7万ドルまで減らし、自社のすべての社員に同額の給料を支払うことにした。これにより、プライス氏の幸福度がどのように変わったのかという報道は見つけることができなかった。

第4章

(1) J. J. Arnett, 'Emerging Adulthood: A theory of development from the late teens through the twenties', *American Psychologist*, 2000, Vol. 55 (5), 469–480.
(2) E. Goffman, *Relations in Public*, London: Allen Lane, 1971.
(3) J. Hartshorne, and L. Germine, 'When Does Cognitive Functioning Peak? The Asynchronous Rise and Fall of Different Cognitive Abilities Across the Lifespan', *Psychological Science*, April 2015, Vol. 26 (4), 433–443.
(4) J. Hartshorne, and L. Germine, 'When Does Cognitive Functioning Peak? The Asynchronous Rise and Fall of Different Cognitive Abilities Across the Lifespan', *Psychological Science*, April 2015, Vol. 26 (4), 433–443.
(5) Interview with Ignasi Monreal, *FT Weekend*, 3 March 2017.
(6) J. Mogensen, 'Cognitive Recovery and Rehabilitation after Brain Injury: Mechanisms, challenges and support', *Brain Injury: Functional Aspects, Rehabilitation and Prevention*, Croatia: InTech Open Access, 2 March 2012, pp. 121–150, intechopen.com.
(7) E. Karle, and C. Pittman, *Rewire Your Anxious Brain: How to use the neuroscience of fear to end anxiety, panic, and worry*, Oakland, CA: New Harbinger Publications, Inc., 2015.
(8) S. C. Davies, 'Chief Medical Officer's Summary', in N. Metha, ed., *Annual Report of the Chief Medical Officer 2013, Public Mental Health Priorities: Investing in the evidence*, [online], London: Department of Health, pp. 11–19; and J. Foster, 'Mental Health Problems Are Very Common in the Workplace – So why don't we talk about it more?', *Computershare Salary Extras*, 25 November 2015.
(9) World Health Organization, *Global Burden of Mental Disorders and the Need for a Comprehensive, Coordinated Response from Health and Social Sectors at the Country Level*, 1 December 2011.
(10) E. L. Deci, and R. M. Ryan, 'The "What" and "Why" of Goal Pursuits: Human needs and the self-determination of behavior', *Psychological Inquiry*, 2000, Vol. 11 (4),

319–338.
(11) Towards Maturity Report, *Preparing for the Future of Learning*, April 2016.
(12) G. Petriglieri, S. Ashford, and A. Wrzesniewski, 'Thriving in the Gig Economy', *Harvard Business Review*, March–April 2018.（ジャンピエロ・ペトリグリエリ、スーザン・J. アシュフォード、エイミー・レズネスキー「ギグ・エコノミーで生き残るための4つのつながり」『DIAMONDハーバード・ビジネス・レビュー』2019年1月号）
(13) R. Florida, *The Rise of the Creative Class*, New York: Basic Books, 2002.（井口典夫訳『クリエイティブ資本論——新たな経済階級の台頭』ダイヤモンド社、2008年）
(14) H. Ibarra, *Working Identity: Unconventional strategies for reinventing your career*, Boston: Harvard Business School Press, 2003.（金井壽宏監修/解説・宮田貴子訳『ハーバード流キャリア・チェンジ術』翔泳社、2003年）
(15) J. E. Marcia, 'Development and Validation of Ego—Identity Status', *Journal of Personality and Social Psychology*, May 1966, Vol. 3 (5), 551–558.
(16) E. Wenger, and W. M. Snyder, 'Communities of Practice: The organizational frontier', *Harvard Business Review*, January–February 2000.（エティエンヌ・C. ウェンガー、ウィリアム・M. スナイダー「『場』のイノベーション・パワー」『DIAMONDハーバード・ビジネス・レビュー』2001年8月号）
(17) たとえば、以下の著作のまとめを参照。Rauch, *The Happiness Curve*.
(18) D. Neumark, I. Burn, and P. Button, 'Is it harder for Older Workers to Find Jobs? New and Improved Evidence from a Field Experiment', NBER Working Paper, No. 21669, 2016.
(19) 'How Secure is Employment at Old Ages', Urban Institute, December 2018. https://www.urban.org/research/publication/how-secure-employment-older-ages
(20) https://blog.aarp.org/2018/01/05/unemployment-rate-for-those-ages-55-increases-in-december
(21) P. Azowlay, B. Jones, J. Daniel Kim and J. Miranda, 'Age and High-growth Entrepreneurship', NBER Working Paper, No. 24489, April 2018.
(22) M. Nussbaum, and S. Levmore, *Aging Thoughtfully: Conversations about retirement, romance, wrinkles and regrets*, Oxford: Oxford University Press, 2017.
(23) Nussbaum and Levmore, *Aging Thoughtfully*.
(24) D. Kahneman, B. L. Fredrickson, C. A. Schreiber, and D. A. Redelmeier, 'When More Pain Is Preferred to Less: Adding a better end', *Psychological Science*, November 1993, Vol. 4 (6), 401–405.
(25) こうした感情は、アトゥール・ガワンデの以下の美しい著作を覆っているものだ。A. Gawande, *Being Mortal: Medicine and what matters in the end*, New York: Pic-

ador, Henty Holt and Company, 2017.（原井宏明訳『死すべき定め――死にゆく人に何ができるか』みすず書房、2016年）

(26) L. Carstensen, 'Social and Emotional Patterns in Adulthood: Support for socioemotional selectivity theory', *Psychology and Aging*, September 1992, Vol. 7 (3), 331–338.

第5章

(1) P. Seabright, *The Company of Strangers: A natural history of economic life*, Princeton: Princeton University Press, 2004.（山形浩生・森本正史訳『殺人ザルはいかにして経済に目覚めたか？――ヒトの進化からみた経済学』みすず書房、2014年）

(2) https://www.census.gov/data/tables/time-series/demo/families/marital.html

(3) https://www.japantimes.co.jp/news/2017/04/05/national/1-4-japanese-men-still-unmarried-age-50-report/

(4) B. DePaulo, *Singled Out: How singles are stereotyped, stigmatized, and ignored, and still live happily ever after*, New York: St Martin's Griffin, 2006.

(5) Lundberg and Pollak, 'The American Family and Family Economics', *Journal of Economic Perspectives*, Vol. 21 (2), 3–26.

(6) https://www.nytimes.com/2006/11/02/fashion/02parents.html

(7) https://www.msn.com/en-us/lifestyle/lifestyle-buzz/seven-best-friends-in-china-bought-and-renovated-a-mansion-where-they-intend-to-grow-old-together/ar-AADUaIh?li=BBnb7Kz

(8) 図5-1の出所は、以下を参照。https://www.brookings.edu/research/lessons-from-the-rise-of-womens-labor-force-participation-in-japan

(9) A. Wolf, *The XX Factor: How working women are creating a new society*, London: Profile Books, 2013.

(10) 生産年齢の男性の15%は職に就いていない（5%は失業、10%は職を探していない）。

(11) 以下の論文に引用されている。Alison Burke, 'Why Are So Many American Men Not Working?', *Brookings*, March 6, 2017. https://www.brookings.edu/blog/brookings-now/2017/03/06/why-are-so-many-american-men-not-working/

(12) K. Gerson, *Hard Choices: How women decide about work, career and motherhood*, California: University of California Press, 1986.

(13) A. Giddens, *Modernity and Self-Identity: Self and society in the Late Modern Age*, Stanford: Stanford University Press, 1991.（秋吉美都・安藤太郎・筒井淳也訳『モダニティと自己アイデンティティ――後期近代における自己と社会』ちくま学芸文庫、2021年）

(14) J. Stacey, *Brave New Families*, New York: Basic Books, 1990.
(15) Stacey, *Brave New Families*.
(16) http://www.pewresearch.org/fact-tank/2018/06/13/fathers-day-facts/ft_16-06-14_fathersday_stayathomerising
(17) https://www.oecd.org/dev/development-gender/Unpaid_care_work.pdf
(18) R. Ely, P. Stone, and C. Ammerman, 'Rethink What You "Know" about High-achieving Women', *Harvard Business Review*, December 2014, Vol. 92 (12), 100–109.
(19) J. Petriglieri, and O. Obodaru, 'Secure Base Relationships as Drivers of Professional Identity Co-construction in Dual Career Couples', INSEAD Working Paper Series, 2016/04/OBH. 以下も参照。 J. Petriglieri, *Couples That Work: How to thrive in love and at work*, Boston: Harvard Business School Press, 2019.
(20) M. Strober, *Sharing the Work: What my family and career taught me about breaking through* (*and holding the door open for others*), Boston: MIT Press, 2017, p. 203.
(21) N. Ferguson, and E. Freymann, 'The Coming Generation War', *The Atlantic*, 2019. https://www.theatlantic.com/ideas/archive/2019/05/coming-generation-war/588670
(22) 'The French Revolution as It Appeared to Enthusiasts at Its Commencement'. William Wordsworth, *The Major Works* (ed.) Stephen Gill, Oxford World's Classics, Oxford, July 2008.
(23) https://www.resolutionfoundation.org/publications/home-affront-housing-across-the-generations
(24) https://www.ft.com/content/b1369286-60f4-11e9-a27a-fdd51850994c
(25) Ipsos Global Trends Survey 2017. https://www.ipsosglobaltrends.com/megatrends-long-term-trends-shaping-the-world-in-2017-and-beyond/
(26) https://www.gsb.stanford.edu/faculty-research/publications/beyond-gdp-welfare-across-countries-time
(27) https://voxeu.org/article/how-represent-interests-future-generations-now
(28) N. Howe, and W. Strauss, *Generations*, New York: William Morrow/Quill, 1998.
(29) K. Mannheim, 'The Problem of Generations', *Essays on the Sociology of Knowledge*, London: Routledge and Kegan Paul, 1928/1952, pp. 276–320.
(30) D. Costanza, J. Badger, R. Fraser, J. Severt, and P. Gade, 'Generational Differences in Work-related Attitudes: A meta-analysis', *Journal of Business and Psychology*, 2012, Vol. 27, 375–394.
(31) L. Gratton, and A. Scott, 'Our Assumptions about Old and Young Workers Are Wrong', *Harvard Business Review*, November 2016. https://hbr.org/2016/11/our-

assumptions-about-old-and-young-workers-are-wrong
(32) https://www.pewresearch.org/fact-tank/2018/05/02/millennials-stand-out-for-their-technology-use-but-older-generations-also-embrace-digital-life
(33) R. Luhmann, and L. C. Hawkley, 'Age Differences in Loneliness from Late Adolescence to Oldest Old Age', *Developmental Psychology*, 2016, Vol. 52 (6), 943–959.
(34) 以下の論文に引用されている。L. K. Brendtro, 'The Vision of Urie Bronfenbrenner: Adults who are crazy about kids', *Reclaiming Children and Youth: The Journal of Strength-based Interventions*, 2006, Vol. 15 (3), 162–166.
(35) Marc Freedman, 'Let's Make the Most of the Intergenerational Opportunity', Next Avenue, July 5, 2016. https://www.nextavenue.org/lets-make-intergenerational-opportunity/
(36) https://www.marketwatch.com/story/people-spend-more-time-with-facebook-friends-than-with-actual-friends-2016-04-27
(37) https://web.stanford.edu/~mrosenfe/Rosenfeld_et_al_Disintermediating_Friends.pdf
(38) '14th Annual Demographia International Housing Affordability Survey: 2018'. http://demographia.com/dhi.pdf
(39) T. Tammaru, M. van Ham, S. Marcińczak, and S. Musterd (eds.), 'Socio-Economic Segregation in European Capital Cities', IZA Discussion Paper 9603, December 2015.
(40) 「コモン・ルーム」について詳しくは以下を参照。https://www.ageofnoretirement.org/thecommonroom
(41) Marc Freedman 'How to Live Forever: The enduring power of connecting the generations' Public Affairs, November 20, 2018.
(42) J. Wilson, 'Volunteering', *Annual Review of Sociology*, 2000, Vol. 26, 215–240.
(43) A. Steptoe, A. Shankar, P. Demakakos, and J. Wardle, 'Social Isolation, Loneliness, and All-cause Mortality in Older Men and Women', *Proceedings of the National Academy of Sciences*, 2013, Vol. 110 (15), 5797–5801.
(44) P. Boyle, A. Buchman, L. Barnes, and D. Bennett, 'Effect of a Purpose in Life on Risk of Incident Alzheimer Disease and Mild Cognitive Impairment in Community-dwelling Older Persons', *Archives of General Psychiatry*, 2010, 67 (3), 304–310.
(45) P. Boyle, L. Barnes, A. Buchman, D. Bennett, 'Purpose in Life Is Associated with Mortality among Community-dwelling Older Persons', *Psychosomatic Medicine*, 2009, Vol. 71 (5), 574–579.
(46) 'A Habit of Service: The factors that sustain service in young people', Jubilee Centre for Character and Virtues: University of Birmingham, 2017. https://www.jubileecentre.ac.uk/1581/projects/current-projects/a-habit-of-service

(47) M. J. Sandel, *What Money Can't Buy: The moral limits of markets*, New York: Farrar, Straus and Giroux, 2012, p.103.（鬼澤忍訳『それをお金で買いますか——市場主義の限界』ハヤカワ・ノンフィクション文庫、2014年）
(48) John Rawls, *A Theory of Justice*, Harvard: Harvard University Press, 1971.（矢島鈞次監訳『正義論』紀伊國屋書店、1979年）
(49) OECD (2017) 'Preventing Ageing Unequally', OECD Publishing, Paris, 2017.

第6章

(1) J. Gotbaum, and B. Wolfe, 'Help People Work Longer by Phasing Retirement', December 14, 2018. https://www.brookings.edu/opinions/help-people-work-longer-by-phasing-retirement
(2) '18th Annual Transamerica Retirement Survey'. https://www.transamericacenter.org/retirement-research/18th-annual-retirement-survey
(3) J. Ameriks, J. Briggs, A. Caplin, M. Lee, M. D. Shapiro, and C. Tonetti, 'Older Americans Would Work Longer If Jobs Were Flexible', *American Economic Journal: Macroeconomics*, 2020, Vol. 12 (1), 174–209.
(4) H. Kleven, C. Landais, J. Posch, A. Steinhauer, and J. Zweimüller, 'Child Penalties Across Countries: Evidence and explanations', May 2019, AEA Papers and Proceedings, Vol. 109, 122–126.
(5) C. Goldin, 'A Grand Gender Convergence: its last chapter', *American Economic Review*, 2014, Vol. 104 (4), 1091–1119.
(6) M. Bertrand, 'The Glass Ceiling', *Economica*, 2018, Vol. 85 (338), 205–231.
(7) M. C. Huerta, W. Adema, J. Baxter, H. Wen-Jui, M. Lausten, L. RaeHyuck, and J. Waldfogel, 'Fathers' Leave and Fathers' Involvement: Evidence from four OECD countries', *European Journal of Social Security*, 2014, Vol. 16 (4), 308–346.
(8) https://www.personneltoday.com/hr/enhancing-family-friendly-pay-pros-cons
(9) Business in the Community, 'Supporting Carers at Work'. https://age.bitc.org.uk/sites/default/files/supporting_carers_at_work.pdf
(10) https://www.ft.com/content/6b625a64-9697-11e9-8cfb-30c211dcd229
(11) https://www.oecd.org/dev/development-gender/Unpaid_care_work.pdf
(12) M. Knaus, and S. Otterbach, 'Work Hour Mismatch and Job Mobility: Adjustment channels and resolution rates'. *Economic Inquiry*, 57, 227–242.
(13) M. Bertrand, 'The Glass Ceiling'.
(14) C. Goldin, and L. F. Katz, 'A Most Egalitarian Profession: Pharmacy and the evolution of a family-friendly occupation', *Journal of Labor Economics*, 2016, Vol. 34 (3), 705–745.
(15) L. Gratton, *The Shift: The future of work is already here*, London: HarperCollins,

2011.（池村千秋訳『ワーク・シフト――孤独と貧困から自由になる働き方の未来図〈2025〉』プレジデント社、2012年）
（16） W. L. Cheng, T. Dohrmann, and J. Law, 'Coordinating Workforce Development Across Stakeholders: An interview with ManpowerGroup CEO Jonas Prising', McKinsey & Company, October 4, 2018.
（17） 'Bersin by Deloitte: UK Learning and Development Organizations spend less on external training providers, even as budgets rebound', Jan 28th, 2016. 'UK Corporate Learning Factbook 2016: Benchmarks, trends, and analysis of the UK training market', Bersin.com
（18） https://www.ft.com/content/4fcd2360-8e91-11e8-bb8f-a6a2f7bca546
（19） 著者たちとの会話での発言。
（20） F. Gino, 'The Business Case for Curiosity', *Harvard Business Review*, Sept-Oct, 2018.（フランチェスカ・ジーノ「好奇心を収益向上に結び付ける5つの方法」『DIAMONDハーバード・ビジネス・レビュー』2018年12月号）
（21） C. Conley, *Wisdom at Work: The making of a modern elder*, London, Portfolio Penguin, 2018.
（22） T. S. Church, D. M. Thomas, C. Tudor-Locke, P. T. Katzmarzyk, C. P. Earnest, R. Q. Rodarte, C. K. Martin, S. N. Blair, and C. Bouchard, 'Trends over 5 Decades in US Occupation-related Physical Activities and Their Associations with Obesity', *PlosOne*, 2011, Vol. 6 (5), e196571.
（23） A. Borsch-Supan, and M. Weiss, 'Productivity and Age: Evidence from work teams at the assembly line', *Journal of the Economics of Aging*, 2016, Vol. 7, C, 30–42.
（24） A. Duckworth, C. Peterson, M. Matthews, and D. Kelly, 'Grit: Perseverance and passion for long-term goals', *Journal of Personality and Social Psychology*, 2007, Vol. 92 (6), 1087–1101.
（25） https://www.aarp.org/work/job-search/info-2019/mcdonalds-partners-with-aarp.html
（26） J. Birkinshaw, J. Manktelow, V. D'Amato, E. Tosca, and F. Macchi, 'Older and Wise? : How management style varies with age', *MIT Sloan Management Review*, 2019, Vol. 60, 1532–9194.
（27） https://www.pwc.com/gx/en/people-organisation/pdf/pwc-preparing-for-tomorrows-workforce-today.pdf
（28） たとえば、以下を参照。'The Silver Dollar–Longevity Revolution Primer', Bank of America Merrill Lynch Report. http://www.longfinance.net/programmes/london-accord/la-reports.html?view=report&id=452

第7章

(1) C. Goldin, and L. Katz, *The Race Between Education and Technology*, Harvard: Harvard University Press, 2010.

(2) E. Hoffer, *Reflections on the Human Condition*, Hopewell Publications, 2006.（中本義彦訳『魂の錬金術――エリック・ホッファー全アフォリズム集』作品社、2003年）

(3) https://www.statista.com/statistics/499431/global-ip-data-traffic-forecast/

(4) 'Satya Nadella Talks Microsoft at Middle Age', interview with Dina Bass, Bloomberg Businessweek, August 4, 2016. https://www.bloomberg.com/features/2016-satya-nadella-interview-issue/

(5) アーレンツの発言（日付不詳）は、以下のウェブサイトを参照（2019年8月13日確認）。https://www.brainyquote.com/quotes/angela_ahrendts_852654

(6) J. Shadbolt, 'Shadbolt Review of Computer Sciences Degree Accreditation and Graduate Employability'. https://assets.publishing.service.gov.uk/government/uploads/system/uploads/attachment_data/file/518575/ind-16-5-shadbolt-review-computer-science-graduate-employability.pdf

(7) C. Davidson, *The New Education: How to revolutionize the university to prepare students for a world in flux*, New York: Basic Books, 2017.

(8) K. Palmer, and D. Blake, *The Expertise Economy: How the smartest companies use learning to engage, compete and succeed*, Boston and London: Nicholas Brealey Publishing, 2018. p.147.

(9) https://pe.gatech.edu/blog/creating-the-next-report

(10) https://dci.stanford.edu

(11) P. Beaudry, D. Green, and B. Sand, 'The Great Reversal in the Demand for Skill and Cognitive Tasks', *Journal of Labor Economics*, 2016, Vol. 34 S1 (2), S199–247.

(12) http://www.cipd.co.uk/publicpolicy/policy-reports/overqualification-skills-mismatch-graduate-labour-market.aspx

(13) Institute for Fiscal Studies, https://www.ifs.org.uk/uploads/publications/bns/BN217.pdf#page=3

(14) A. Scott, 'Education, Age and the Machine', in C. Dede, and J. Richards (eds.), *The 60-Year Curriculum: New models for lifelong learning in the digital economy*, New York: Routledge, 2020.

(15) K. Palmer, and D. Blake, *The Expertise Economy: How the smartest companies use learning to engage, compete and succeed*, Boston and London: Nicholas Brealey Publishing, 2018, p. 147.

(16) D. Deming, 'The Growing Importance of Social Skills in the Labour Market', *Quarterly Journal of Economics*, 2017, Vol. 132 (4), 1593–1640.

(17) L. Gratton, 'The Challenges of Scaling Soft Skills', *MIT Sloan Management*

Review, 6 August 2018.
(18) L. Gratton, 'New Frontiers in Re-skilling and Up-skilling', *MIT Sloan Management Review*, 8 July 2019.
(19) https://www.gov.uk/government/publications/adult-participation-in-learning-survey-2017
(20) https://en.wikipedia.org/wiki/Varian_Rule
(21) イギリスでは、新車から3年目以降の自動車を対象に、毎年1回の車検がおこなわれる（MOTテスト）。この検査で、その自動車が走行に適しているかのチェックをおこない、不具合がある場合には是正措置が必要かどうかを監査する。MOTテストを受けなければ、法律上、その車に道路を走らせることはできない。
(22) 'Jobs Lost, Jobs Gained: What the future of work will mean for jobs, skills, and wages', McKinsey Global Institute Report, November 28, 2017. https://www.mckinsey.com/featured-insights/future-of-work/jobs-lost-jobs-gained-what-the-future-of-work-will-mean-for-jobs-skills-and-wages
(23) 以下に引用。C. Davidson, *The New Education: How to revolutionize the university to prepare students for a world in flux*, New York: Basic Books, 2017, p. 127.
(24) Nancy Duvergne Smith, 'Harvard's Dean of Continuing Education Pushes Educational Frontier', MIT Technology Review, October 21, 2014, https://www.technologyreview.com/s/531381/huntington-lambert-sm-85/

第8章

(1) L. Nedelkoska, and G. Quintini, 'Automation, Skills Use and Training', OECD Social, Employment and Migration Working Papers, No. 202, Paris: OECD Publishing, 2018.
(2) OECD, 'Basic Income as a Policy Option: Technical Background Note Illustrating costs and distributional implications for selected countries', May 2017.
(3) OECD, 'Basic Income as a Policy Option'.
(4) https://www.weforum.org/agenda/2019/04/where-do-good-jobs-come-from/
(5) O. Mitchell, J. Poterba, M. Warshawsky, and J. Brown, 'New Evidence on the Money's Worth of Individual Annuities', *American Economic Review*, 1999, Vol. 89 (5), 1299–1318.
(6) N. Kassebaum, et al, 'Global, Regional and National Disability Adjusted Life Years for 315 Diseases and Injuries and Healthy Life Expectancy, 1990–2015: A systematic analysis for the Global Burden of Disease Study 2015', *The Lancet*, 2016, Vol. 388, 10053, 1603–1658.
(7) James Fries of Stanford University, http://aramis.stanford.edu/downloads/1980FriesNEJM130.pdf

(8)　S. Jay Olshansky, 'From Lifespan to Healthspan', *Journal of American Medical Association*, October 2018, Vol. 320 (13), 1323–1324.

(9)　https://voxeu.org/article/does-aging-really-affect-health-expenditures-if-so-why

(10)　https://www.kvpr.org/post/delaying-aging-may-have-bigger-payoff-fighting-disease

(11)　The Longevity Forum（2018年11月、ロンドン）での発言。

(12)　'Towards More Physical Activity: Transforming public spaces to promote physical activity—a key contributor to achieving the Sustainable Development Goals in Europe', World Health Organization, 2017.

(13)　J. Beard, and D. Bloom, 'Towards a Comprehensive Public Health Response to Population Ageing', *The Lancet*, 2015, Vol. 385, (9968), 658–661.

(14)　R. Barrell, S. Kirby, and A. Orazgani, 'The Macroeconomic Impact from Extending Working Lives', Department for Work and Pensions Working Paper, 95, 2011.

(15)　GDPの歴史と評価に関する読みやすい著作としては、以下を参照。D. Coyle, *GDP: a brief but affectionate history*, Princeton: Princeton University Press, 2014.（高橋璃子訳『GDP——〈小さくて大きな数字〉の歴史』みすず書房、2015年）

(16)　https://www.nzherald.co.nz/business/news/article.cfm?c_id=3&objectid=11993716

図出典一覧

図1-1：Office for National Statistics licensed under the Open Government License v.1.0.

図1-2：US Census Bureau, *An Aging World*, 2015.

図1-3：OECD (2016), 'Health expenditure and financing: Health expenditure indicators', OECD Health Statistics (database), https://www.oecd.org/els/health-systems/Expenditureby-disease-age-and-gender-FOCUS-April2016.pdf (accessed on 20 March 2020).

図3-1：authors' work.

図3-2：authors' calculations.

図3-3：authors' work.

図3-4：authors' work.

図4-1：authors' work.

図4-2：Bureau of Labor Statistics.

図4-3：P. Azoulay, B. Jones, D. Kim and J. Miranda, 'Age and High-Growth Entrepreneurship', NBER Working Paper No.24489, April 2018. https://www.nber.org. Copyright © American Economic Association; reproduced with permission of the *American Economic Review: Insights*.

図5-1：The Hamilton Project at Brookings, https://www.brookings.edu/research/lessons-from-the-rise-of-womens-labor-force-participation-in-japan (accessed on 20 March 2020).

図5-2：authors' work.

図6-1：H. Kleven, C. Landais, J. Posch, A. Steinhauer, J. Zweimüller 'Child Penalties Across Countries: Evidence and Explanations', *AEA Papers and Proceedings*, 109, 122-126, 2019. Copyright © American Economic Association; reproduced with permission of the *AEA Papers and Proceedings*.

図8-1：authors' calculations.

アンドリュー・スコット (Andrew J. Scott)

ロンドン・ビジネス・スクール経済学教授、スタンフォード大学ロンジェビティ (長寿) センター・コンサルティング・スカラー。ハーバード大学とオックスフォード大学にも籍を置いていた。彼の研究や著作、教育は複数の賞を受賞しており、私たちの世界を再構築するような深層変化と、個人や社会のさらなる繁栄にとって必要な行動について、世界に向けて情報を発信している。さまざまな企業や政府機関の役員、顧問も務める。ロンジェビティ・フォーラム共同設立者であり、英国予算責任局のアドバイザリーボードと英国内閣府の栄誉委員会のメンバーも務める。邦訳された著書に『LIFE SHIFT (ライフ・シフト)』(リンダ・グラットンとの共著) がある。

リンダ・グラットン (Lynda Gratton)

ロンドン・ビジネス・スクール経営学教授。2015年に同校の卓越教育賞 (Excellence in Teaching Award) を受賞。彼女の担当する講座「フューチャー・オブ・ワーク」は高い評価を得ている。世界経済フォーラムの「新しい教育と仕事のアジェンダに関する評議会」の責任者を務めており、同フォーラムのダボス会議にも2013年から参加している。世界で最も権威ある経営思想家ランキングであるThinkers50では、世界のビジネス思想家トップ15にランクインしており、2018年には安倍晋三元首相から「人生100年時代構想会議」のメンバーに任命された。彼女の著作は20を超える言語に翻訳されており、『ワーク・シフト』や、アンドリュー・スコットとの共著『LIFE SHIFT(ライフ・シフト)』は日本でベストセラーとなった。

池村千秋 (いけむら　ちあき)

翻訳家。訳書にグラットン&スコット『LIFE SHIFT(ライフ・シフト)』、グラットン『ワーク・シフト』、ボネット『WORK DESIGN』、ミンツバーグ『これからのマネジャーが大切にすべきこと』『私たちはどこまで資本主義に従うのか』、キーガンほか『なぜ人と組織は変われないのか』、スタンディング『ベーシックインカムへの道』他多数。

LIFE SHIFT2《ライフ・シフト2》
100年時代の行動戦略

2021年11月11日　第1刷発行
2021年12月15日　第3刷発行

著　者——アンドリュー・スコット／リンダ・グラットン
訳　者——池村千秋
発行者——駒橋憲一
発行所——東洋経済新報社
〒103-8345　東京都中央区日本橋本石町 1-2-1
電話＝東洋経済コールセンター　03(6386)1040
https://toyokeizai.net/

カバーデザイン………橋爪朋世
D T P……………アイランドコレクション
印　刷……………東港出版印刷
製　本……………大観社
プロモーション担当……細矢　萌
編集担当…………佐藤朋保
Printed in Japan　ISBN 978-4-492-53443-4

本書のコピー、スキャン、デジタル化等の無断複製は、著作権法上での例外である私的利用を除き禁じられています。本書を代行業者等の第三者に依頼してコピー、スキャンやデジタル化することは、たとえ個人や家庭内での利用であっても一切認められておりません。

落丁・乱丁本はお取替えいたします。